光明社科文库
GUANGMING DAILY PRESS:
A SOCIAL SCIENCE SERIES

·法律与社会书系·

立法的法理研究

汪全胜 ｜ 著

光明日报出版社

图书在版编目（CIP）数据

立法的法理研究 / 汪全胜著 . -- 北京：光明日报
出版社，2021.7

ISBN 978 - 7 - 5194 - 6199 - 7

Ⅰ.①立… Ⅱ.①汪… Ⅲ.①立法—法的理论—研究
—中国 Ⅳ.①D920.0

中国版本图书馆 CIP 数据核字（2021）第 144729 号

立法的法理研究
LIFA DE FALI YANJIU

著　者：汪全胜			
责任编辑：宋　悦		责任校对：李小蒙	
封面设计：中联华文		责任印制：曹　净	

出版发行：光明日报出版社

地　　址：北京市西城区永安路 106 号，100050

电　　话：010-63169890（咨询），010-63131930（邮购）

传　　真：010 - 63131930

网　　址：http：//book. gmw. cn

E - mail：songyue@ gmw. cn

法律顾问：北京德恒律师事务所龚柳方律师

印　　刷：三河市华东印刷有限公司

装　　订：三河市华东印刷有限公司

本书如有破损、缺页、装订错误，请与本社联系调换，电话：010-63131930

开　　本：170mm×240mm

字　　数：221 千字　　　　　　印　　张：16

版　　次：2021 年 7 月第 1 版　　印　　次：2021 年 7 月第 1 次印刷

书　　号：ISBN 978 - 7 - 5194 - 6199 - 7

定　　价：95. 00 元

目 录
CONTENTS

第一章

高等学校设立的法律冲突及其解决机制①

我国现行关于高等学校设立的法规范性文件有《中华人民共和国宪法》《中华人民共和国教育法》《中华人民共和国高等教育法》《中华人民共和国民办教育促进法》《普通高等学校设置暂行条例》《成人高等学校设置的暂行规定》《高等职业学校设置标准（暂行）》《广播电视大学暂行规定》等，这些法律、法规、规章在内容的规定方面存在着冲突。面对这些法律冲突，有关主体在设立高等学校时如何选择适用的法规范性文件，这些问题需要在理论上进行梳理，以对立法实践有所裨益。

一、高等学校设立的法律冲突及具体表现

"法律冲突"一词，本是国际私法的基础概念，指的是不同的国家对同一问题做了不同的法律规定，而又需要承认外国法的情形。法律冲突的概念在其他部门法中，也是伴随着法律适用而出现的。"法律规定之间有冲突、法律规定不一致、法律规定相互抵触"，概括地称之为"法律冲突"②。法律冲突也就是"立法冲突"，有学者这样界定："立法冲突是指

---

① 该部分内容是在 2008—2010 年期间做的相关研究，于 2010 年完成研究，本研究期间本章内容及其后八章内容是在当时生效的《教育法》《高等教育法》等法律文件的基础上完成的，虽有些法律文件现今已重新修订，但并不影响文中讲述的核心。

② 刘莘. 国内法律冲突与立法对策 [M]. 北京：中国政法大学出版社，2003：3.

立法主体在立法工作中，违反立法规律或超越立法权限，或者违反法律的规定，造成所制定的规范性法律文件与上位阶法相抵触或与相关联的同位阶法相矛盾的情形。"① 2000 年 3 月 15 日九届全国人大三次会议通过的《中华人民共和国立法法》（以下简称《立法法》）并没有出现"法律冲突"或"立法冲突"这个概念，但出现了"不一致"和"相抵触"两个词。《立法法》第 83 条、第 85 条、第 86 条、第 87 条使用了"不一致"这个词，《立法法》第 7 条、第 63 条、第 64 条、第 78 条、第 88 条、第 90 条、第 91 条运用了"相抵触"这个词。从这两个词适用的法律规范的位阶来看，"不一致"适用于同位阶的法律规范之间，而"相抵触"则适用于不同位阶的法律规范之间。这两个词实际上就是概括了"法律冲突"的内涵，不论是同位阶法律规范的"不一致"还是不同位阶的"相抵触"都统称之为"法律冲突"，因此高等学校设立的法律冲突不仅包括了同位阶关于高等学校设立的法律规范的"不一致"的情形，也包括了不同位阶关于高等学校设立的法律规范的"相抵触"的情形。这里我们从"高等学校"法律界定、"高等学校设立的条件"、"高等学校设立的批准权限"等方面来谈法律规定的冲突的具体表现。

（一）"高等学校"法律概念界定的冲突

《中华人民共和国高等教育法》（以下简称《高等教育法》）第 66 条对高等学校做出这样的界定："本法所称高等学校是指大学、独立设置的学院和高等专科学校，其中包括高等职业学校和成人高等学校。"这个界定对高等学校的范围、类型应该说是规定很明确。但《普通高等学校设置暂行条例》第 2 条则规定："本条例所称的普通高等学校，是指以通过国家规定的专门入学考试的高级中学毕业学生为主要培养对象的全日制大学、独立设置的学院和高等专科学校、高等职业学校。"这个概念明显较前一个概念要窄，它将成人高等学校排除在外。另外《高等教育法》关于

---

① 佘绪新，周旺生，李小娟. 地方立法质量研究［M］. 长沙：湖南大学出版社，2002：28.

成人高等学校并没有予以明确界定。

（二）高等学校设立标准的法律冲突

《中华人民共和国教育法》（以下简称《教育法》）第26条、《高等教育法》第25条原则性地规定了高等学校设立的基本条件。即"（一）有组织机构和章程；（二）有合格的教师；（三）有符合规定标准的教学场所及设施、设备等；（四）有必备的办学资金和稳定的经费来源"。《高等教育法》还规定："设立高等学校的具体标准由国务院制定。"该条款是"授权条款"，即关于高等学校设立的具体标准由全国人大常委会授权国务院做出规定。国务院制定的《普通高等学校设置暂行条例》专设一章规定高等学校的设置标准，即第二章，包括五个条文，分别规定管理机构、专业设置与教师、教学场所与设施、图书资料及设备、稳定的教学投入等条件。从内容上看，《普通高等学校设置暂行条例》虽然对《教育法》《高等教育法》某些内容做出了具体规定，但是，我们发现，它并没有规定"高等学校设立时应有章程"的内容。毫无疑问，这种具体规定与上位法并不一致。

另外，作为国务院制定的行政法规《普通高等学校设置暂行条例》应是其他形式高等学校设置遵守的基本标准。但是教育部（或国家教育委员会）制定的《成人高等学校设置的暂行规定》和《广播电视大学暂行规定》与《普通高等学校设置暂行条例》设置的标准并不一致。以有合格的教师为例。《普通高等学校设置暂行条例》第7条规定："高等专科学校及高等职业学校在建校招生时，各门公共必修课程和专业基础必修课程，至少应当分别配备具有讲师职务以上的专任教师二人；各门主要专业课程至少应当分别配备具有讲师职务以上的专任教师一人。具有副教授职务以上的专任教师人数，应当不低于本校专任教师总数的5%。"而《成人高等学校设置的暂行规定》则规定："本科专业必修的各门基础课和专业基础课，至少应分别配备具有讲师或相当于讲师以上专业技术职务的专任教师二人；各门必修专业课至少应分别配备具有讲师或相当于讲师以上专业技术职务的专任或兼任教师一人。""专科专业必修的各门基础课和专业基础课，至少应分别配备具有讲师或相当于讲师以上专业技术职务的专任教师二人，各门主要专业课程，至少应分别配备具有讲师或相当于讲师以上专业技术职务的专任或兼任教师一人。""具有副教授或相当于副教授任职资格以上的专任教师人数，应当不低于本校专任及兼任教师总数的5%。"可以看出，这两个规范性文件规定的差异：一是前者不区分本科、专科，而后者则区分本科与专科；二是前者没有说兼任教师可以，后者说兼任老师也可以；三是前者只规定配备具有讲师职务以上的，而后者规定配备具有讲师或相当于讲师以上专业技术职务；四是前者说具有副教授职务以上的专任教师人数，应当不低于本校"专任教师总数"的5%。而后者则说具有副教授或相当于副教授任职资格以上的专任教师人数，应当不低于本校"专任及兼任教师总数"的5%。

同时，《普通高等学校设置暂行条例》关于设置标准的规定与《民办高等学校设置暂行规定》并不一致。根据《中华人民共和国民办教育促进法》（以下简称《民办教育促进法》）第11条的规定："民办学校的设置标准参照同级同类公办学校的设置标准执行。"但是《民办高等学校设置暂行规定》关于民办高校设置的标准与《普通高等学校设置暂行条例》相互冲突，如《普通高等学校设置暂行条例》第6条规定："设置普通高等学校，应当配备具有较高政治素质和管理高等教育工作的能力、达到大学本科毕业文化水平的专职校（院）长和副校（院）长。同时，还应当配备专职思想政治工作和系科、专业的负责人。"而《民办高等学校设置暂行规定》第9条规定：设置民办高等学校应"配备坚持党的基本路线，大学本科毕业以上文化水平，具有高等教育工作经验，管理能力较强，并能坚持正常工作的专职正、副校长。还应配备有副教授以上职称的专职学科、专业负责人"。它并没有规定要"配备专职思想政治工作的负责人"。

（三）高等学校设立批准权的法律冲突

《高等教育法》第29条规定："设立实施本科及以上教育的高等学校

由国务院教育行政部门审批；设立实施专科教育的高等学校，由省、自治区直辖市人民政府审批报国务院教育行政部门备案；设立其他高等教育机构，由省、自治区、直辖市人民政府教育行政部门审批。"该条明确规定高等学校设立的批准主体。但《普通高等学校设置暂行条例》第2条规定："本条例所称的普通高等学校，是指以通过国家规定的专门入学考试的高级中学毕业学生为主要培养对象的全日制大学、独立设置的学院和高等专科学校、高等职业学校。普通高等学校的设置，由国家教育委员会审批。"也就是说，这条并没有规定："其中设立实施专科教育的高等学校，经国务院授权，也可以由省、自治区、直辖市人民政府审批"。在《民办高等学校设置暂行规定》中，它将民办高校的审批分为两个层次，筹办阶段和正式建校阶段，并确定不同的审批主体，它规定："申请筹办民办高等学校，由申办者向省级教育行政部门提出，经省级教育行政部门组织专家参照本规定和省级人民政府的有关补充规定进行评议，报省级人民政府审批，并抄送国家教育委员会备案。民办高等学校正式建校，由申办者向省级教育行政部门提出申请，经省级人民政府审批同意后，报国家教育委员会审批。"可见，《高等教育法》《普通高等学校设置暂行条例》《民办高等学校设置暂行规定》关于高等学校设置的审批主体规定是冲突的。

二、高等学校设立法律发生冲突的根源

关于我国法律冲突的原因，有学者将其归结为四个方面的因素：立法主体多元及立法权限不清；地方保护与部门垄断；双重体制的冲突与摩擦以及亦喜亦忧的法律解释①。还有学者认为，我国现行法律冲突原因是多方面的，总体上看，有这样几个：一是立法主体多元化；二是法律对与地方立法相关的管辖范围和立法权限，规定不明确、不具体、不完备；三是立法者的全局观念和维护法制统一、尊严的观念淡薄；四是立法准备不

---

① 刘莘. 国内法律冲突与立法对策 [M]. 北京：中国政法大学出版社，2003：72.

足，立法技术与手段落后等①。应该说，有些原因解释是合理的、恰当的，但有些原因则是站不住脚。从关于高等学校设立的法律制度发生冲突现象来看，我们认为，其根源主要有以下方面：

（一）立法主体的权限不明晰

立法主体多元，只能说是增加立法或法律冲突的风险，但并不是导致法律冲突的直接根源。问题的关键是对不同立法主体的权限界定不明。结合我国关于高等学校设立的法律规范来看，前面探讨的关于高等学校设立的法律规范制定主体是这样的：《教育法》的制定主体是全国人民代表大会；《高等教育法》《民办教育促进法》的制定主体是全国人大常委会；《普通高等学校设置暂行条例》的制定主体是国务院；《民办高等学校设置暂行规定》《成人高等学校设置的暂行规定》《高等职业学校设置标准（暂行）》《广播电视大学暂行规定》的制定主体是教育部（原国家教育委员会）。根据法的形式分类来看，《教育法》属于基本法律；《高等教育法》《民办教育促进法》属于法律；《普通高等学校设置暂行条例》是行政法规；《民办高等学校设置暂行规定》《成人高等学校设置的暂行规定》《高等职业学校设置标准（暂行）》《广播电视大学暂行规定》则是部门规章。

《立法法》对全国人民代表大会、全国人民代表大会常委会、国务院、教育部四大立法主体的立法权限做了这样的规定：

全国人民代表大会制定和修改刑事、民事、国家机构的和其他的基本法律；

全国人大常委会制定和修改除应当由全国人民代表大会制定的法律以外的法律，另外，在全国人大闭会期间，对全国人民代表大会制定的法律进行部分补充和修改，但是不得同该法律的基本原则相抵触；

根据我国《立法法》规定，国务院立法权限于"1. 为执行法律的规

---

① 佘绪新，周旺生，李小娟. 地方立法质量研究［M］. 长沙：湖南大学出版社，2002：29-30.

定需要制定行政法规的事项；2. 宪法第 89 条规定的国务院行政管理职权的事项；3. 应当由全国人民代表大会及其常委会制定法律的事项，国务院根据全国人民代表大会及其常务委员会的授权决定先制定行政法规"。

而教育部只能制定部门规章，"部门规章规定的事项应当属于执行法律或者国务院的行政法规、决定、命令的事项"。

我们知道，这些规定实际上没有明晰全国人大与全国人大常委会、全国人大常委会与国务院、国务院与教育部行使立法权的界限。尽管《高等教育法》规定关于高等学校设置的具体标准由国务院制定，但教育部作为国务院的组成部门之一，为执行国务院制定的行政法规，它可以对行政法规规定的事项进行具体化与细化，制定部门规章。作为教育部又如何行使这项权力呢？就高等学校设立的法律规范制定来看，在国务院已制定《普通高等学校设置暂行条例》的情况下，教育部制定的《民办高等学校设置暂行规定》《成人高等学校设置的暂行规定》《高等职业学校设置标准（暂行）》《广播电视大学暂行规定》等与上位法相冲突。根本问题是教育部行使立法权力的界限不明确。因此，立法权限不明晰是我国高等学校设立法律制度冲突的根本原因。

（二）立法技术落后

一般地，立法主体在制定或修改法律时，会对相关的法律做深入审查，以前的法规范性文件中有哪些内容可以被新法所吸收，哪些内容要做出变革。在新法中做出变革与不同的规定时，应在新法中明确废止与此内容相冲突的法规范性文件的规定。这种立法技术在我国相关立法中有所运用。如我国 1997 年 3 月 14 日第八届全国人民代表大会第五次会议修订通过的《刑法》最后一条第 452 条规定："本法自 1997 年 10 月 1 日起施行。"同时规定"列于本法附件一的全国人民代表大会常务委员会制定的条例、补充规定和决定，已纳入本法或者已不适用，自本法施行之日起，予以废止。列于本法附件二的全国人民代表大会常务委员会制定的补充规定和决定予以保留，其中，有关行政处罚和行政措施的规定继续有效；有关刑事责任的规定已纳入本法，自本法施行之日起，适用本法规定"。

我国现行有效的关于高等学校设立的法规范文件，制定时间、施行时间前后差距大，《教育法》制定于 1995 年 3 月 18 日，施行于 1995 年 9 月 1 日；《高等教育法》制定于 1998 年 8 月 29 日，施行于 1999 年 1 月 1 日；《民办促进法》制定于 2002 年 12 月 28 日，施行于 2003 年 9 月 1 日；《普通高等学校设置暂行条例》是 1986 年 12 月 15 日发布即生效；《成人高等学校设置的暂行规定》发布并生效于 1988 年 4 月 9 日；《民办高等学校设置暂行规定》发布并生效于 1993 年 8 月 17 日；《广播电视大学暂行规定》发布并生效于 1988 年 5 月 16 日；《高等职业学校设置标准（暂行）》发布并生效于 2000 年 3 月 15 日。全国人大常委会在制定《高等教育法》或《民办教育促进法》时，应对相关规定做一次规模性的清理或者督促有关主体做出修改，以保证法规范之间的协调。

（三）下位法主体的立法不作为

根据我国立法权限的规定，下位法主体有一项职能就是贯彻执行上位法，制定实施性规定，即在上位法确定的范围与幅度内，做出更加具体的、可操作性的规定。如果上位法做出修改后，实施性规定与上位法规定不一致，应该如何认定实施性规定的效力呢？最高人民法院关于印发《关于审理行政案件适用法律规范问题的座谈会纪要》的通知中指出："法律、行政法规或者地方性法规修改后，其实施性规定未被明文废止的，人民法院在适用时应当区分下列情形：实施性规定与修改后的法律、行政法规或者地方性法规相抵触的，不予适用；因法律、行政法规或者地方性法规的修改，相应的实施性规定丧失依据而不能单独施行的，不予适用；实施性规定与修改后的法律、行政法规或者地方性法规不相抵触的，可以适用。"

这是在法律执行或适用时可做出这样的选择。在立法实践中，如果发生实施性规定与上位法不一致，实施性规定的制定主体应尽快做出修改，否则有关主体可申请有权主体改变或撤销。我国《高等教育法》第 25 条已授权国务院制定设立高等学校的具体标准，而国务院在《高等教育法》

实施以前制定的《普通高等学校设置暂行条例》明显与上位法不一致，它在设立标准上并没有按《教育法》《高等教育法》所要求必须满足一个基本条件，即"高等学校设立应有章程"。因此，国务院应在《高等教育法》出台之后尽快对《普通高等学校设置暂行条例》做出修改，以使其与《高等教育法》相一致、相协调，但国务院没有行使该项立法权力，实际上已构成"立法不作为"。

三、高等学校设立法律冲突时的解决机制及立法建议

法律冲突对我国法制统一原则的维护、法治国家的建立都产生一定的危害。根本的解决机制，就是在立法上设立解决法律冲突的机制。根据我国《立法法》规定，有关主体可以行使改变与撤销权。结合高等学校设立的法律规范，我们谈如何从立法上加以行使改变与撤销权：

（一）改变与撤销的根据

《立法法》第 87 条规定了有关主体行使改变与撤销权的根据与理由，主要有五种：超越权限的；下位法违反上位法规定的；规章之间对同一事项的规定不一致，经裁决应当改变或撤销一方的规定的；规章的规定被认为不适当，应当予以改变或者撤销的；违背法定程序的。

根据前文分析，关于高等学校设立的法律规范被改变或撤销的根据有：

1. 超越立法权限的

教育部制定的《民办高等学校设置暂行规定》《成人高等学校设置的暂行规定》《高等职业学校设置标准（暂行）》《广播电视大学暂行规定》没有明确的授权根据，即没有国务院的授权，在《普通高等学校设置暂行条例》中并没有授权教育部对各种类型、层次的高等学校在其基础上做进一步的具体规定。

2. 下位法违反上位法规定的

国务院制定的《普通高等学校设置暂行条例》违反上位法《教育法》《高等教育法》的规定。教育部制定的《民办高等学校设置暂行规定》《成人高等学校设置的暂行规定》《高等职业学校设置标准（暂行）》与上位法《普通高等学校设置暂行条例》不一致。

（二）改变与撤销的权限

根据《宪法》第 67 条和《立法法》第 88 条的规定，全国人民代表大会常委会有权撤销国务院制定的同宪法、法律相抵触的行政法规、决定和命令。因此，从撤销权限上看，全国人大常委会有权改变国务院制定的《普通高等学校设置暂行条例》。

根据《宪法》第 89 条和《立法法》第 88 条的规定，国务院有权改变或撤销各部、各委员会发布的不适当的命令、指示和规章。因此，国务院有权改变或撤销教育部制定的《民办高等学校设置暂行规定》《成人高等学校设置的暂行规定》《高等职业学校设置标准（暂行）》与国务院《普通高等学校设置暂行条例》不一致的命令、指示和规章。

（三）改变与撤销的程序

1. 报送备案

备案是指将已经生效的法规、规章上报法定机关，使其知晓并在必要时备查的程序。根据我国法律的规定，行政法规报全国人大常委会备案；教育部制定的部门规章要报国务院备案。因此，国务院制定的《普通高等学校设置暂行条例》要报送全国人大常委会备案；教育部制定的《民办高等学校设置暂行规定》《成人高等学校设置的暂行规定》《高等职业学校设置标准（暂行）》要报送国务院备案。

2. 提出异议

提出异议程序是指国家机关、社会组织以及公民个人对于可能违法的规范性文件向特定的国家机关提出审查的程序。根据我国法律的规定，国务院，中央军委，最高人民法院，最高人民检察院和各省、自治区、直辖市的人民代表大会常委会（即立法提案权的主体）认为行政法规、部门规章同《宪法》或者法律相抵触的，可以向全国人大常委会书面提出进行审查的要求，由常委会工作机构分送有关的专门委员会进行审查、提出意见。

其他有关的国家机关和社会团体、企事业组织以及公民认为行政法规、部门规章同宪法相抵触的，可以向全国人大常委会书面提出进行审查的建议，由常委会工作机构进行研究，必要时，送有关的专门委员会进行审查、提出意见。

因此，立法提案主体可以就国务院的《普通高等学校设置暂行条例》、教育部的《民办高等学校设置暂行规定》《成人高等学校设置的暂行规定》《高等职业学校设置标准（暂行）》向全国人大常委会书面提出进行审查的要求；其他社会主体可以就国务院的《普通高等学校设置暂行条例》、教育部的《民办高等学校设置暂行规定》《成人高等学校设置的暂行规定》《高等职业学校设置标准（暂行）》向全国人大常委会书面提出进行审查的建议。

3. 有关主体审查与审议

审查与审议程序是由特定的国家机关对于提出的有异议的规范性文件进行审核、讨论的程序。全国人民代表大会专门委员会接受异议审查的规范性文件时，应着手进行审查，如在审查中认为就国务院的《普通高等学校设置暂行条例》、教育部的《民办高等学校设置暂行规定》《成人高等学校设置的暂行规定》《高等职业学校设置标准（暂行）》同宪法或法律相抵触的，可以向制定机关提出书面审查意见，受审查的规范性文件的制定机关应及时做出反馈。必要时向全国人大常委会委员长会议提出审查意见和予以撤销的议案。

4. 有关主体做出决定或答复

由特定的国家机关对于审查与审议的规范性文件做出决定或答复的程序。如果异议成立，根据法律规定，全国人大常委会建议有权机关予以撤销或者径行撤销。如果异议不成立，全国人大常委会或者授权审查的专门委员会予以书面答复。就是说经由全国人大专门委员会审议，如果对国务院的《普通高等学校设置暂行条例》、教育部的《民办高等学校设置暂行规定》《成人高等学校设置的暂行规定》《高等职业学校设置标准（暂行）》异议成立，则全国人大常委会有权撤销国务院《普通高等学校设置暂行条例》，全国人大常委会建议国务院改变或撤销教育部制定的《民办高等学校设置暂行规定》《成人高等学校设置的暂行规定》《高等职业学校设置标准（暂行）》。

最后，我们提出高等学校设立法律规范完善的立法建议。

建议国务院尽快修改《普通高等学校设置暂行条例》，关于高等学校设置的规范上在以下方面做出修改：

第一，行政法规的名称建议修改为《普通高等学校设置条例》；

第二，将其第 2 条修改为"本法所称高等学校是指大学、独立设置的学院和高等专科学校，其中包括高等职业学校和成人高等学校。设立高等学校由国务院教育行政部门审批，其中设立实施专科教育的高等学校，经国务院授权，也可以由省、自治区、直辖市人民政府审批。"

第三，在设置标准中应增加一条："普通高等学校设立应当提交高等学校章程。高等学校的章程应当规定以下事项：学校名称、校址；办学宗旨；办学规模；学科门类的设置；教育形式；内部管理体制；经费来源、财产和财务制度；举办者与学校之间的权利、义务；章程修改程序以及其他必须由章程规定的事项。"

建议教育部对本部门制定的规章进行规模性的清理，并按照《教育法》、《高等教育法》、国务院《普通高校设置条例》的规定，重新制定各种类型与层次高等学校设置的"实施性规定"，如《民办高等学校设置规定》《成人高等学校设置的规定》《高等职业学校设置标准》《广播电视大学规定》等。

第二章

高等教育投入的立法完善

自 1999 年开始，我国高校招生规模不断扩大，2003 年全国各类高等教育总规模达到 1900 万人，高等教育毛入学率从 1998 年的 9.8%升至 17%，真正进入高等教育的"大众化"阶段，但同时也带来很多问题，其中一个问题就是高等教育的经费投入短缺问题。高等教育投入是指国家、社会、学校本身或个人对高等教育经费的投入，包括国家的教育财政投入、高校的服务与营利性收入、学杂费、社会捐赠等。虽然我国《教育法》《高等教育法》等有关法律与政策规定了高等教育投入问题，但多数只限于"纸面上的法"，各高校在办学过程中，经费短缺成为各高校面临的重要问题。很多专家也都在探讨怎样保障高等教育投入，提出各种各样的对策。我们认为，现行立法的缺失与不完善，是我国高等教育投入无法得以保障的根本症结所在，必须在立法上加以完善。

一、现行我国高等教育投入的法律依据

从各国的经验来看，高等教育的投入都通过国家立法予以保障。美国高等教育投入的主要法律依据就是美国联邦《高等教育法》。美国联邦《高等教育法》自 1965 年 11 月 8 日制定后，经历了 1968 年、1972 年、1976 年、1980 年、1986 年、1992 年、1998 年、2005 年八次重要的修订和补充、扩展，其重要内容都是对联邦拨款制度的不断完善。应该说："美

国联邦《高等教育法》实质上是一部高等教育拨款法，是美国联邦通过拨款手段对美国高等教育体系进行引导和调控的全记录。"① 英国高等教育投入是由一系列教育法案予以保障的，1944 年通过的《巴特勒法》是英国的教育基本法，"该法总共有 5 章 122 条，在该法的第四部分一般原则（第76~107 款）中，就教育经费、奖学金、补助费、捐赠、教师工资等有关教育财政投入的内容做了详尽的规定"②；1988 年的《教育改革法》成立"大学基金委员会"和"多科技术学院和学院基金会"对高等教育进行教育经费分配；1992 年通过的《继续和高等教育法》成立了统一的高等教育拨款机构——高等教育基金会，取代"大学基金委员会"和"多科技术学院和学院基金会"，对高等教育实施拨款。其他国家也是通过一部或多部法律对本国高等教育投入提供明晰的制度依据。

我国高等教育投入的法律依据有：

1.《宪法》的依据

《宪法》是我国根本法，在《宪法》第 19 条规定了高等教育投入的基本依据：

（1）国家举办包括高等教育在内的各种学校。也就是说，国家主要承担高等教育的投入；

（2）国家发展包括高等教育的各种教育设施。教育设施的完善是教育质量的基本保障，完善教育设施必须保障国家对教育设施的经费投入；

（3）国家鼓励集体经济组织、国家企业事业组织和其他社会力量依照法律规定举办各种教育事业。该规定是倡导社会力量办学，提倡社会捐助。

2.《教育法》的依据

现行教育法是 1995 年 3 月 18 日第八届全国人民代表大会第三次会议

---

① 冯骊．美国联邦《高等教育法》立法四十年回顾［J］．河南大学学报（社会科学版），2007（3）.

② 刘建发．教育财政投入的法制保障研究［M］．北京：经济管理出版社，2006：79.

通过的《中华人民共和国教育法》，是我国教育的基本法，它是《中华人民共和国义务教育法》《中华人民共和国职业教育法》《中华人民共和国高等教育法》等立法的直接依据。《教育法》第七章以专章规定"教育投入与条件保障"，规定了高等教育投入的法律依据。

（1）规定了高等教育投入的经费来源。一是国家建立以财政拨款为主、其他多种渠道筹措教育经费为辅的体制，逐步增加对教育的投入；二是企业事业组织、社会团体及其他社会组织和个人举办的高等教育，办学经费由举办者负责筹措，各级人民政府给予适当支持；三是国家采取优惠措施，鼓励高校兴办校办产业；四是鼓励境内、境外社会组织和个人捐资助学。

（2）原则性地规定了高等教育投入的比例与幅度。一是国家财政性教育经费支出占国民生产总值的比例应当随着国民经济的发展和财政收入的增长逐步提高；二是全国各级财政支出总额中教育经费所占比例应当随着国民经济的发展逐步提高，即"两个提高"。

（3）规定了高等教育投入的拨款机制。各级人民政府的教育经费支出，按照事权和财权相统一的原则，在财政预算中单独列项；各级人民政府教育财政拨款的增长应当高于财政经常性收入的增长，并按在校学生人数平均的教育费用逐步增长，以保证教师工资和学生人均公用经费逐步增长。

（4）规定了高等教育投入的监督与保障措施。国家财政性教育经费、社会组织和个人对教育的捐赠，必须用于教育，不得挪用、克扣。各级人民政府及其教育行政部门应当加强对学校及其他教育机构教育经费的监督管理，提高教育投资效益。

3. 《高等教育法》的依据

我国《高等教育法》是 1998 年 8 月 29 日第九届全国人民代表大会常务委员会第四次会议通过，并于 1999 年 1 月 1 日起实施。《高等教育法》是依据《宪法》《教育法》制定规范高等教育特别是规范高等教育投入的制度。在该法第七章也以专章规定"高等教育投入和条件保障"的内容，相比于《教育法》的规定来看，它在两个方面有所细化：

（1）进一步拓宽了高等教育经费的来源。它规定了高等学校可以根据法律规定收取一定的学费，并按照有关规定管理和使用。

（2）授权制定教育经费开支标准与筹措办法。它规定，国务院教育行政部门会同国务院其他有关部门根据在校学生人均教育成本，规定高等学校年经费开支和筹措的基本原则；省、自治区、直辖市人民政府教育行政部门会同有关部门制定本行政区域高等学校年经费开支标准和筹措办法，作为高等学校举办方筹措办学经费的基本依据。

除以上法律外，我国还有1996年5月15日第八届全国人民代表大会常务委员会第十九次会议通过的《中华人民共和国职业教育法》以及2002年12月28日第九届全国人民代表大会常务委员会第三十一次会议通过的《民办教育促进法》等，为高等职业教育、民办高等学校的教育经费投入提供了法律依据。

二、我国现行高等教育投入制度的实施现状

现行世界很多国家高等教育都存在着公立与私立高等教育的区分，如美国、德国、日本等。我国现实的高等教育也存在着公办与民办之区分，即公立与私立之区分。从高等教育投入来源来看，不论是公办高等教育还是民办高等教育，其经费来源不外乎以下四种：政府拨款、学费收入、校办产业收入、社会捐助。当然因为学校性质之差异，不同经费来源在高等教育投入比例上会有差别。就我国目前体制来看，公办高等教育的经费投入是以政府拨款为主，而私立高等教育则主要是由举办者筹资以及学生学费为主。虽然我国民办高校蓬勃发展，数量也是不断增加，成为我国高等教育重要的组成部分，但因为其在整个高等教育中的所占比重以及其投入体制模式的差异，我们仅以我国公立高等学校的投入体制作为考察对象。

我国高等教育投入体制有一个逐步演变的过程，基本上分为三个阶段：1949—1979 年，中央统一财政与分级管理阶段，高等教育经费列入国家预算，实行统一领导，中央、省、市分级管理的体制；1980—1993 年，地方负责与分级管理阶段，高等教育经费按学校行政隶属关系由中央和地方财政各自负担；同时，高校办学经费开始由政府包办、单一拨款向以财政拨款为主、多渠道筹措经费的体制过渡。1993 年以后，高等教育投入进入新体制的阶段。1993 年分税制的施行明确了各级政府在教育投入方面的责任，调动了各级政府增加教育投入的积极性，基本建立了以财政拨款为主、多渠道筹措经费为辅的多元投入体制，同时明确了财政经费的主体地位①。我国现行高等教育投入的特点在于：

1. 国家财政投入的总量在不断减少

现行高等教育的国家财政投入分为中央与地方两部分，教育部直属院校和各部委的高校投入由中央财政拨款解决；省、市属高校投入由地方财政解决；还有一些教育部或部属高校实行中央与地方共建，其资金由中央与地方财政共同解决。根据有关数据统计（表 2-1），从 1998—2001 年，政府财政预算内拨款所占比例分别是 60.5%、60.0%、55.8%、52.9%，虽然在逐年下降，但政府预算内拨款仍然是高等学校经费的主要来源。

表 2-1 1998—2001 全国普通高等学校经费来源构成比例（%）

年份 项目	1998	1999	2000	2001
预算内拨款	60.5	60.0	55.8	52.9
其中：事业费拨款	49.6	49.4	47.9	46.7
基建拨款	10.9	10.6	7.9	6.2
教育费附加	1.4	1.0	0.9	0.6
校办产业和经营收益用于教育的经费	2.1	1.8	1.8	1.4
学杂费	13.4	17.2	21.3	24.7

---

① 姚建华. 关于完善我国高等教育投入体制的思考 [J]. 教育财会研究, 2008（1）.

续表

项目 ＼ 年份	1998	1999	2000	2001
学杂费外的其他事业收入	13.2	12.7	13.4	13.3
捐赠收入	2.1	2.3	1.7	1.5
其他收入	6.4	5.0	5.1	5.5

数据来源：根据《中国教育经费统计年鉴 1999—2002》有关数据计算①。

2. 我国现行教育经费的投入多元化格局已经形成

除政府预算内拨款外，高等学校的经费投入还有教育费附加、校办产业和经营收益用于教育的经费、学杂费、学杂费外的其他事业收入、捐赠收入。其中随着高校招生规模的扩张，学杂费这一块呈现逐年增长的趋势。

3. 地区间高等教育投入差异明显

由于经济发展不平衡，各级政府财力上存在差距，导致不同管理体制与不同类型高校的教育财政投入差距很大。据教育部、国家统计局、财政部《2005 年全国教育经费执行情况统计公告》，2005 年全国普通高校生均预算内事业费最高为北京市 17036 元，最低为四川省仅为 2076.1 元，相差7.2 倍。而国家缺少宏观上的调控政策，因此，因不同地域关系，各高等学校获得政府财政拨款数量上有很大差异，从而限制某一地域高等教育的发展。

4. 在财政拨款方式上也有缺陷

1986 年以前，我国财政拨款采用的是"定员定额法"。该方法最早在1955 年 8 月 29 日文化部、高教部、教育部、卫生部、财政部联合发布的《关于加强文教卫生事业定员定额的制订工作的联合通知》规定："所谓定

---

① 范文灏，闫国华. 高等教育发展的财政政策——OECD 与中国 [M]. 北京：教育科学出版社，2005：134.

员定额，就是按事业机构规模的大小或事业的需要合理地确定其各种人员的编制，房屋和设备标准，行政和事业费用开支额度，器材的储备量。"该方法存在一定的缺陷。1986 年后，国家财政拨款采用"综合定额加专项补助"方式。1986 年 10 月，财政部、国家教委发布的《高等学校财务管理改革实施办法》规定："高等学校年度教育事业费预算，由主管部门按照不同科类、不同层次学生的需要和学校所在地区的不同情况，结合国家财力的可能，按'综合定额加专项补助'的办法进行核定。"该方式与"定员定额法"方式比较，"综合定额加专项补助"方式是一种比较有效的经费分配方式，它量化容易，透明度高，拨款多少直接与事业任务挂钩，"但这种方式也有固有的缺陷，它仅仅以学生数作为单一的政策参数，忽略了其他参数尤其是反映资源利用率的参数对学校办学行为的激励作用"。①

三、现行高等教育投入立法的缺陷与不足

根据我国现行高等教育投入立法条款的规定，我国高等教育投入状况并不是很理想，可以说高等教育法实施效果不理想，当然原因是多方面的，比如，有学者分析这些原因有高等教育规模的迅速扩大、国家高等教育指导思想的转变、中央与地方对高等教育投入的不均衡、社会主义现代化建设各方面的需要增加等②。还有学者分析认为，根本原因在于"教育是一项投资大、见效慢的社会事业，由于政府官员的任期制，一般都不愿意将财政收入增量投到不会立即出政绩的教育事业"③。

我们认为，根本原因在于我国现行高等教育投入立法的缺陷，应完善法律制度的规定，依法办事，在根本前提下确定高等教育投入的制度保

---

① 叶茂林，肖念. 中国高等教育热点问题述评［M］. 北京：科学出版社，2007：18.
② 雷家彬，张建国，候志军. 高等教育投入不足的原因分析与对策［J］. 理工高教研究，2006（2）.
③ 范文曜，闫国华. 高等教育发展的财政政策——OECD 与中国［M］. 北京：教育科学出版社，2005：52.

障。这些立法缺陷表现在诸方面：

（一）高等教育投入的渠道缺乏

1. 国家财政拨款缺少操作性的依据

不论是《教育法》还是《高等教育法》都规定，高等教育投入是以财政拨款为主，虽然目前现状也确实揭示了这一点，但是《教育法》第54条以及《高等教育法》第60条规定的"两个逐步提高"实际上没有做到，现实是，国家财政拨款有逐年减少的趋势。虽然1993年党中央、国务院在《中国教育发展与改革纲要》中规定，国家财政性教育经费支出占国民生产总值的比例，在20世纪末达到4%。时至今日，这个目标仍然没有实现，2002年我国才达到3.41%。"从国际上看，4%只是20世纪80年代发展中国家教育支出的一个平均数。美国在20世纪的70年代开始，除了1985年和1986年两年低于7%外，教育投资一直占GDP的7%以上；2001年，韩国教育投资占GDP的比例是7.03%；印度2003年的教育投入达到了5%，印度政府还计划在未来几年内比重将提高到6%。"[1] 在《高等教育法》以及相关的法律法规中不能明确高等教育投入的比例，使得高等教育投入没有明确的法律依据。

2. 社会捐助缺少法律激励机制

社会捐助在很多国家都成为高等教育经费投入的一项重要渠道。例如，2002年耶鲁大学捐赠基金收入占学校总经费的28%，麻省理工学院捐赠收入占学校总经费的20%[2]。很多国家确立了相应的激励措施鼓励社会向教育捐赠。我国《高等教育法》第60条也规定了"国家鼓励企业事业组织、社会团体及其他社会组织和个人向高等教育投入"。但在我国捐赠收入在高等教育投入只占非常小的比例。虽然1999年我国通过了《中华人民共和国公益事业捐赠法》对社会捐赠教育提供法律依据，但是相关的

---

① 李雪飞. 我国高等教育投入与立法保障 [J]. 山西财经大学学报（高等教育版），2007（2）.

② 陈建，赵世鸿. 高等教育经费结构多元化探微 [J]. 黑龙江高教研究，2002（6）.

税收激励机制没有建立，社会力量捐赠教育缺少行动的动力。

3.《高等教育法》中关于学费的规定缺少上位法即《教育法》的依据

各个国家除在义务教育阶段免收学费外，根据高等教育成本分担机制，高等教育阶段都收取一定的学费。特别在私立学校，学费成为高等教育投入重要的一块，收费高，所占比例较大。我国《高等教育法》确立了学费作为高等教育投入的来源，但是作为教育基本法的《教育法》在"教育投入与条件保障"中并没有规定，只是在其第30条规定"遵照国家有关规定收取费用并公开收费项目"。因此，需要在《教育法》中明确学费作为高等教育投入的重要来源，为下位法《高等教育法》提供依据。

（二）国家高等教育投入的程序规范缺失

我国《高等教育法》第62条规定："国务院教育行政部门会同国务院其他有关部门根据在校学生年人均教育成本，规定高等学校年经费开支标准和筹措的基本原则；省、自治区、直辖市人民政府教育行政部门会同有关部门制订本行政区域内高等学校年经费开支标准和筹措办法，作为举办者和高等学校筹措办学经费的基本依据。"这条规定在立法学称为"授权法规则"，即《高等教育法》授权国务院教育行政部门会同国务院其他有关部门以及省、自治区、直辖市人民政府教育行政部门会同有关部门制定高等教育投入的具体操作程序与标准。但是据我们了解，相关部门并没有制定高等教育投入的具体操作程序与标准。现行高等教育投入方式依据的是1986年10月财政部、国家教委制定的《高等学校财务管理改革实施办法》确定的"综合定额加专项补助"方式。从时间上看，《高等教育法》是1998年制定的，而《高等学校财务管理改革实施办法》是1986年制定的，理应根据《高等教育法》的规定做出修订。探索科学合理的国家财政拨款方式并将其以部门规章的方式规范下来是我国高等教育投入必须要做的，也是贯彻执行《高等教育法》第62条的基本要求。

（三）财政性教育经费的预算未能单独立项

《教育法》第55条要求各级人民政府的教育经费支出，按照事权与财权相统一的原则，在财政预算中单独列项。但我国实践中的财政性教育经费的管理长期处于事权与财权分离的状态，教育经费的预算未能单独列项。在现实中，教育行政部门主管教育事业，而教育事业经费与基建投资又属于政府财政部门与计划管辖事项。事权与财权的分离无法保障科学的财政经费拨款。

（四）国家高等教育投入的责任虚置

无责任措施，法律上的规定则形同虚设。虽然《教育法》第71条规定"违反国家有关规定，不按照预算核拨教育经费的，由同级人民政府限期核拨；情节严重的，对直接负责的主管人员和其他直接责任人员，依法给予行政处分"，但是没有确定高等教育投入的各级负责人、责任人。各级负责人、责任人应对相应的高等教育财政拨款负领导责任，如中央财政拨款的责任人应是国家最高行政机关的负责人，同样，地方上以省、自治区、直辖市领导人为高等教育投入的责任人，法律须对高等教育投入的第一责任人责任做出明确规定，并明确界定其违反责任时所应接受的行政处分。

（五）国家高等教育投入的监督措施缺位

在《教育法》和《高等教育法》中都没有设置对国家高等教育投入的监督措施。法律的实施一方面靠社会主体的自觉，另一方面还要依赖社会各方面的监督。在高等教育投入制度的实施上，发挥人大、政党、新闻媒介、高等学校等各方面的监督特别重要，确保不仅在年初预算而且在年终决算时，中央和地方各级财政预算内教育经费支出均达到"两个增长"，保证教育经费持续稳定增长。

四、完善高等教育投入的制度措施

保障高等教育经费稳定的增长，制度完善是前提。针对我国现行高等教育投入立法存在的缺陷与不足，需要在相关配套性法律法规、《教育法》《高等教育法》上进一步完善。

第一，在《教育法》第54条增加一款作为第三款，"根据教育成本分担原则，非义务教育阶段应收取一定的学杂费。非义务教育学杂费标准应以60%家庭负担的金额作为基准线。具体收取金额由各省、自治区、直辖市教育行政部门根据本区域实际情况来规定。"以此条款为《高等教育法》第64条的上位法依据。以确保教育法上下位阶之间的协调。

第二，改革与完善相关税收法律制度。一方面，在鼓励社会力量捐资兴学上可以借鉴西方国家的制度，改革与完善相关税收法律制度，给予高等教育捐助在内的公益性捐赠以税收优惠。如规定社会团体、组织和个人捐赠财产用于公益事业的，依法享受企业所得税或个人所得税方面的优惠与减免；境外的公益性社会团体、公益性非营利性组织捐赠的用于公益事业的物资，依法减征进口关税和进口环节的增值税；纳税人通过中国境内非营利的社会团体、国家机关向教育事业的捐赠，准予在征收企业所得税和个人所得税前全额扣除。另一方面，对高等学校经营与服务收入实现税收优惠政策。美国联邦《国内税收法》就规定，公立高等学校可享受联邦的免税资格。我国财政部、国家税务总局2004年2月5日联合发布的《财政部、国家税务总局关于教育税收政策的通知》规定，对政府举办的高等学校举办进修班、培训班取得的收入，收入全部归学校所有的，免征营业税和企业所得税。对高等学校服务于各业的技术转让、技术培训、技术咨询、技术服务、技术承包所取得的技术性服务收入，暂免征收企业所得税。这个通知不属于部门规章，不属于"法"的范畴，宜通过立法将其确认下来，以保障高校获得的经营与服务收入作为高等教育投入的来源。

第三，完善《教育法》规定的"事权与财权"相统一的原则。一方面改革预算方法，将"教育基建投资"纳入"教育事业费"预算；另一方面，要规定教育经费预算的编制由教育行政部门会同同级财政部门进行，由教育行政部门提出预算方案或建议，经同级人民政府和人民代表大会审核批准后，由财政部门划拨给教育部门，由教育部门行使教育经费的分配权、管理权、监控权，将教育事权与财权统一于教育行政部门。

第四，建立高等教育财政转移支付制度，改变区域高等教育投入的差距。首先，按照高等学校的布局、生源结构、毕业生就业去向和一定标准，建立高等教育财政转移支付制度，适当补偿高等教育净流出地区的教育成本；其次，探索与完善教育经费的拨款方式，实现透明、科学、客观、公正的教育财政投入，将《中国教育改革和发展纲要》第21条提出的"改革对高等学校的财政拨款机制，充分发挥拨款手段的宏观调控作用。对于不同层次和科类的学校，拨款标准和方法应有所区别。改革按学生人数拨款的办法，逐步实行基金制"法律化。

第五，设立高等教育投入的中介组织如基金委员会，负责向高校核拨政府提供的经费。英国于1992年在《继续教育和高等教育法》中确立了高等教育基金委员会，统一负责对大学、多科技术学院和其他学院的拨款。该基金委员会主要依据政府制定的办学方向、拨款原则和其对各高校教学、科研等实际情况的全面评估。我国也尝试建立这样的中介组织，在政府与学校建立缓冲地带，既保证高等教育的发展与国家的需要保持一致，也能够通过调整发展性经费的供给方法促进高校经费来源多样化。

第六，明晰高等教育投入的行政领导人负责制。在《高等教育法》第60条增加一款，作为该条第三款："高等教育投入实行行政领导人负责制，即由国务院和省、自治区、直辖市行政负责人对其同级高等教育投入承担责任。未按照法律规定进行高等教育投入，依法给予行政处分。"

第七，加强教育预算、决算的公开与监督。在《高等教育法》第60条第二款"国务院和省、自治区、直辖市人民政府依照教育法第五十六条的规定，保证国家举办的高等教育的经费逐步增长"后加上"各级人民政府应当实现国家教育事业预算、决算信息向社会公开，接受社会监督"。

第三章

高等教育质量认证模式的比较考察

2018 年修正的《中华人民共和国高等教育法》第 44 条规定："高等学校应当建立本学校办学水平、教育质量的评价制度，及时公开相关信息，接受社会监督。教育行政部门负责组织专家或者委托第三方专业机构对高等学校的办学水平、效益和教育质量进行评估。评估结果应当向社会公开。"这是我国关于高等教育质量评估制度的规定，然而近些年来，我国关于高等学校的教学评估的"存废"之争影响颇大，中国科学技术大学前校长朱清时关于"高校教学评估应该停止"的呼吁，与教育部发言人"评估最大的受益者是学生"的声明，形成了对高校教学评估活动是存是废的两种不同态度。我们认为，《高等教育法》做出如此规定还是有必要的，问题的关键是，如何实施高等教育质量的评估？我们不能将现行高等学校教学评估制度本身的不健全与高等教育质量评估的废除等同起来。考察西方发达国家，高等教育的发展离不开高等教育质量的认证、评估，相反高等教育质量的认证、评估的制度的存在是西方高等教育健康发展的充分保证。本章拟考察西方发达国家的高等教育质量的认证，以对我国高校教学评估制度的完善有所助益。

一、高等教育质量认证模式存在的必要性

自 20 世纪 90 年代以来，西方很多国家逐步把对高等教育质量的认可

从政府转向基于外部质量评价的程序，认证就成了高等院校实施质量保障政策的必要手段。所谓认证（Accreditation），是指从质量保障和质量改善的目的出发对学院或大学等高等教育机构进行的外部质量检查和评价①。所谓认证制度，是指通过得到社会、学校和政府共同认可（Recognition）的社会中介组织，根据一定的标准对学校进行评估的一种制度。美国教育专家 Sinisi 博士认为，认证制度是学校出于自愿的一种质量保证方法；是利用自身调查和同行对改进过程进行外在观察的方法。认证是学校质量改进的基础，认证过程就是学校工作持续改进的过程②。可以看出，认证制度与我国现行实施的教学评估制度有异同的地方，主要的差异在于我国现行的教学评估制度是国家或政府主动发起的而不是高等学校自愿要求的评估、评价。高等教育质量的认证制度最早为美国所确立，其后英国、法国、德国、澳大利亚、新西兰等国相继采纳，认证机构从国内的专业组织发展成区域性的专业组织，甚至出现了国际性的跨国教育认证机构，如1995 年组建的全球跨国教育联合会，"其主要目的就是要确保，当教育跨越国家界限时，质量问题不被忽视，就是为教育机构提供独立质量鉴定的机制，以使其避免经受多重质量评估过程"③。

高等教育质量认证制度的确立及其广泛发展证明其存在的意义。有学者对美国的高等教育质量认证制度给予这样的评价："美国对高等教育的质量保障主要是通过认证（accreditation）来进行的，并形成一种较为独特的制度，它既是美国分权制、多样化高等教育体制下的一种有效的管理制度，又是保障和提高高等教育质量的一种模式。"④很多高校积极主动地寻

---

① 潘康明. 美国远程高等教育质量认证研究［J］. 电化教育研究，2008（5）.

② National Center for Education Statistics. Distance Education at Degree-Granting Postsecondary Institutions：2000-2001［R］. Washington DC：National Center for Education Statistics，2002.

③ OECD. Quality and Internationalisation in Higher Education［M］. Paris：OECD Publications，1999：5.

④ 江彦桥，等. 学校教学质量保证体系的研究与实践［M］. 上海：上海外语教育出版社，2002：204.

求高等教育质量的认证，在他们看来，高校获得认证地位有助于取得社会和其他院校的承认，博得大众对其教育资质的认可，有助于在日益激烈的学生市场争得足够的生源，获得认证地位的高校更有机会申请到联邦政府和地方政府的拨款，也有利于争取联邦学生资助贷款、各类科研基金等经费。一言以蔽之，获得认证地位是美国高校事关自身利益的主动行为，就像市场经济条件下的现代企业认证一样，是自身生存和发展的选择性策略①。我们认为高等学校实施高等教育质量认证制度，至少有这样一些功能：一是帮助社会公众认识高等学校的教育水平是否达到了应有的标准；二是帮助有意愿选择高等学校接受高等教育的学生做出正确的选择；三是帮助高等学校本身不断提高教育水平，不断改进，提高质量。

二、高等教育质量认证的机构

各个国家高等教育质量认证机构的设立有所不同。目前，美国高等教育认证主要有两类，一是院校认证（institutional accreditation），二是专业认证（specialized or programmatic accreditation）②。院校认证是针对整个学校的认证，主要是对学校的办学目标、物质条件、经费来源、师资质量和师资队伍建设、教育质量、学生工作、毕业生就业情况、毕业生实际工作能力、办公及体育设施、各级管理水平、总体办学效益等方面进行整体性评估③。院校认证又分为全国性院校认证和地区性院校认证。专业认证是指对某一专业的认证，是由专业职业协会会同该专业领域的教育工作者一起进行，为学生进入专门职业工作之前的预备教育提供质量保证。目前，美国专业认证的领域有医学、卫生护理、法律、林学、音乐、工商管理、工程等专业。院校认证由取得认证资格的地区性认证机构（RegionalAc-

① 沈伟棠. 美国当代高等教育质量认证体系的特征及其启示 [J]. 承德民族师专学报，2008（3）.
② 陈时见，侯静. 美国高等教育质量认证的运行模式 [J]. 比较教育研究，2008（12）.
③ 万毅平. 美国的高校认证与教育评估 [J]. 江苏大学学报，2003（2）.

crediting organizations）和 全 国 性 认 证 机 构（National Accrediting Organizations）负责；专业认证由取得认证资格的专业性认证机构（Specialized and Professional Accrediting Organizations）负责。

德国高等教育质量认证的机构主要有四种类型①：一是州政府授权认可的评估机构。如下萨克森州评估中心、北莱茵—威斯特法伦州评估站等，专门负责对本州大学进行评估。二是民间自愿组成的评估机构。如1994 年成立的德国第一所高校教育评估机构，由汉堡大学、不莱梅大学等六所学校联合组成的北德大学联盟，是一个地区性的评估网络，主要对各大学的同类专业进行评估。三是联邦层面的半官方或非官方机构。如联邦大学校长会议（HRK）、科学审议会（Wissen-schraftsrat）、大学发展促进中心（CHE）、大学信息系统组织（HIS）等。这些机构都属于全国性的由政府或基金资助的独立的权威性教育咨询和协调机构。四是由各类学科专业委员会成立的评估组。

波兰也建立起自己的独立的高等教育质量认证机构，主要有国家质量认证委员会。它的职责是为教育部部长提供建立高等教育机构的意见和结论，授予高等教育机构在合适的条件下开设新的专业及课程的权利，以及建立分校、教学中心和远程教育体系的权利。公立高校自发的质量认证系统起建于1997 年，认证委员会由公立高校学术社会发起、组织及管理。一般是由大学校长联席会或同一类的高校通过协商达成教育质量标准方面的共识，先后形成了大学质量认证委员会（1998 年），医学院质量认证委员会（1997 年），还有工学（2001 年）、经济学（2001 年）、教育学（1998 年）、农学（2001 年）、体育（1999 年）等不同类型的质量认证委员会。波兰大学校长质量认证委员会为上述各类质量认证委员会建立了一个学术性质的论坛，以促进它们之间的合作。

其他一些国家如奥地利、瑞士、荷兰、比利时、挪威和西班牙等国都

---

① 吴艳茹. 德国高等教育评估制度及其特点［J］. 高校教育管理，2008（3）.

建立了自己的认证机构，不仅为国内新建立的学士/硕士学位结构和私立高等教育提供认证，而且也为本国的教育输出服务，以确保输出质量。

从这些国家建立的高等教育质量认证机构来看，它们具有共同的特点，即属于社会中介机构，不从属于高校或政府，具有独立性。美国各种类型的认证机构，"和美国大部分民间机构和组织一样，美国的高校认证机构既不从属于某些社会团体或个人，也不受控于某些高校，更不隶属于某个政府部门，它们是作为一种社会中介机构和独立法人单位，为政府决策和高校质量保证提供服务，在高等教育质量认证体系中发挥着举足轻重的作用。在过去的50多年，认证机构一直与联邦政府维持着伙伴关系。第三方认证机构的参与可以从根本上克服高校的短期功利行为和摆脱政府的干预而偏离高等教育自身的规律"①。

三、高等教育质量的认证程序

美国高等教育的认证程序一般遵循这样的步骤：由认证机构、政府教育行政主管部门和学校共同确立认证指标及标准内涵；由被认证学校根据认证指标体系及标准内涵进行自评；认证小组根据学校的自评报告及认证体系进行实地的考察评估；根据实地评估结果，认证机构对被认证的学校给出认证结论，认定是否达到认证的要求。对通过认证的学校或教育项目以公告形式向社会发布；对于通过认证的学校或教学项目，要定期进行复评，以考察学校或教学项目是否持续达到认证要求，一般 3~5 年进行一次②。

英国高等教育质量的认证程序包括③：（1）申请学校提交详细的自述书，说明学校提供哪些教育服务，如何达到委员会所提出的标准；（2）委

① 沈伟棠. 美国当代高等教育质量认证体系的特征及其启示［J］. 承德民族师专学报，2008（3）.
② 潘康明. 美国远程高等教育质量认证研究［J］. 电化教育研究，2008（5）.
③ 陈斌. 英美远程高等教育质量认证制度比较研究［J］. 中国电化教育，2003（8）.

员会给出指导意见；（3）审查学校的自述书，挑选一些课程给专家进行评审，如果必要的话，对学校做实地考察，委员会给出意见报告；（4）由于国外远程教育提供者的情况会受所在国家或地区的影响，而综合性大学一般是提供学历教育的单位，在质量上更要进行严格控制，因此委员会还会对这两类申请进行特别审查。整个认证过程大概需要六个月。

德国高等教育质量的认证程序包括这样几个过程：（1）由高校向有关认证机构如德国权威的认证机构德国认证、授权和质量保证所（ACQUIN）提出认证申请，并提交院校自评报告。（2）认证机构对院校自评报告进行初步审查，主要考查自评报告是否完整，相关材料是否附在报告后面。（3）同行评估。认证机构审查院校自评报告后，会任命同行专家评估组对评估院校开展评估工作，"评估组通常由三位高校代表、一位专业实践界的代表和一位学生代表组成（在例外情况下一个评估组也可以由多于五名成员组成）。通常在同行评议的开始选择一位发言人，他负责主持同行评议组的讨论，并且作为评估过程后续阶段与 ACQUIN 办公室的主要联络人"。① 同行评估组一般要去评估学校进行现场视察。（4）评估组提交评估报告，评估组完成对所评估学校的评估后，一般要撰写评估报告，通常评估报告由评估组成员分工填写，最后互相传阅，由评估组组长定稿，向评估机构提交该院校的评估报告。（5）评估机构出具认证结论。评估机构成立评估委员会，对同行评估组提交的报告进行讨论，最后形成评估结论。

考察进行高等教育质量认证的国家，其对高等教育认证的程序都带有一些共同特点：

（一）自行评议与同行评议相结合

各国高等教育认证都要求院校首先自己开展自我评估。自评一般也成立评估小组，评估小组的成员要求吸纳行政管理人员、教师、职工、学

---

① 李敏. 德国高等教育认证制度及其借鉴意义［J］. 长春工业大学学报（高教研究版），2008（2）.

生、董事会及其他相关人员参与。自评一般会根据认证机构确立的评估指标、评估标准进行评价，提交自评报告。自评报告通常会有内容的规范性规定，如美国"在院校自评过程中，需提供遵守要求的证明和质量提高计划两份文件。遵守要求的证明书（Compliance Certification）需在学校进行预期的再认证前15个月提交，这份文件由学校自己完成，学校以此证明在多大程度上遵守了核心要求、综合标准、政府规定。自评中，所有文件必须由学校的校长签名以此证明遵守了要求。通过校长签署这份文件来证明学校的自我评估过程是非常诚实的，文件所包含的信息是真实、准确和完整的。质量提高计划（Quality Enhancement Plan）在委员会进行现场评估的4~6周前递交。这份文件包括：（1）对在院校评估过程中出现的关键问题进行鉴别的过程；（2）学生的学习结果和学校环境；（3）证明学校有制定、执行、完成《质量提高计划》的能力；（4）在质量提高计划及其执行过程中有大量支持学校的选民；（5）确定评定学校成就的目标和计划"①。同行专家的评估是认证过程中非常关键的环节，各国认证机构对同行专家的数量要求不同，有的国家同行专家成员较少，如德国，通常由三人或五人组成，有些国家同行专家数量较多，如美国，通常由8~10位专家组成。同行专家的评估分两个阶段的评估，第一阶段审读院校提交的评估报告，发现评估报告中出现的问题，特别是对评估报告中的关键数据指标的了解与把握；第二个阶段就是现场考察，评估专家去高校实地了解情况，提出问题讨论，核实学校是否遵守核心要求、综合标准及政府规定，其提交的报告是否准确等。

（二）书面评估与现场评估相结合

各国认证机构既注重书面评估，对高等院校提交的自评报告以及相关附件进行审读、评议，也注重现场考察，一般由同行专家评估小组去高校实地考察，时间长短不一，如美国要求同行评估专家实地考察四天，德国

---

① GUMPRECHT B. The American College Town［J］. The Geo‐graphical Review，2003（1）.

要求同行专家实地考察不少于两天。书面评估在先，主要是为实地考察了解提供一些信息准备；现场评估在后，通常是为核实、确认院校自评报告相关数据指标是否属实。"书面评估与实地考察相结合，既能有效地避免评估中介弄虚作假的现象，又加强了评估者与被评者之间的沟通与了解，从而真正达到促进质量提高的认证目的。"①

四、高等教育质量的认证标准

高等教育质量的认证标准通常是根据所要认证的内容设计等级标准，以评估内容与标准之间的差距确定高等教育质量的实际状况。高等教育的质量的认证涉及整个学校的教育教学质量的评价，对整个学校的教育教学质量的评价会涉及高等学校教育教学的方方面面。通常都会对学校的办学目标、物质条件、经费来源、师资质量和师资队伍建设、教育质量、学生工作、毕业生就业情况、毕业生实际工作能力、办公及体育设施、各级管理水平、总体办学效益等方面进行整体性评估。

在美国，高等教育质量的认证主要围绕三大方面的内容来确认，即核心要求（Core Requirements）、综合标准（Comprehensive Standards）以及政府规定（Federal Requirements）。核心要求是一所高校通过高校委员会认证的最基本、最基础的条件，反映了委员会对候选者和认证单位的基本期望，其内容包括学位授予权、董事会、首席执行官、学校宗旨、学校的有效性、持续的运转、计划与通识教育、教学人员、学习资源与服务、学生支持服务、财政资源以及质量提高计划。综合标准对学校的运作来说是详细而明确的，它代表了高等教育的实际水平，它包括四个方面：学校的宗旨、管理及效力；专业计划；财政及物质资源；委员会等。政府规定是联邦与州对高等学校的要求，包括学生成就、专业课程、政策的公布、计划

---

① 郭广生. 完善教学评估体系 确保本科教学质量 [J]. 中国高教研究，2005（4）.

长度、学生申诉、补充材料及计划责任等①。在澳大利亚，高等教育质量认证的内容主要有课程的实施、学术探讨和学术自由的风气、相关人员对学术自由的促进性以及管理和行政工作的运作情况。综合各国的高等教育质量认证的内容，教学与学术是最为重要的部分，这反映了高等教育质量认证与其他教育质量认证有所不同。

当然，因为评估的内容有所不同，认证的标准也有差异，标准是根据内容来设计的。不同的认证机构所评估的内容不同，设立的标准当然也有差异。世界各国高等教育质量的认证标准，有政府明确规定的，也有认证机构自己确立的，也有将政府规定与认证机构确定的标准相结合确立的。德国确立的高等教育认证标准体系为很多国家所采纳："先建立一种原则性、全面的标准规定，这个标准规定可以衡量所有高校的质量，各个认证组织必须执行。从统一性的角度出发构建质量学位课程认证制度。同时也要依据各个不同专业和课程制定多样化的认证标准，对具体专业、学校具体对待。多元化的认证过程，考虑到高等学校的各自特点，制定出的认证指标较能反映学校特色。"② 美国的高等教育质量认证标准也类似于德国。美国高等教育认证委员会对各地区级认证机构标准做了一个最低限度的规定，八个地区级认证机构以此为据，再结合各自的工作特点，与教育机构共同制定认证标准。因此，各认证机构的标准在评审的范围和侧重点上都较为一致。"如北部中心高等学习委员会所制定的高等教育质量认证标准是：学院有清晰、公开的目标，这种目标与高等教育地位相称；学院能有效地组织人力、财力和物力资源完成既定目标；学院正在完成的既定教育目标；学院具备继续履行其职责和提高教学效率的能力，这包括审查现有的资源基础，包括人力、物力、财力，符合未来学院发展的需求决策过

---

① 陈时见，侯静．美国高等教育质量认证的运行模式［J］．比较教育研究，2008（12）．

② 李敏．德国高等教育认证制度及其借鉴意义［J］．长春工业大学学报（高教研究版），2008（2）．

程，能有效应对学院可测和不可预测的挑战；学院能证明其在实践和从属关系上具有完整性。"① 可以说，各国高等教育质量的认证标准是基础标准与特色标准、一般标准与特殊标准的结合。这样的标准，既确保了高等教育质量的可比较性、一致性，也保障了高等教育质量的特色性与多元性。

五、对我国高等教育质量评估的几点启示

从世界各国都在寻求建立高等教育认证制度以及在探索不断完善高等教育质量认证制度角度看，我国的高等教育质量评估还是有存在的意义与价值，关键是我们如何从各国高等教育质量的认证中得到有益的启示，去完善我国高等教育质量的评估制度。从以上对各国高等教育质量认证的分析、比较来看，对我国现行的高等教育质量评估有如下启示与意义：

（一）发展自愿性评估

我国现行的高等教育评估属于典型的"行政导向性评估""自上而下的评估"，这种评估使得高校疲于应付，压力很大。更重要的是评估结果的公正性不能令人信服。根据现实的评估结果来看，人为的因素过大，评估结果不真实。另外，评估结果没有与学校财政拨款等有机结合。我们要发展自愿性评估，就是要在高等学校形成一定的竞争力，让高校自发地去寻求评估，以此来证明自己的高等教育质量。而要做到这一点，就必须确保评估主体的公正性、评估程序的公正性、评估结果的公正性等。

（二）发展第三方独立的评估主体

从世界各国高等教育质量的认证主体来看，基本上都是社会中介组织，既不依赖于政府，但又接受政府的管理，也不依赖于高校，与高校保持一定的距离。它们依赖自己的工作质量确立自己工作的权威，依赖自己的工作质量赢得政府与高校的信任。这是我国高等教育质量评估应加以改进的地方，积极发展社会中介组织，培育第三方独立的评估主体。

---

① 潘康明. 美国远程高等教育质量认证研究 [J]. 电化教育研究，2008（5）.

（三）实施多元化的评估标准

我们考察各国高等教育认证制度，发现评估机构不同、评估内容不同，虽然也都遵守评估的一般标准与内容，但都注意确立评估机构自己的特色或特殊标准。这样做，我们可以既保证高等教育实施的一般标准，又注重高校的发展特色与多元性。

（四）强化评估过程的透明性

各国在对高等教育质量认证时，注重认证过程的透明性，如德国高等教育认证机构将所有标准、程序、机构结构等重要信息公开，高等院校、教师、学生、工商业界都可以通过信函、网络等方式获得最新最权威的认证信息。美国高校委员会也要求认证机构将其认证过程向社会公众公开，接受社会监督。我国现在的教学评估只注重评估结论的公开，对评估过程的公开实施不到位，社会公众不能够对评估过程进行有效的监督。

（五）建立自评的多元主体制度

各国对高等教育质量的认证注重院校的自评报告，但对自评报告的评估主体也有一定的要求，要求教师、学生、行政管理者、董事会、委员会等成员参加。我国现行对高校自行评估的主体并无要求，多为高校行政管理者的评估，没有吸收广大的教师、学生，也不征求教师、学生的观点与意见，自评报告中的数据难免有行政管理者为"政绩"而出现不真实的情况。因此，教学评估不仅要求高校提交评估报告，还要对高校自评报告的撰写做出规范。

（六）建立完善的同行专家选拔机制

高等教育质量认证的权威性与其说来自认证机构的权威性，不如说来自参与评估的专家的权威性与公正性。各国认证机构对同行专家确立一定的任职资格，并建立了公正的选拔机制，同时强调同行专家、委员会成员的职业道德与纪律。我国现行教学评估的弊端在很大程度上来自评估专家的不合理确定机制，评估专家不能客观、公正地履行自己的职责，也没有相关的奖惩机制，需要从法律与职业道德上对同行专家进行约束与激励。

第四章

我国少数民族高等教育差别待遇政策的完善

平等权是我国宪法确立的一项基本权利，也是被世界公约及各国宪法确立的一项基本人权。教育平等权是平等权的应有内涵，它的基本含义是平等地接受教育的权利，"是指公民依法享有的要求国家积极提供均等的受教育条件和机会，通过学习来提高其个性、才智和身心能力，以获得平等的生存和发展机会的基本权利"①。在多民族的国家，各民族享有教育的平等权。为保障少数民族的教育平等权，各国采取了针对少数民族教育平等权的"差别待遇"，即给予少数民族教育一系列的优惠政策。我国少数民族高等教育领域中也存在一定的"差别待遇"即高等教育优惠政策，那么这些政策有什么内容、其法理基础是什么、以后的发展路径如何，值得考察与分析。

一、我国少数民族高等教育"差别待遇"政策的具体样态

"差别待遇"概念最早形成于国际贸易中，是指一国给予外国人不同于本国人的待遇，或者给予不同国家的人不同的待遇。后扩大适用至国际关系中，成为各国处理国际交流关系的一项国际法准则。同样这样的概念也在国内法中得以确立，即针对社会特殊群体在生存与发展上的弱势地位

---

① 李步云. 人权法学 [M]. 北京：高等教育出版社，2005：264.

而赋予不同的政策措施，以保护他们的权利与利益。但各国国内法中很少用到这样的概念，但在实际的政策制定或法律制度设计中，存在着对不同群体的差别对待，即差别待遇的制度设计，即政策或法律对不同个体间的充分尊重，目的就是纠正因形式平等而出现的实质不平等，其最终的目标是实现社会的正义，更加关注以人为本的公正与公平。我国《中华人民共和国民族区域自治法》（以下简称《民族区域自治法》）《高等教育法》等法律确立了少数民族高等教育的平等权，但为了实现这种平等权，我国为少数民族高等教育确立了一系列的优惠政策措施，即针对少数民族高等教育制定的特殊的、合理差别待遇规定的政策体系。这些政策涉及方方面面，这里我们主要选择几种重要的少数民族高等教育优惠政策来考察。

（一）少数民族考生高等教育招生中的优惠政策

我国少数民族高等教育起点低，与全国平均高等教育水平存在一定的差距，"基于这种状况，国家规定少数民族考生在高校招生录取时享受降低分数的优惠政策，目的是增加这一群体进入高等院校学习的机会，从而使他们真正获得接受高等教育的平等权利"①。

少数民族高等教育的优惠招生政策自中华人民共和国成立后就得以确立，早在1950年，教育部《关于高等学校1950年度暑期招考新生的规定》中规定：兄弟民族学生，"考试成绩虽稍差，得从宽录取"。其后较长时间都在实施"同等成绩、优先录取"的招生政策。1978年恢复高等学校统一招生考试后，实行对"边疆地区的少数民族考生，最低录取分数线及录取分数段，可适当放宽"的政策。教育部在1980年《高等学校招生工作的规定》中强调，确定部分全国重点高等学校举办少数民族班，适当降低分数，招收边疆、山区、牧区等少数民族聚居地区的少数民族考生。其他一般高等学校对上述地区的少数民族考生，录取分数可适当放宽。对散居的少数民族考生，在与汉族考生同等条件下优先录取。2001年修订的

---

① 滕星，马效义. 中国高等教育的少数民族优惠政策与教育平等 [J]. 民族研究，2005（5）.

《民族区域自治法》第 71 条第 2 款规定："高等学校和中等专业学校招收新生的时候，对少数民族考生适当放宽录取标准和条件，对人口特少的少数民族考生给予特殊照顾。"

在国家法律及教育部政策指导下，各省、自治区等纷纷制定了适用于本区域的少数民族的高等教育优惠的招生政策，总结有如下方面：（1）对散杂居的少数民族学生招生一般采取"同等条件，优先录取"的原则；（2）"适当降分"，教育部确定降分的最高限，一般是录取线下 20 分，但具体的降分幅度由各省区根据本省区各少数民族教育发展水平、居住地域条件、经济发展状况和少数民族人口数量等指标来确定，一般在录取线下 1~20 分之间；（3）西藏和新疆等自治区采取"单独划线、单独招生"措施；（4）举办少数民族班和预科班，预科班降分不低于录取线下 80 分，民族班降分在录取线下 40 分；（5）定向招生，定向分配，降分的幅度由各省区根据实际需要确定；（6）重点大学和民族院校保留一定的名额留给少数民族学生，如果名额不满，要降低一定的分数线录取。总的来说，政策的优惠内容越来越细，优惠幅度逐渐增大①。

（二）少数民族高等教育的民族班、预科班政策

少数民族高等教育的民族班、预科班是一种特殊的高等教育办学政策。所谓少数民族预科教育是从少数民族地区实际出发，为民族地区培养合格大学生而设立的高等教育特殊形式，是保证边远、贫困民族地区多出人才、快出人才、出好人才的特殊有效措施，在落实党的民族政策，促进各民族共同繁荣和发展方面都具有重要意义②。教育部发布的《普通高等学校少数民族预科班、民族班管理办法》（教民〔2005〕5 号）指出："民族预科班是指对当年参加普通高等学校招生全国统一考试、适当降分、择

---

① 李乐.高等教育招生的民族政策与少数民族教育平等［J］.广西民族大学学报（哲学社会科学版），2008（3）.

② 宋太成，刘翠兰.少数民族预科教育培养模式研究与实践［J］.黑龙江民族丛刊，2005（1）.

优录取的少数民族学生，实施高等学校本、专科（高职）预备性教育的一种办学形式。民族班是指对当年参加普通高等学校招生全国统一考试、适当降分、择优录取的少数民族学生，实施高等学校本、专科（高职）教育的一种办学形式。"

现行少数民族高等教育的民族班、预科班，不仅在民族院校如中央民族大学、中南民族大学、广西民族学院、贵州民族学院、青海民族学院等实施，后教育部又不断扩大在教育部的直属高校中举办民族班与民族预科班，专门招收少数民族学生。2002 年 7 月，国务院在《关于深化改革加快发展民族教育的决定》中再次强调和充实了民族班与预科班政策的内容："高校民族班和民族预科班的招生工作，以上学年招生规模为基数，并按上学年全国普通高等学校本科招生平均增长比例，确定当年国家部委及东中部地区所属高等学校民族班和民族预科班的招生规模。"

（三）少数民族高等教育的经费投入与民族学生的资助政策

1951 年，第一次全国民族教育会议的报告指出："关于少数民族地区的教育经费，各级人民政府除按一般开支标准拨给教育经费外，并应按各民族地区的经济情况及教育工作，另拨专款。"从 1951 年起，中央财政专门设置了少数民族教育发展补助费，且历年有所增加。这种特殊的政策一直延续至今。

针对我国民族高等教育目前仍存在的财力相对不足的状况，党和国家采取的特殊扶持政策主要表现在两个方面：一方面，设立了民族教育专项补助经费，以解决民族教育的特殊困难。尽管在不同的历史时期，因国家财政管理体制的变化，民族教育专项补助经费的设立和管理办法有不同的变化，但却从未取消。根据中央设立少数民族教育专项补助经费的精神，一些省区也设立了民族教育专项补助经费。另一方面，多渠道增加民族教育的投入。一是调动各级政府和广大人民群众办教育的积极性，坚持国家扶持与自力更生相结合的原则，多渠道增加民族教育的投入；二是争取从各项少数民族补助经费中挪出一部分经费办教育；三是争取社会各方面支持民族教育发展①。

（四）少数民族高等教育有使用少数民族语言文字的自由权利

为了尊重少数民族的语言习惯和保障民族语言文字使用等权利，在高等院校少数民族大学生允许有使用本民族语言进行学习的权利。我国现行《宪法》第4条第4款规定："各民族都有使用和发展自己的语言文字的自由。"《民族区域自治法》第37条第3款规定："招收少数民族学生为主的学校（班级）和其他教育机构，有条件的应当采用少数民族文字的课本，并用少数民族语言讲课。"1995年《中华人民共和国教育法》第12条规定："少数民族学生为主的学校及其他教育机构，可以使用本民族或者当地民族通用的语言文字进行教学。"除国家法律之外，部分少数民族省份也制定了相关的法规和政策。例如，1997年《黑龙江省民族教育条例》第11条规定："招收本民族语言文字的少数民族学生的民族学校，实行本民族语言文字授课加授汉语文或汉语文授课加授本民族语文教学。"在实际教学中，中央民族大学以及西南、中南、西北和各民族省份的民族学院在开展双语教学、英语教学中，都总结出了一些处理好民族语言文字与汉语言文字、外国语言文字方面的教学经验，使少数民族大学生能过语言文字关。

（五）少数民族高层次骨干人才计划政策

针对少数民族地区高级人才紧缺，影响当地经济发展，2005年，教育部制定了《培养少数民族高层次骨干人才计划的实施方案》（教民〔2005〕11号）（以下简称《实施方案》），按照《实施方案》的要求，少数民族高层次骨干人才的培养任务主要由国家部委所属重点高等学校和有关科研院所承担和组织实施，按照"定向招生、定向培养、定向就业"的要求，采取"自愿报考、统一考试、适当降分、单独统一划线"等特殊措施招收学生。被录取的少数民族硕士研究生先在基础培训点集中进行一年的强化

---

① 王红曼. 论我国的民族教育政策及其成就 [J]. 民族教育研究，2002（1）.

基础培训，重点补修英语、大学语文（汉语）、计算机、高等数学等基础知识，兼顾其他专业理论知识以及加强马克思主义民族和宗教理论的学习。基础培训结束经考核合格者，转入招生学校硕士研究生阶段的课程学习。该计划一方面为少数民族地区培养人才，但另一方面也是少数民族地区学生享受高等教育的特殊政策，是一种综合性的针对少数民族高等教育的优惠政策。

二、我国少数民族高等教育"差别待遇"政策的法理基础

我国针对少数民族高等教育确立的"差别待遇"政策，其存在的法理依据是什么？我们认为，其法理基础或政策依据是基于实质平等理论与少数人权利保护理论。

（一）实质平等理论

"对一切人的不加区别的平等就等于不平等。"① 柏拉图表述的意思是：对自由民与奴隶予以差别待遇是平等的，而对自由民与奴隶予以相同待遇则是不平等的。亚里士多德将平等视为正义的核心，并将正义分为两种，一是平等正义——天生不同的，但在法律上相等事物的正义，即由法律置于同等地位的给付与对待给付的绝对平等；二是分配正义——是对多数人合乎比例关系的平等，是依照评价、能力、需要来分配权利义务②。如此，"同样的人实施同样的对待，不同的人要有不同的对待"才是实质意义上的平等。

平等就其性质上而言，有形式平等与实质平等之区分。所谓形式上的平等，是指保障公民在法律上的平等，又称"机会的平等"，即虽然各人在事实上存在差异性，但是在法律上受到同等或平等对待，而不得给予不平等的待遇，各人拥有平等的机会。这种平等会产生不平等的结果，为修

---

① ［古希腊］柏拉图.法律篇［M］.张智仁，何勤华，译.上海：上海人民出版社，2001：168.

② ［德］考夫曼.正义理论［J］.刘幸义，译.（台湾）中兴法学，1988（27）.

正这种不平等的结果，很多国家就追求实质平等，即为了在一定程度上纠正由于保障形式上的平等所导致的实质上的不平等，依据各个人的不同属性采取不同的对待方式。实质平等强调的是以不同的标准对待所有人，要求对同样的人同等对待，不同的人则要区别对待。

为实现实质意义上的平等，必然对不同的人实现合理的差别待遇。实质平等对形式平等的矫正，可以看作是"正义"内涵的扩展。在传统的自由运动发展至高潮的时候，人们一般都是以"任其才能驰骋"的主张来表达其平等要求的。这一要求包括三个含义：一是阻碍某些人发展的任何人为障碍，都应当被清除；二是个人所拥有的任何特权，都应当被取消；三是国家为改进人们之状况而采取的措施，应当同等地适用于所有的人。政府的职责并不在于确使每个人都具有相同的获致某一特定地位的前途，而只在于使每个人都能平等地利用那些从本质上来讲须由政府提供的便利条件①。因此，为实现我国各民族教育的平等权利，对少数民族教育进行合理的差别待遇设置，正是为了实现实质意义上的平等，实现社会正义与公正，是"一种尽力想通过某种补偿或再分配使一个社会的所有成员都处于一种平等地位的愿望"②。

（二）少数人差别权利理论

少数人是一个相对的概念、历史的概念，学界不论是对其内涵还是外延都没有给出一个准确界定。联合国大会 1966 年通过的《公民权利和政治权利国际公约》第 27 条明确宣布："在那些存在人种的、宗教的或语言的少数人的国家中，不得否认这种少数人同他们的集团中的其他成员共同享有自己的文化、信奉和实行自己的宗教或使用自己的语言的权利。"这是在普遍性国际公约中第一次包括少数人权利的条款。此处的少数人虽然

---

① ［英］弗里德利希·冯·哈耶克.自由秩序原理［M］.邓正来，译.北京：生活·读书·新知三联书店，1997：104.

② ［美］约翰·罗尔斯.正义论［M］.何怀宏，等译.北京：中国社会科学出版社，1988：8.

也限制在"宗教、种族、语言上的少数"，但是联合国另外通过了诸如
《儿童权利宣言》《关于难民地位的公约》《囚犯待遇最低限度标准规则》
《残废者权利宣言》《智力迟钝者权利宣言》等对特殊主体的权利进行保护
的国际性文件，因此少数人群体也相应由宗教、种族、语言上的少数扩展
到儿童、难民、罪犯、残疾人、智力迟钝者等。1991 年 3 月 4 日在斯特拉
堡由欧洲委员会为《欧洲保障少数人权利公约》而准备的建议案中，把少
数人概念表述为："在数量上居于少数，在人种、宗教或语言方面具有不
同于其他人特征，含有维护他们文化、传统、宗教或语言倾向的国民。"①
综合现有的概念阐释，我们可以把"少数人"归纳为数量上居于少数，在
种族、宗教、语言、肤色、体质、精神状态或文化等方面具有不同于其他
人的特征，由于受到偏见、歧视，在政治、经济或文化生活中居于从属地
位的群体，包括少数民族、儿童、老人、残疾者、智力迟钝者、罪犯、难
民、外国人、无国籍人等。同时，"少数人"又是一个开放的概念，非婚
生子女、囚犯、同性恋者等也都可以归入少数人的范围。

　　在国际人权领域，人权的发展一直强调人权的普遍性，即不论个体的
文化身份和由此产生的群体归属，一视同仁地保护个人公民基本权利和政
治权利，以期达到普遍性的人权保障。"早期国际人权公约对于国家内的
文化少数群体，如少数民族、族裔、族群、土著人、移民等都不给予特别
的关注，以防止违反不能给特定的群体、特定的人'贴标签'的一视同仁
平等观的规定。同时，文化差异、文化识别在国际人权领域也不被接受，
反而被刻决忽略，且美其名曰'善意的忽略'。"② 传统的人权观用普遍性
的人权平等保护来替代对少数人差别权利的保护，"只要群体的成员其个
人的基本权利得到保障，就无须赋予少数人更多的权利，少数人的差别权

---

① 李忠. 论少数人权利 [J]. 法律科学，1999（5）.
② 耿焰. 少数人差别权利研究——以加拿大为视角 [M]. 北京：人民出版社，2011：1.

利应该被而且在实际上也被公民个人权利所取代"①。这种只强调人权的普遍性，忽视少数人的文化诉求，受到普遍的质疑。为解决传统人权主张在保护少数人文化利益上的无力问题，区别对待文化少数群体及其成员的呼声越来越高，要求给予少数人以特殊性保护，界定合理的"差别待遇"。

国际人权领域通过一系列公约与文件对少数人的权利进行明确界定，"据不完全统计，已经有40多份国际人权公约和文件涉及少数人权利问题，包括1966年《公民权利与政治权利国际公约》和1992年《在民族或族裔、宗教和语言上属于少数人的权利宣言》。不仅如此，国际人权公约、文件还在一系列的规定中，将对少数人权利的保护与强制国家必须履行相应的义务联系起来"②。

对少数人进行特殊保护应针对各个少数人群体的特殊属性而有所区别。这个问题比较容易理解，对儿童而言，我们强调其健康成长的权利，对残疾人强调其受教育权、就业权，对少数民族强调其宗教信仰自由权以及尊重其语言、文字、文化的权利。每个少数人群体都有不同于其他群体的特殊属性，也正是因为该属性，该群体才会受到歧视，处于弱势，因此特殊保护的措施只能针对该特殊属性做出。当然这种差别待遇也应有理、有利、有节。米尔恩的比例平等原则在解决这个问题上有其合理的内核。"比例平等要求，在进行分配时，同等的情况必须被同等地对待，不同等的情况必须按照不同等的程度被不同等地对待。因此，那些需求较大的人应该得到较多，较强壮的人应该承受较重的负担，这是公平的。随之而来的是，当现存的分配不公平时，重新分配就被证明为正当。"③

---

① 耿焰. 少数人差别权利研究——以加拿大为视角［M］. 北京：人民出版社，2011：9.
② 耿焰. 少数人差别权利研究——以加拿大为视角［M］. 北京：人民出版社，2011：13.
③ ［英］A. J. M. 米尔恩. 人的权利与人的多样性——人权哲学［M］. 夏勇，张志铭，译. 北京：中国大百科全书出版社，1995：60.

三、我国少数民族高等教育"差别待遇"政策的发展路径

实际上，在多民族的国家中，高等教育平等都要考虑各民族的差异及实现一定的"差别待遇"。如在法国，"为了实践教育平等的政治理念，针对统计分析出现的教育不平等问题，法国政府主要采取了整齐划一和弱势补偿措施"①。其中的弱势补偿措施就是针对少数民族高等教育的"差别待遇"。美国在 20 世纪 60 年代开始实施"肯定性行动"计划，就是为保护少数民族的权利与利益确立的特殊政策即"差别待遇"。因此，针对少数民族高等教育"差别待遇"，终极意义上追求实质意义上的平等权以及保护少数人的权利。

我国少数民族高等教育"差别待遇"政策也取得了一定的成就，据 1998 年统计数字，全国有 13 所民族学院（大学），民族自治地方有高等院校 101 所，在校少数民族学生达 22.64 万人，比 1951 年的 0.21 万人增长了 107 倍，占全国高校在校生总数的 7%；民族院校在校学生达 35081 人，比 1978 年的 6902 人增长了 4 倍多。全国 55 个少数民族都拥有自己的大学生，有些民族还有硕士研究生和博士研究生，回族、朝鲜族、纳西族等十几个民族每万人拥有的大学生人数已超过了全国的平均水平②。据教育部有关资料显示，全国各级各类学校中少数民族在校学生数大幅度增长。1999 年全国各级各类学校中共有少数民族在校学生 1847.09 万多人，占全国在校生总数的 7.6%；比 1995 年增加 133.93 万人，增长了 7.82%③。还有关于少数民族高层次骨干人才的培养，也取得了喜人的成绩，至 2014 年，根据《教育部办公厅关于下达 2014 年"少数民族高层次骨干人才"研究生招生计划的通知》，2014 年计划招生 5000 人，其中，博士研究生

---

① 王晓辉，刘育光. 法国民族政策与教育平等［J］. 比较教育研究，2013（10）.
② 王红曼. 论我国的民族教育政策及其成就［J］. 民族教育研究，2002（1）.
③ 冯玺，李磊. 我国民族教育政策现状及对策的探讨［J］. 湖北社会科学，2007（10）.

1000 人，硕士研究生 4000 人。近十年，我国少数民族高层次骨干人才规模已达几万人，为我国少数民族的发展做出重大贡献。

当然任何优惠政策或"差别待遇"都应该有一个合理的限度。政策的目的是保护少数民族高等教育的权利与利益，但不能过度保护，否则构成了"反向歧视"，即过于重视少数民族群体或个体的利益，而对非少数民族群体或个人的权利与利益造成了侵害。

1978 年加利福尼亚大学董事会诉巴基案引起了美国社会对"反向歧视"问题的重视。在该案中，加利福尼亚大学为实现民族平等保护原则，为少数族裔的学生保留了一些名额，而没有录取入学考试成绩优异的白人巴基。巴基认为这是学校对自己的歧视，违反了宪法修正案第 14 条的规定。1978 年 6 月，联邦最高法院以 5：4 一票之差做出了最终判决，要求加利福尼亚大学应当录取巴基，同时联邦最高法院也认为加州大学有权实行一些使学生来源和校园学术环境多元化的特殊政策，在录取新生时可以把种族作为一个因素来考虑，但不能把种族作为唯一因素①。美国联邦最高法院通过一系列的判决确立了"差别待遇"合理的标准，认为这样的政策"为了消除种族主义，我们必须要考虑种族因素，除此别无选择。为了平等待人，必须待人有别"②。2003 年 6 月 23 日，联邦最高法院宣布"学生多元化是迫切的公共利益"，大学在招生中可以考虑学生的种族因素③。但是联邦最高法院认为，这样的政策在招生时要注意适度，不能成为唯一的决定因素。联邦最高法院强调，在以大学学生群体多元化为宗旨的肯定性行动中，种族因素可以成为录取少数族裔学生的一个重要的"加分"因素，但绝不能成为"决定性的因素"。因为大学学生的多元化是全面的多元化，而不仅仅是族裔的多元化，仅仅关注学生族裔身份的招生项目，对

---

① 吴明海. 美国少数民族教育立法问题的历史研究 [J]. 清华大学教育研究，2004 (4).

② Regents of University of California v. Bakke，438 U. S. 407，1978.

③ Grutter v. Bollinger，539 U. S. 306，325，2003.

于"真正的多元化"而言，起到的是"阻碍作用"，而不是"促进作用"①。实际上美国联邦最高法院的态度代表了社会的主流观点，在对少数民族学生教育实施优惠政策的同时，注意合理的"度"，不能成为变相地对白人的一种歧视，"反向歧视"是不合理的。

在我国，少数民族高等教育的"差别待遇"政策也存在一些问题：一是全国各个地方对少数民族高等教育的优惠政策模式差异很大，甚至是同样的民族在不同地区会有政策的差异；二是对居住在城市与少数民族地区的少数民族考生可能会有不同政策；三是对居住在城市的少数民族考生与汉族考生的录取政策上差异可能会导致不公平或不平等的问题；四是不同少数民族之间的招生分数线差异过大，这种差异的合理性也受到质疑；五是降分录取与少数民族学生质量之间的矛盾，"降分政策的实行固然在一定程度上可以保证一定数量的少数民族考生有机会接受更高层次的教育，但却不能完全保证所招少数民族学生的质量"②。这些问题是我国少数民族高等教育"差别待遇"政策应当值得注意的地方。

关于"差别待遇"的合理限度，德国法院确立了一个宽泛的标准，合理的差别待遇应该是符合"禁止恣意原则""立法者的理智决定""事物本质""正义理念"和"比例原则"的，其中，"立法者的理智决定"包含着"宪法上的规定""民主理念"与"公共福祉"③。其实这个标准在实践中也难以操作，缺少非常明晰的界定，但通常会以社会确认的"公正""正义"观念对其进行评判，也就是多数人的多数性的"正义"观念认为，不违背宪法确立的平等权即可。

宪法学上通常认为合理差别产生的依据是基于比例的原则，是指公民应该得到与自己的优点、能力、贡献、需要、群体类别等相称的待遇，这

---

① Regents of University of California v. Bakke, 438 U. S. 265, 316-317, 1978.
② 汤夺先. 论我国民族教育的优惠政策 [J]. 民族教育研究, 2002 (1).
③ 邢益精. 论合理的差别待遇——宪法平等权的一个课题 [J]. 政治与法律, 2005 (4).

是一种相对的平等。而承认合理差别的存在即是追求一种实质上的平等，是为了在一定程度上纠正由于保障形式上的平等所招致的事实上的不平等，依据各个人的不同属性采取分别不同的方式①。在我国因为民族众多，各民族之间的差距太大，特别与汉族相比较，少数民族高等教育水平还是存在很大的差距。我们认为，当前还应坚持实质平等的原则，在少数民族教育制度中坚持"共享教育机会的完全平等与差别教育机会的比例平等"②，"所谓共享的机会平等，是指从总体上来说每个社会成员都应当具有的大致相同的基本发展机会。而所谓有差别的机会平等，是指社会成员之间的生存和发展的机会不可能是完全相等的，应有程度不同的差别"③。也就是在我国，义务教育阶段实行完全的共享机会平等，对于少数民族高等教育，我们认为，还是坚持"比例"平等的原则，即为了实现少数民族中接受高等教育的人数与汉族接受高等教育的人数在"比例"上趋于一致时，各民族高等教育的实质平等才能实现。而根据有关数字统计，2000 年以来，我国少数民族在校大学生占全国在校大学生的比例一直维持在5.7%~5.9%之间④。据 2000（第五次全国人口普查）少数民族人口占我国总人口的 8.4%，而 2010（第六次全国人口普查）少数民族总人口占我国总人口的 8.49%。比较这两组数据，我国少数民族高等教育"差别待遇"政策还有存在的合理性，并且在相当长一段时间里有继续实施的必要。

我国少数民族高等教育"差别待遇"政策虽然有合理性，但也需要在实践中进一步完善，针对实践中存在的一些问题，需要进行具体分析，提出有针对性的改进措施。比如，关于少数民族高等教育优惠的招生政策已实施多年，各地方做法不统一，对少数民族的降分录取政策缺少一定的标

---

① 吴爽，张宏伟. 论平等权与合理差别 [J]. 理论观察，2009（1）.
② 冯建军. 教育公正需要什么样的教育平等 [J]. 教育研究，2008（9）.
③ 吴忠民. 社会公正论 [M]. 济南：山东人民出版社，2004：121-122.
④ 丁铭. 我国少数民族学生十分之一以上就读于民族院校，[EB/OL]. 新华网，2007-05-15.

准与依据。我们认为应由教育部对全国 31 个省、自治区、直辖市的少数民族招生政策进行梳理与论证，由教育部针对业已实施多年的招生政策制定出统一的优惠政策，各地方一体遵行；难以统一的情况下，教育部尽可能将少数民族优惠政策标准与依据具体化，各地方可以根据本地方实际情况做出规定，但不能违背教育部确立的基本标准与依据。同样，其他少数民族高等教育"差别待遇"政策也要在实践中不断完善，以促进各民族高等教育的平等、公平、公正的实现。

第五章

我国少数民族高等教育招生政策的优化

平等权是国际上准则确立的一项基本人权，也是我国《宪法》确立的基本权利。作为抽象的人权与基本权利，只有与具体的事务结合起来，才能成为人们实际享有的权利。在我国的高等教育领域，平等与公正是我国高等教育追求与实现的目标。为实现各民族平等权这样一个目标，我国针对少数民族高等教育领域实施了一系列的优惠政策，其中就包括少数民族高等教育的招生优惠政策。少数民族高等教育优惠政策是自中华人民共和国成立以后就实施的特殊的民族政策与措施，取得了一些现实成效，但也面临一些质疑，政策本身也有需要改进的地方。我们认为，在现阶段，为实现高等教育的实质平等权，我国的少数民族高等教育招生政策需要进一步优化与完善。

一、我国少数民族高等教育招生政策的历史演进

我国少数民族高等教育政策经历了一个漫长的发展过程，"我国民族教育政策的形成和发展与我国民族教育事业的发展历程相一致，从新中国成立至今，大体上经历了开创形成阶段（1949—1956年）、曲折发展阶段（1956—1966年）、遭受干扰和破坏阶段（1966—1976年）、恢复与发展阶段（1976—1984年）和特色化成熟发展阶段（1984年以后）这样五个历史阶段。在不同的历史阶段，都相应地出台了一些民族政策、教育政策以

及逐渐明确的民族教育政策，既有代表性的纲领性的法律法规条文，也有具体性的条例与规章制度；既有中央政府制定颁布的政策，也有地方政府制定颁布的政策。这些政策集中表现在民族教育的质量政策、管理体制政策、经费政策、课程政策、教师政策、学生政策等几个方面"①。在这些民族政策中，少数民族高等教育的招生政策是一项非常重要的政策。

我国少数民族高等教育招生政策是在什么样的历史背景下形成的呢？有学者认为，"我国少数民族教育的起点比较低，中华人民共和国成立初期，许多少数民族还未建立起现代教育制度，人口中文盲半文盲占较大的比重，有的少数民族还处在原始社会末期或由原始社会向阶级社会过渡的阶段。中华人民共和国成立以来，少数民族教育虽然有了很大的发展，但与全国平均水平相比还存在一定的差距。基于这种状况，国家规定少数民族考生在高校招生录取时享受降低分数的优惠政策，目的是增加这一群体进入高等院校学习的机会，从而使他们真正获得接受高等教育的平等权利"②。

早在1950年，教育部出台的《关于高等学校1950年度暑期招考新生的规定》中就规定：兄弟民族学生，"考试成绩虽稍差，得从宽录取"。从宽录取意味着降低录取标准。1951年，我国第一次全国民族教育会议通过的《培养少数民族干部试行方案》规定："对投考高等学校与一般中学的学生应适当规定一个入学成绩标准。入学后，又应给以适当补习条件。"当年高等学校招考新生就明确规定：兄弟民族学生考试成绩虽差，得从宽录取。1953年教育部在《关于全国高等学校1953年暑期招考新生的规定》中指出："少数民族学生报考时缴验有关机关团体的介绍函件者，当其考试成绩达到所报考系科的录取标准时，应优先录取。"1953—1961年间，改为"同等成绩、优先录取"。1962年中央批转的《关于民族工作会议的报告》提出要恢复高等学校录取少数民族学生的照顾办法。这一年教育部

---

① 王鉴. 我国民族教育政策体系探讨 [J]. 民族研究，2003 (6).
② 滕星，马效义. 中国高等教育的少数民族优惠政策与教育平等 [J]. 民族研究，2005 (5).

与中央民委商议发出《关于高等学校优先录取少数民族学生的通知》规定："少数民族学生报考本自治区所属的高等学校，可以给予更多的照顾，当他们考试成绩达到教育部规定的一般高等学校录取最低标准时就可以优先录取。"

1987年《普通高校招生暂行条例》规定："边疆、山区、牧区、少数民族聚居的地区的少数民族学生，可根据当地的实际情况，适当降低分数，择优录取。对散居于汉族地区的少数民族考生，在与汉族考生同等条件下，优先录取。"① 中等专业学校招生亦实行了"同等分数优先录取"或"适当放宽分数录取"的办法。研究生招生中，国家每年给内地学校划出一定的比例到边远少数民族地区招生，并在录取总分上予以适当照顾。除此以外，还实行了一种"定向招生、定向分配"的办法来照顾边远落后的民族地区。1984年颁布、2001年修订的《民族区域自治法》是我国实施《宪法》规定的民族区域自治制度的基本法律，其第71条第2款规定："高等学校和中等专业学校招收新生的时候，对少数民族考生适当放宽录取标准和条件，对人口特少的少数民族考生给予特殊照顾。"教育部公布的《2004年普通高等学校招生工作规定》中规定，2004年同一考生加分投档分值不得累加，最高增加分值不得超过20分。2004年各省高考招生对少数民族考生的照顾政策各有调整和规定，例如，山东省高考享受降分照顾的范围有所调整，少数民族考生，总分低于高校调档分数线以下10分之内的，可投档②。陕西省高考降分政策规定，少数民族预科班降分录取，少数民族预科班、民族班只招收少数民族考生。录取照顾标准为：少数民族本科预科不低于该校在本省招生录取相应批次提档分数线以下80分；少数民族专科预科不低于该校在本省招生录取相应批次提档分数线以下60

---

① 1987年颁布的《普通高校招生暂行条例》于2004年10月12日失效。
② 山东省公布高考享受降分照顾范围 涉及八类考生［EB/OL］. 中国网，2004-03-10.

分；民族班不低于该校在本省招生录取相应批次提档分数线以下40分①。

《教育部2007年普通高等学校招生工作规定》第44条规定："有下列情形之一的考生，由省级招生委员会决定，可在高等学校调档分数线下适当降低分数要求投档，由学校审查决定是否录取。同一考生如符合多项降低分数要求投档条件的，只能取其中降低分数要求幅度最大的一项分值，且不得超过20分。（1）边疆、山区、牧区、少数民族聚居地区的少数民族考生……"第47条规定："散居在汉族地区的少数民族考生，在与汉族考生同等条件下，优先录取。"

近年来，各省区制定了灵活多样的具体实施政策，使招生中的民族政策变得丰富多彩起来。各省区不仅区分了聚居民族与杂散居民族，有的还区分自治民族与非自治民族；有的区分民族地区城市与边远地区；有的区分民考民与民考汉；有的单独划线录取；有的针对预科生的录取等又制定专门的政策。

二、我国少数民族高等教育招生政策的实现目标

我国《宪法》第4条、第33条、第34条明确规定了平等权，特别是强调了各民族之间的平等权问题；《民族区域自治法》在其序言中重申各民族一律平等的原则。那么，《宪法》《民族区域自治法》所确立的民族平等权意味着什么呢？

根据本书前文第四章考察的教育平等权的内涵，那么，对少数民族进行合理的差别待遇设置即针对少数民族的优惠政策包括招生政策，是为了实现实质平等，保障《宪法》《民族区域自治法》所确立的各民族一律平等原则，这也是我国少数民族高等教育招生政策所意图实现的目标，正如有学者对这一项政策的评价："高考招生时对边远地区少数民族等部分特定考生加分录取就是对他们给予差别待遇，其目的就是为了保障他们受高

---

① 陕西省2003年高考加分政策增加到5条［EB/OL］. 新浪教育, 2003-03-10.

等教育权的实质平等。由于历史和现实等多方面的原因，这部分考生所受的基础教育相对落后，完全达不到全国基础教育平均水平。在大学录取过程中，如果不对这部分人给予必要之优惠照顾，让他们跟全国其他考生一起进行所谓的平等竞争，那实际上是对平等原则精神内涵的公开背叛，因为他们的起跑线本来就不平等。对这部分特定考生而言，缺乏差别原则的录取机会平等在本质上是平等地对待不平等，这实质上就是不平等。"①

三、少数民族高等教育招生政策的成效及其面临的质疑

少数民族高等教育招生政策的目标是追求各民族实质意义上的平等，在我国少数民族学生在全国大学生中所占比例偏少的情况下，实施少数民族高等教育招生的优惠政策就是扩大少数民族学生高等教育的入学比例。当然这个在校学生不仅仅是高等学校的在校学生，但应该或者主要包括高等学校在校学生的比例。这些年我国仍然坚持少数民族高等教育的优惠政策，应该说少数民族在校大学生的比例应有所参加，但目前缺少相关的权威统计数字，但是与20世纪50年代初相比较，我国少数民族高等教育的招生政策发挥了重要作用，给予了更多少数民族学生接受高等教育的机会。

我国《民族区域自治法》确认了少数民族高等教育的招生政策，该法第71条规定："国家举办民族高等学校，在高等学校举办民族班、民族预科，专门或者主要招收少数民族学生，并且可以采取定向招生、定向分配的办法。高等学校和中等专业学校招收新生的时候，对少数民族考生适当放宽录取标准和条件，对人口特少的少数民族考生给予特殊照顾。"另外国务院2011年11月28日发布的《国家中长期教育改革和发展规划纲要（2010—2020年）》也进一步明确了对少数民族高等教育的招生优惠政策。教育部发布过一系列的文件，如每年教育部发布关于普通高校招生录取的规定，对少数民族高等教育的录取政策进行明确规定。同时各地方教育行

① 刘练军. 高考加分的法律分析 [J]. 金陵法律评论, 2010 (2).

政主管部门或招生考试院也都根据本地方实际情况出台一些关于少数民族高等教育招生的具体措施。

然而这些少数民族高等教育的招生政策在实施过程中也面临一些质疑，主要的质疑有：一是全国各个地方对少数民族降分录取的具体政策模式差异很大，甚至是同样的民族在不同地区会有政策的差异。二是对居住在城市与少数民族地区的少数民族考生可能会有不同政策。三是对居住在城市的少数民族考生与汉族考生的录取政策上差异可能会导致不公平或不平等的问题。四是不同少数民族之间的招生分数线差异过大，这种差异的合理性也受到质疑。五是降分录取与少数民族学生质量之间的矛盾，"降分政策的实行固然在一定程度上可以保证一定数量的少数民族考生有机会接受更高层次的教育，但却不能完全保证所招少数民族学生的质量。如果在招生时对少数民族考生的录取线降得过低，无疑少数民族学生从一入学就与其他学生存在着某些差距，若再加上某些少数民族学生从思想上放松对自己的要求，不努力学习来缩小差距，或者由于初始差距过大而自愧不如、不思进取，进而更加拉大差距，结果只能导致毕业时有些学生'有文凭、无水平'"①。六是对于少数民族高等教育招生的优惠政策，就使得有些人钻法律政策的空子，改变自己的民族身份，来享受优惠政策，"出现了一批不懂少数民族语言文化风俗的假少数民族，这些人以少数民族的身份占用国家的高等教育资源。这种现象的出现，使有些人对中国的少数民族高等教育的招生政策持否定态度"②。

有学者对于少数民族高等教育招生政策做了调查，总结起来有四种观点，一谓"降分优惠政策歧视论"：来自散杂区和城镇的同学对传统的以民族划分标准对少数民族实行的降分优惠政策，持反对意见，认为该政策本身是对少数民族的偏见和歧视，认为少数民族学生应该与汉族学生平等

---

① 汤夺先. 论我国民族教育的优惠政策 [J]. 民族教育研究, 2002 (1).
② 李乐. 高等教育招生的民族政策与少数民族教育平等 [J]. 广西民族大学学报（哲学社会科学版）, 2008 (3).

竞争，不需要通过照顾获得上大学的机会，并以享受这一优惠政策为耻；二谓"降分优惠政策肯定论"：部分来自边远贫困民族地区的同学赞同在少数民族贫困地区实行优惠政策，认为民族差异是长期存在的，需要一个过程，与汉族相比较，少数民族仍处于弱势地位，如果没有这项优惠政策，他们就没有能力突破社会阶层和语言文化障碍获得接受高等教育的机会；三谓"降分优惠政策区域划分论"：认为应以区域划分标准来代替传统的以民族成分划分实施的高等教育招生降分优惠政策，理由是认为从小在大城市长大并已经享有了优质基础教育资源的少数民族学生，不应该享受少数民族高等教育招生降分的优惠政策，而应该主要在少数民族偏远贫困地区和基础教育资源相对薄弱的地区实施这一优惠政策，在这些地区，不论学生的民族成分是汉族还是少数民族都应平等地享有这一优惠降分政策；四谓"降分优惠政策社会阶层划分论"：认为优惠政策应以社会阶层来划分，低社会阶层是社会的弱势群体，在对高等教育资源的享有和分配方面，往往处于不利地位，所以应该关照处于社会底层的弱势群体①。看得出，出现这种问题的争论就说明对少数民族高等教育招生优惠政策并没有形成统一的共识，有一些问题仍然值得去深入研究。

四、我国少数民族高等教育招生政策优化的措施与建议

针对我国关于少数民族高等教育招生政策存在的一些问题与质疑，我们认为有必要反思现行的政策措施，进一步完善我国现行少数民族高等教育招生政策。

（一）关于少数民族高等教育招生政策的存废问题

从我国现行有关法律如《民族区域自治法》以及国务院、教育部通过的一系列的政策文件来看，都没有迹象表明该项政策要予以废止。从我国开展的几次人口普查情况来看，我国少数民族人口数量有了显著的增长，

---

① 滕星，马效义. 中国高等教育的少数民族优惠政策与教育平等［J］. 民族研究，2005（5）.

在 1964—1982 年、1982—1990 年和 1990—2000 年间，少数民族人口占全国总人口的比重由 5.8% 分别提高到 6.7%、8.01% 和 8.41%。而根据有关数字统计，2000 年以来，我国少数民族在校大学生占全国在校大学生的比例一直维持在 5.7%~5.9% 之间①；据国家民委教科司司长俸兰介绍，至 2009 年，我国少数民族高校大学生所占比例为 6.23%②，低于少数民族人口占全国总人口的 8.41%。现在尚没有权威的数据，但是少数民族学生在高校占有比例与汉族学生在高校所占比例，差距应该是很大的，特别是在高等教育大众化的今天，少数民族的高等教育还有待加强。从以上数据来看，我国少数民族高等教育仍然需要进一步扶持。高等教育的实质平等，现在尚没有客观的评价标准，但比例平等原则越来越受到人们的关注，从这个角度来看，我国的少数民族高等教育的优惠招生政策仍然需要保留而且需要进一步完善。

（二）关于少数民族高等教育招生政策的合理性问题

对少数民族高等教育招生设置"差别待遇"即给予一定的优惠政策措施有一个合理的限度，既要保护少数民族高等教育的平等权，又要防止"反向歧视"，即对汉族学生录取采取不合理的歧视。

"反向歧视"源自美国 1978 年加利福尼亚大学董事会诉巴基案。在该案中，加利福尼亚大学为实现民族平等保护原则，为少数族裔的学生保留了一些名额，而没有录取入学考试成绩优异的白人巴基。巴基认为这是学校对自己的歧视，违反了宪法修正案第 14 条的规定。联邦最高法院最后判决加利福尼亚大学应当录取巴基，同时联邦最高法院也认为加州大学有权实行一些使学生来源和校园学术环境多元化的特殊政策，在录取新生时可以把种族作为一个因素来考虑，但不能把种族作为唯一因素③。

---

① 丁铭. 我国少数民族学生十分之一以上就读于民族院校 [EB/OL]. 新华网，2007-05-15.
② 民委官员：高校少数民族学生占 6.23% 低于人口比 [EB/OL]. 中国教育网，2015-03-03.
③ 吴明海. 美国少数民族教育立法问题的历史研究 [J]. 清华大学教育研究，2004（4）.

关于少数民族高等教育招生政策的合理性现在尚没有明确判断标准，但我们认为前述"降分优惠政策区域划分论"有一定的道理。平等权最早基于起点的平等，如果起点不平等，就必须采取一定措施保障它的结果平等。我国少数民族高等教育优惠政策的出发点就在于少数民族学生起点上的不平等。我们认为，为实现高等教育平等权，我国宜建立降分优惠政策区域划分的制度。我国少数民族主要集中分布在东北、西北、西南等地，省份主要是内蒙古、新疆、宁夏、广西、西藏、云南、贵州、青海、四川、甘肃、黑龙江、辽宁、吉林等。在少数民族集中居住的地区应实行少数民族高等教育的优惠政策，而对零星散居与汉族混住并且教育起点相等的情况下，不应采取优惠政策。如果对自小在大城市长大并享受优质教育资源的少数民族学生，给予他们加分政策，在一定程度上有"反向歧视"的嫌疑。从我国现行法律规定来看，《民族区域自治法》第71条规定它所针对的是民族区域自治地方，而民族区域自治地方在我国是少数民族集中居住的地方，建立降分优惠政策区域划分的制度并没有违背现行法律，相反真正实现了实质平等，即"相同的人同等对待，不同的人区别对待"的实质平等含义。

（三）建立与完善少数民族教育的法律制度

法律与政策相比较，有较强的稳定性，更重要的是具有可预期性。政策的变化太频繁，比如，教育部每年都会发布普通高等学校招生录取的规定，每年虽然原则是一致的，但在一些具体措施上则有一些变化。我们认为应尽快建立与完善我国少数民族教育的法律制度。

1. 建议尽快制定《少数民族教育法》

从教育法律的层面上看，我国有《教育法》《义务教育法》《高等教育法》《职业教育法》《民办教育促进法》等，但我国还没有建立《少数民族教育法》。我国《民族区域自治法》只是在第36、37、71条做出了原则性的规定，可操作性不强。有学者一直呼吁尽快建立我国的《少数民族教育法》①。我们认为无论是从教育法律体系的完善角度还是从民族教育的特殊性角度，我国都应尽快制定《少数民族教育法》，将少数民族高等教育的优惠招生政策通过法律明确下来。它的规定相对宽松一些，要照顾不同地方少数民族状况，允许一些地方通过制定地方的《民族教育条例》将少数民族高等教育的优惠政策具体化。

2. 建议地方立法主体完善《民族教育条例》

据我们考察，目前一些地方制定有《民族教育条例》，如《黑龙江省民族教育条例》《吉林省少数民族教育条例》《云南省少数民族教育促进条例》《南宁市民族教育条例》《海南藏族自治州民族教育工作条例》等，我们认为应通过地方民族教育条例的完善，将少数民族高等教育招生制度明确规定下来，保持制度一定的稳定性。《黑龙江省民族教育条例》第15条的规定就比较好，将招生政策作为一项法律制度确定下来，它规定："省属普通高等院校录取鄂伦春、赫哲、鄂温克、柯尔克孜、达斡尔、蒙古六个民族考生时，在省规定最低录取分数控制线下降20分录取；对省内居住的其他少数民族考生，在省规定最低录取分数控制线下降5分录取。"而《吉林省少数民族教育条例》虽然在其第14条规定了少数民族的招生制度，但还是较为原则，不具有可操作性。

（四）针对不同少数民族实行差异化的招生政策

前文我们考察了《黑龙江省民族教育条例》，它对不同的少数民族采取了差异化的招生政策，针对鄂伦春、赫哲、鄂温克、柯尔克孜、达斡尔、蒙古六个民族考生时，省属普通院校可降20分录取，除这六个民族外，其他少数民族考生仅降5分。我们认为，虽然总体上对我国少数民族要采取招生的优惠政策，但实际上不同少数民族高等教育的发展状况是不同的，人口数量与比例也有所不同。以北京为例，从第六次人口普查情况可以得知，"2010六次全国人口普查数据显示：全市常住人口为1961.2万

---

① 陈立鹏. 对《少数民族教育法》的构想［J］. 民族研究，1997（4）；陈立鹏. 再论《少数民族教育法》［J］. 民族教育研究，2013（4）.

人，其中：汉族人口 1881.1 万人，少数民族人口 80.1 万人，占全市常住人口的 4.1%。""各少数民族人口中排在前五位的依次是满族、回族、蒙古族、朝鲜族和土家族，占少数民族人口的 90.2%。"① 从实质平等的角度看，应区别不同的少数民族而采取有差异的招生政策，而不能一概地对不同的少数民族采取一样的政策。当然这种差异化的政策，应当是建立在少数民族人口状况调查的基础上，根据前文所说的比例平等原则来确定本地方的少数民族高等教育招生的差异化政策，以真正实现各民族高等教育的平等权。

（五）完善少数民族高等教育招生的配套政策

前文我们提到了少数民族高等教育招生过程中存在的假民族、少数民族生源的质量等问题，我们认为可建立相配套的少数民族高等教育的政策，如对少数民族的认定问题，应该确立科学的认定标准以及规范的认定程序，并且将这种认定过程向社会公开，接受社会监督；针对少数民族生源质量差异问题，我们认为应进一步完善现行民族预科班、民族班的政策：第一，对预科班政策实施效果进行评估，确立科学的预科班的人数规模、招生学校的资格、学生入学资格的严格审查等；第二，规范少数民族预科班学生的收费情况，对家庭困难的少数民族预科班的学生，应在学费上享受"减免"，或在政策上采取积极"扶持"；第三，扩大政策的宣传，积极引导少数民族地区政府部门认识或重视该项政策的实施，积极扩大生源，保证应该享受该权利的少数民族学生享受该权利，保障少数民族学生"实质平等"权利；第四，建立政策的监督机制，保障预科班学生的培养质量，教育管理部门应建立督导组织，对设立预科班的高等学校的教学情况进行水平评估与检查监督；第五，应建立有效的预科班与大学教育的衔接机制，建立有针对性的预科班教育模式等。

----

① 北京市少数民族人口状况［EB/OL］. 北京统计信息网，2012-01-09.

第六章

我国少数民族高等教育的实质平等
及其实现路径

随着社会的发展，教育公平、教育平等越来越引起社会各界的关注。从某一方面来讲，教育公平、教育平等是社会公平、社会平等的体现。近些年来，关于少数民族高等教育公平与平等的话题一直没有间断过，如何认识少数民族高等教育的公平与平等问题，如何实现少数民族高等教育的公平与平等问题，这些问题在理论上重新梳理与论证是非常有必要的。我们认为，追求少数民族高等教育的实质平等，就是要确立比例平等的原则，以比例平等目标作为少数民族高等教育实质平等的实现目标，并且国家为实现比例平等的少数民族高等教育平等目标，宜对少数民族高等教育采取一些优惠政策。

一、少数民族高等教育比例平等原则的提出

平等、公平、公正一直是政治学、经济学、社会学、法学等研究恒久的主题，自古以来很多学者思想家都研究过它，如古希腊的学者柏拉图、亚里士多德；近代的资产阶级启蒙学者如洛克、卢梭等；现代的美国思想家约翰·罗尔斯、萨托利，英国学者米尔恩等。柏拉图提出："对一切人

的不加区别的平等就等于不平等。"① 亚里士多德认为平等是正义的核心，并将正义分为两种，一是平等正义——天生不同的，但在法律上相等事物的正义，即由法律置于同等地位的给付与对待给付的绝对平等；二是分配正义——是对多数人合乎比例关系的平等，是依照评价、能力、需要来分配权利义务②。近代启蒙学者洛克、卢梭认为平等权是天赋人权，不可剥夺的；美国思想家约翰·罗尔斯认为："如果我们认为正义总是表示着某种平等，那么形式的正义就意味着它要求：法律和制度方面的管理平等地（以同样的方式）适用于那些属于由他们规定的阶层的人们。"③ 萨托利认为："平等表达了相同性的概念……两个或更多的人或客体，只要在某些或所有方面处于同样的、相同的或相似的状态，那就可以说他们是平等的。"④ 英国学者米尔恩提出了比例平等原则的要求："（a）某种待遇在一种特定的场合是恰当的，那么在与这种待遇相关的特定方面是相等的所有情况，必须受到平等的对待；（b）在与这种待遇相关的特定方面是不相等的所有情况，必须受到不平等的对待；（c）待遇的相对不平等必须与情况的相对不同成比例。"⑤ 有学者把当代平等权的基本含义总结为以下三个方面：一是权利平等，即国家承认所有公民在法律面前平等，都享有广泛的、相同的权利。二是机会平等，即社会应该为每个成员追求自身利益、自我发展和自我完善平等地提供必要的机会和条件。当代美国学者 J. B. 罗尔斯把社会平等表述为"职务和地位向所有人开放"。三是结果平等，即

---

① ［古希腊］柏拉图. 法律篇［M］. 张智仁，何勤华，译. 上海：上海人民出版社，2001：168.

② ［德］考夫曼. 正义理论［J］. 刘幸义，译. （台湾）中兴法学，1988（27）：11-12.

③ ［美］约翰·罗尔斯. 正义论［M］. 何怀宏，等译. 北京：中国社会科学出版社，1988：58.

④ ［美］乔·萨托利. 民主新论［M］. 冯克利，阎克文，译. 北京：东方出版社，1993：340.

⑤ ［英］米尔恩. 人的权利与人的多样性——人权哲学［M］. 夏勇，张志铭，译. 北京：中国大百科出版社，1995：231.

主张全社会的劳动产品和价值物对所有人平等分配。总之，平等就是人与人在政治、经济、文化等方面处于同等的地位，享有相同的权利①。

教育平等权是指平等地接受教育的权利，"是指公民依法享有的要求国家积极提供均等的受教育条件和机会，通过学习来提高其个性、才智和身心能力，以获得平等的生存和发展机会的基本权利"②。高等教育平等权是教育平等权的应有内涵，有学者将高等教育平等权理解为高等教育机会的均等权，"根据能力以一切适当方式使所有人均有受高等教育的机会"。但是，这种高等教育机会的均等，并不意味着每个人真正享有这种平等权利。能否实际取得受教育的机会，取决于国家对均等机会的法律政策保障的程度，还取决于权利人的愿望与能力以及国家高等教育发展水平③。有学者从起点、过程、终点三个方面来解读高等教育的平等权④：一是"谁有机会接受高等教育"，即教育的起点平等问题。"起点平等"原则又称入学机会均等原则，侧重于体现教育平等量的特性，指考生有平等参加考试竞争、选择志愿和受同等成绩要求对待的权利。二是"所接受高等教育的质量如何"，即教育的过程平等问题。过程平等是教育活动过程的平等、教学质量的平等。过程平等更侧重于体现教育平等质的特性。三是"接受高等教育后能否获得公平的就业机会"，即教育的终点平等问题。终点平等是指就业机会公平、受益或回报的公平。

高等教育不同于义务教育，多数学者将义务教育阶段的平等权与高等教育的平等权加以区分，认为这是两类不同性质的权利。义务教育在现代世界各国都被认可为是公民的一项基本权利，而高等教育则是公民的非基

---

① 彭玉琨，张捷，贾大光．教育平等理论内涵分析与促进教育平等进程策略研究［J］．东北师大学报（哲学社会科学版），1998（6）．

② 李步云．人权法学［M］．北京：高等教育出版社，2005：264．

③ 刘小宁．高等教育大众化问题研究——基于教育平等权的视角［J］．武汉科技学院学报，2007（8）．

④ 毛建平，胡纵宇．高等教育大众化背景下教育平等原则的实现［J］．国家教育行政学院学报，2008（10）．

本权利，基本权利是人的发展必需的最基本权利，而非基本权利则是人的生存与发展的高层次权利，"基本权利的平等与非基本权利的比例平等被人们视为公平的总原则"①。还有学者认为，"教育资源与权利的性质不同，其应该适用不同的公平原则。对于人类的生存需求具有基础性与必需性的教育资源与权利应适用完全平等原则，对于那些非基础性与必需性的教育资源与权利，则应该适用比例平等原则"②。还有一些学者如胡劲松③、马丽君④等也提出类似的观点。

少数民族高等教育是我国高等教育的组成部分，在追求公平、平等的高等教育权利的背景下，少数民族高等教育应确立"比例平等"原则。

二、少数民族高等教育"比例平等"原则的具体内涵

前文我们考察"比例平等"原则最早是由古希腊学者亚里士多德提出，英国学者米尔恩对其进行了具体阐释。在此基础上，我国一些学者提出了基本权利的平等与非基本权利的比例平等的问题。高等教育在现代各国都是属于非义务教育，它是基本权利之上的一种高等权利。

少数民族高等教育是我国高等教育的组成部分，是相对于我国汉族高等教育而言的。我国历史上就是一个多民族构成的国家，除了汉族以外还有很多少数民族，中华人民共和国成立以后，我国基本上确立了 56 个民族构成的共同体，除汉族外，其他 55 个民族都属于少数民族。我国《宪法》在序言中明确规定："中华人民共和国是全国各族人民共同缔造的统一的多民族国家。平等团结互助和谐的社会主义民族关系已经确立，并将继续加强。"《宪法》第 4 条规定了"各民族一律平等"的原则，国家保障各少数民族的合法权利和利益，维护和发展各民族的平等、团结、互助关系。

---

① 施丽红. 对教育公平理论和实践的认识 [J]. 教育与职业，2007 (24).

② 苏君阳. 和谐社会教育公平的基本特征与原则 [J]. 高等教育研究，2011 (12).

③ 胡劲松. 论教育公平的内在规定性及其特征 [J]. 教育研究，2001 (8).

④ 马丽君，买雪燕. 教育公平：实现民族教育权利平等的基础 [J]. 青海师范大学学报（哲学社会科学版），2006 (4).

中华人民共和国成立以后我国就非常重视少数民族高等教育问题，不仅积极兴办民族高等教育院校，加大对西部地区民族高等教育的投入，而且采取对少数民族高等教育招生的优惠政策，促进少数民族高等教育的发展，"50 多年来，国家为少数民族教育制定了优先发展的政策，对于少数民族高等教育更是给予重点扶持，在资金投入、招生、毕业分配、干部培训等方面制定了一系列特殊政策措施"①。然而，我国少数民族高等教育总体上与高等教育的发展不相称，我国政府为实现高等教育的公平，曾规定："少数民族大学生占全国大学生总数的比例与其人口在全国人口中所占的比例应大体相当。但在实施过程中，这一比例标准并未达到。"② 那么，从教育公平的角度看，少数民族高等教育的"比例平等"原则如何理解呢？

第一种理解，少数民族考生高考录取比例与汉族考生录取比例相等。或者说，少数民族考生的高考录取比例与全国高考平均录取比例相等。每年高考招生季结束以后，有关招生考试部门都要发布高考录取比率。我国 2012—2014 年平均录取率：2012 年为 75%，2013 年为 76%，2014 年为 74.3%。关于少数民族考生录取率没有统计与公布，但从我国一些少数民族居住的大省的高考录取率中可大致看出我国少数民族考生的高考录取率情况。我国中西部地区平均高考录取率低于全国高考录取率，教育部前副部长杜玉波表示："2013 年全国高考平均录取率为 76%，最低省份录取率达到 70%，两者的差距由 2007 年的 17 个百分点缩小到 6 个百分点。我们正采取措施，力争到 2017 年，录取率最低省份与全国平均水平的差距缩小到 4 个百分点以内。"③ 这说明我国少数民族考生高考录取比例与全国高考平均录取比例还有一定的差距，不过这种差距正在不断缩小。

第二种理解，不论是汉族还是少数民族，每十万人中受过高等教育的

---

① 哈经雄. 少数民族高等教育改革开放三十年［J］. 中国民族教育，2008（9）.
② 程跟锁，高辉，郭建东. 甘肃省普通高考招生现状分析及对策研究［J］. 甘肃社会科学，2010（1）.
③ 2017 年将中西部与人口大省高考录取率差距缩至 4%［EB/OL］. 中国网，2014-09-04.

人口比例应当相等或一致（全国的平均比例）。根据我国第五次人口普查与第六次人口普查情况来看，我国第五次人口普查（2000 年）每十万人中大学生有 3611 人，占 3.6%；第六次人口普查（2010 年）显示每十万人中大学生有 8630 人，占 8.6%；2013 年据有关部门统计，每十万人中大学生人数有 9225 人，占 9.2%。时任国家民委教科司司长俸兰说："少数民族高层次人才缺乏。比如少数民族人口占全国总人口的 8.41%，而高等院校当中少数民族学生的比例只占 6.23%，研究生的比例就更低了。"① 从总体上看，我国少数民族人口中每十万人的大学生比例远远低于全国平均水平，更别说一些人口较少的民族，比例可能会更小。

第三种理解，就是受高等教育的人数与各少数民族的人口数比例应与受高等教育的人口数与汉族的人口数比例（或全国的平均比例）相等。2010 年第六次人口普查时，少数民族人口占人口总数的 8.49%，汉族人口占 91.51%，但我国各少数民族人口数量差异较大。第六次人口普查数据统计显示，我国有 18 个少数民族人口达百万以上，人口最多的 5 个少数民族分别是壮族、回族、满族、维吾尔族、苗族，人口最少的民族分别是基诺族（人口只有 23143 人，是人口最少的民族）、京族（28199 人）、鄂温克族（30875 人）、怒族（37523 人）、阿昌族（39555 人）。18 个百万以上少数民族每十万人大专以上学历人口数，最高的是朝鲜族，有 15383 人，占 15.6%；随后为蒙古族 13081 人、满族 10556 人、回族 8563 人；藏族排名 12 位，4924 人。从以上数据可以看出，有 3 个少数民族的每十万人大专以上学历人口数比例超过全国平均水平（全国平均 8.6%），分别是朝鲜族、蒙古族、满族；其余少数民族的每十万人大专以上学历人口数比例均与全国平均比例有一定的差距，有的差距显然很大②。

以上三种观点都是对"少数民族高等教育比例平等原则"的理解，第

① 民委官员：高校少数民族学生占 6.23% 低于人口比［EB/OL］. 中国教育在线，2009-09-27.

② 以上数据统计于中华人民共和国统计局第六次全国人口普查数据。

二种观点与第三种观点实质上具有同样含义，只不过比较的基数有差异，第二种观点是以十万人口数的受过高等教育的人口比例为比较对象，而第三种观点则是以各个民族的人口规模为比较对象。结论具有同样的说明意义。第一种观点，我们认为是从某一点上（或某一个招生年度）来理解少数民族高等教育的比例平等；而第二种与第三种观点则是以最后的结果来看少数民族高等教育的比例平等。第一种观点我们可以理解为过程中的少数民族高等教育的比例平等；第二种与第三种观点可以理解为结果中的少数民族高等教育的比例平等。如果每个过程都坚持这样的比例平等，那么最后的结果也会实现少数民族高等教育的比例平等。这样来看，过程的比例平等是结果的比例平等所必需的。

三、少数民族高等教育"比例平等"原则体现了实质平等

前文我们考察"比例平等"原则最早是由亚里士多德提出来的，他所讲的"分配正义"体现"比例平等"原则。我国学者从基本权利与非基本权利划分的角度来讨论非基本权利的"比例平等"原则，有异曲同工之妙。也就是说，"比例原则"体现了"同样的人实施同样的对待，不同的人要有不同的对待"的实质意义上的平等。

实质平等是相对形式平等而言的。形式平等体现形式正义，所谓形式正义："假定社会的基本原则满足了正义的内在要求，那么它就应该为制度所遵循并得以一贯地坚持执行。这种对法律和制度的公正一致的管理，不管它们的实质性原则是什么，我们可以把它们称之为形式的正义。"[①] 形式平等最核心的意义就是对同等的人同样对待。我国《宪法》所确立的平等权，强调的法律面前人人平等，这是一种抽象的平等观，"之所以抽象，原因在于人们无法确证平等对待具体如何实践"[②]。而且根据我国《宪法》的规定，这种平等只存在于权利、义务设置的平等上，属于基本权利与基

---

① 姚大．现代之后：20世纪晚期西方哲学［M］．上海：上海东方出版社，2000：58.
② 王立．平等的双重维度：形式平等和实质平等［J］．理论探讨，2011（2）.

本义务的平等，与"机会平等"同义，"虽然各人在事实上存在差异性，但是在法律上受到同等或平等对待，而不得给予不平等的待遇，各人拥有平等的机会"①。

实质平等体现实质正义，"由于形式正义只保证一种原则上的公正平等，所以不可能在每种结果上都是正义的。同实质正义一样，实质平等注重结果上的平等"②。"在实践中，人们感兴趣的和追求的平等往往是具体的和具有实质内容的平等，也就是明确了'在哪一具体方面相同对待'的平等，即实质平等。"③ 前文考察，形式平等并不一定会导致结果的平等，对形式平等给予一定的补正，就是为了结果的公正或平等，即实现实质正义或平等。因此，实质平等的追求在于人们对形式平等或机会平等而导致的实质不平等的一种反思，"一个社会在面对因形式机会与实质机会脱节而导致的问题时，会采取这样一种方法，即以基本需要的平等去补充基本权利的平等，而这可能需要赋予社会地位低下的人以应对生活急需之境况的特权"④。为此，为实现实质意义上的平等，必须对不同的人实行合理的差别待遇。

但是什么样的差别待遇是合理的？判断合理的差别待遇的标准是什么？有很多学者做过探讨。我们这里仅考察我国对少数民族高等教育采取的优惠政策，这个优惠政策是我国赋予少数民族一定的与汉族的"差别待遇"。实施这种差别待遇的目的是什么呢？有学者认为我国对少数民族采取差别待遇是实质平等的必然要求。

我们认为实施这种差别待遇的合理性，就看它是否实现了"实质平等"的结果，即比例平等。也就是说，少数民族高等教育的"实质平等"

---

① 汪全胜，黄兰松．少数民族高等教育招生政策的优化析论［J］．中国民族教育，2015（6）．

② 王立．平等的双重维度：形式平等和实质平等［J］．理论探讨，2011（2）．

③ 王元亮．论形式平等与实质平等［J］．科学社会主义，2013（2）．

④ ［美］E．博登海默．法理学：法律哲学与法律方法［M］．邓正来，译．北京：中国政法大学出版社，1999：287．

是少数民族高等教育达到了这样一个结果，即少数民族中受过或正在接受高等教育的人口数与本民族的人口总数的比例与汉族受过或正在接受高等教育的人口数与汉族人口数量的比例应该是一致的。这也是我国很多学者所主张的"非基本权利的比例平等"在少数民族高等教育领域的必然体现与结果。

四、少数民族高等教育"比例平等"原则的实现路径

前文分析了，为实现结果的"比例平等"，需要对少数民族高等教育实施一系列优惠政策，给予少数民族高等教育"差别待遇"。我们先来分析我国现行的少数民族高等教育的"差别待遇"，然后考察一下这些"差别待遇"的影响后果及未来的走向。

（一）我国现有的少数民族高等教育的"差别待遇"

我国《宪法》明确规定"各民族一律平等"，为维护民族实质平等，国家出台一系列少数民族高等教育的优惠措施，这些措施主要有：

1. 少数民族考生高等教育招生中的降分录取政策

降分录取就是在高等教育招生中，对少数民族考生给予一定的优惠照顾，在全国或当地分数线以下降低多少分予以录取的政策。同样该政策也可以表述为"加分录取"，即国家为补偿少数民族入学机会的平等与公平，给予少数民族考生以一定的加分，从而达到一定的标准由高校予以录取的政策。降低分数由各省自行把握，如辽宁省规定：民族自治县少数民族考生均降 10 分投档、录取，蒙古族、朝鲜族考生进入分数段后降 5 分投档、录取。贵州省 1979 年规定：对少数民族考生降低两个分数段（20 分）录取。1980 年后改为降低 10 分录取。甘肃省从 1980 年开始实行降分录取政策，对长期居住在民族自治州、县的汉族考生，照顾 50 分录取。对散居少数民族考生加 10 分录取①。全国各地基本上都采取了对少数民族或者采取

---

① 黄明光，农春光. 论民族大学生教育平等权的具体表现 [J]. 广西右江民族师专学报，2003（1）.

加分录取或者采取降分投档录取的标准，增加少数民族考生考取高等学校的机会。

2. 少数民族高等教育的民族班、预科班政策

1951—1958 年，中央民族学院、中南民族学院、广西民族学院、贵州民族学院、青海民族学院分别创办预科教育①。教育部发出的《关于 1980 年在部分全国重点高校试办少数民族班的通知》规定，在教育部所属的北京大学、清华大学、北京师范大学、大连理工学院、陕西师范大学五所重点高等院校试办民族班，在原定招生计划之外，从内蒙古、新疆、广西等六省、区招收少数民族学生②。据统计，1988 年全国各高等院校举办的民族班和民族预科班已招收少数民族学生 6000 多人③。这种政策一直执行到现在，民族班、预科班为少数民族接受高等教育增加了新的路径。

3. 少数民族高层次骨干人才计划政策

2005 年，教育部制定了《培养少数民族高层次骨干人才计划的实施方案》（教民〔2005〕11 号），按照《实施方案》的要求，少数民族高层次骨干人才的培养任务主要由国家部委所属重点高等学校和有关科研院所承担和组织实施，按照"定向招生、定向培养、定向就业"的要求，采取"自愿报考、统一考试、适当降分、单独统一划线"等特殊措施招收学生。被录取的少数民族硕士研究生先在基础培训点集中进行一年的强化基础培训，重点补修英语、大学语文（汉语）、计算机、高等数学等基础知识，兼顾其他专业理论知识以及加强马克思主义民族和宗教理论的学习。基础培训结束经考核合格者，转入招生学校硕士研究生阶段的课程学习。该计划一方面为少数民族地区培养人才，但另一方面也是少数民族地区学生享

---

① 《当代中国的民族工作》编委会. 当代中国的民族工作（上）[M]. 北京：当代中国出版社，1993：79.

② 参见《当代中国的民族工作》编委会. 当代中国的民族工作（上）[M]. 北京：当代中国出版社，1993：330.

③ 参见《当代中国的民族工作》编委会. 当代中国的民族工作（上）[M]. 北京：当代中国出版社，1993：331.

受高等教育的特殊政策，是一种综合性的针对少数民族高等教育的优惠政策。

当然除了以上政策，我国还对少数民族高等教育给予其他政策支持，如兴办少数民族高等学校，专门招收少数民族学生；少数民族高等教育的经费投入政策，国家或地方加强对少数民族高等教育的投入，给予经费保障；少数民族高等教育的特殊资助政策，让贫困的少数民族学生也能顺利地接受高等教育；少数民族学生使用自己民族文字的政策，运用双语教学等，都构成了我国少数民族高等教育的"差别待遇"，从而为少数民族的比例平等的实质平等权提供保障。

（二）我国少数民族高等教育的"差别待遇"的出路

我们认为，我国少数民族高等教育的"差别待遇"政策，虽然有一定的成效，但是离我们前文所考察的"比例平等"目标还有一定的差距，也就是说，少数民族高等教育的政策还需要进一步完善，需逐步实现"比例平等"的目标。

1. 确立少数民族高等教育的"比例平等"原则及目标

我国目前有《教育法》《义务教育法》《高等教育法》《职业教育法》《民办教育促进法》等，但目前还没有针对少数民族教育的《民族教育法》。我们认为制定这部法律重要的意义是确立"比例平等"的原则与目标，同时把少数民族教育特殊的"差别待遇"以法律形式确定下来，而不是以政策的形式实施很多年，既缺乏法律权威又没有稳定性。在少数民族教育制度中坚持"基本权利的平等与非基本权利的比例平等"，即少数民族义务教育阶段实施基本教育权利的平等，对少数民族高等教育应确立"比例"平等的原则与目标，即少数民族中接受高等教育的人数与汉族接受高等教育的人数在"比例"上趋于一致时，真正的民族实质平等才能实现。

2. 区分不同的少数民族，实现不同的优惠政策

我国一些地方对少数民族不加以区分，而采取一刀切的方式加分或降

分录取，这实际上不公平。"优惠的有无及优惠的多少，应当同差异的大小成比例。"① 不同的少数民族接受高等教育的起点不同，知识背景不同，民族状况有差异，应当实施不同的"差别待遇"。前文我们也考察了，根据第六次人口普查的数据，一些少数民族如朝鲜族、蒙古族、满族已与汉族实现了比例平等，或超过了全国的平均比例水平。但绝大多数少数民族未达到全国平均比例水平，一些少数民族差距还很大。因此，从这个角度来看，为实现实质平等的"比例平等"，应对一些比例差距比较大的少数民族实现更大、更为优惠的政策，而不应是一刀切地采取统一政策，实际上以"平等"形式掩蔽"实质平等"的内容。

3. 区别不同区域的少数民族，实现不同的优惠政策

现在国内有一种观点，叫"降分优惠政策区域划分论"，它认为：应以区域划分标准来代替传统的以民族成分划分实施的高等教育招生降分优惠政策。我们认为，这有一定的道理，实质平等建立在这样的基础上，即起点不平等，因而实施不平等的对待，在起点平等的情况下，应实施平等的对待。为实现高等教育的实质平等权，我国宜建立降分优惠政策区域划分的制度。对少数民族主要集中分布的地区实施高等教育的优惠政策，而在零星散居与汉族混住并且教育起点相等的情况下，不应再实施少数民族高等教育的优惠政策。

4. 防止反向歧视

比例平等就是少数民族高等教育优惠政策确定的度，一旦这个目标实现以后，那么实质平等已经实现，优惠政策也应即时取消，如果不取消，就有可能造成反向歧视，对人口多的民族接受高等教育就不公平、不平等。我国有学者认为对少数民族高等教育采取优惠政策构成反向歧视，"对一个或几个族群在教育、就业、税收等方面实行优惠政策，事实上是

---

① 马雷军. 论多元文化背景下民族教育优惠政策的转型 [J]. 民族教育研究，2009 (6).

对其他民族的不平等"①。我们根据前文的考察，不同的少数民族其所达到"比例平等"有所差异，那么已经实现了"比例平等"的少数民族如朝鲜族、蒙古族、满族在现行的高等教育中不应再实施优惠政策，否则不仅会造成对其他少数民族的歧视，也会造成对汉族等民族的"反向歧视"。

---

① 敖俊梅. 个体平等，抑或群体平等——少数民族高等教育招生政策理论探究 [J].
清华大学教育研究，2006（6）.

第七章

德国高等教育国际化的改革及对我国的启示

我国《高等教育法》第 12 条第 2 款规定："国家鼓励和支持高等教育事业的国际交流与合作。"第 36 条规定："高等学校按照国家有关规定，自主开展与境外高等学校之间的科学技术文化交流与合作。"这两条实际上是指导我国高等教育国际化的规定，但是可以看出，这两条规定非常原则，其实施效果还需要依赖相关的制度规定，其中最重要的就是 2003 年 3 月国务院颁布的《中华人民共和国中外合作办学条例》。从世界各国高等教育的发展与改革趋势来看，国际化是各国高等教育政策的基本导向，尤以德国为代表，自 20 世纪末到 21 世纪初，德国采取一系列措施，加快德国高等教育国际化，提升德国高等教育的质量与水平。考察德国高等教育国际化的改革，可以为我们制定与完善中外合作办学的相关制度提供借鉴与启示。

一、德国高等教育国际化改革的历史背景

德国是现代大学制度的发源地。大学独立、学术自由、教育和科研结合，这是洪堡在 19 世纪初创办柏林大学（现为柏林洪堡大学）时提出的原则，不但从根本上改造了德国旧的高等教育，使德国大学成为世界科学研究的中心，而且也在世界各地得到传播和认同，成为大学的原则，深刻

影响了全世界的高等教育①。然而"伴随高等教育从社会的边缘走向社会的中心，政府和社会越来越干涉高等教育的发展，要求大学承担社会责任。而学术自由倡导大学注重纯粹理性活动，很少考虑社会责任，因此它便在某种程度上成为德国高等教育进步的绊脚石"②。因此德国必然要改革其高等教育体制，以适应社会发展的要求，其中改革趋势之一是高等教育的国际化。促成德国高等教育国际化改革的因素有：

（一）经济全球化是德国高等教育国际化改革的深远背景

全球化是现代各国面临的共同问题及挑战。所谓全球化，是指"跨国商品与服务交易及国际资本流动规模和形成的增加，以及技术的广泛传播使各国经济的相互依赖性增强"③。经济全球化使得人才、资本、技术、产品等要素超越国境的自由流动，一个国家的经济发展离不开其他国家的经济发展，任何国家都必须并被迫接受这种挑战与竞争。经济全球化的发展成为各国教育、科技、文化等国际交流的决定性因素。有学者分析④，经济全球化对高等教育的深远影响表现在：一是经济全球化拉动了教育的跨境扩张和资源交流，促使各国教育开放，加剧了高等教育的竞争与合作。二是经济全球化为社会提供了各种新的就业机会和广阔的劳动力市场，人们对传统的学术资格以及对各种专业资格证书及终身教育所需的各种"产品"需求显著增长。经济全球化所要求的人才可流动性，要求高等教育的课程和办学模式趋同，也要求国家政府和机构之间加强协调，以保证学术和专业资格的可流通或互认。三是经济全球化也使得高等教育的产业属性得到凸显，促进了全球教育产业的发展。德国与世界其他各国一样，必须要面对并接受经济全球化所带来的高等教育改革的挑战。

---

① 李其龙.洪堡外国教育家评传：第 1 卷［M］.上海：上海教育出版社，2003：734-745.

② 黄建如.比较高等教育——国际高等教育体系变革比较研究［M］.北京：社会科学文献出版社，2008：112.

③ 国际货币基金组织.世界经济展望［M］.北京：中国金融出版社，1997：45.

④ 顾建新.跨国教育发展理念与策略［M］.上海：学林出版社，2008：66.

（二）欧洲教育合作的开展是德国高等教育国际化改革的推动力

欧洲一体化的过程发生于二战结束以后，最早是 1951 年欧洲一些国家尝试建立欧洲煤钢共同体，1957 年在煤钢共同体上创立欧洲经济共同体。1992 年欧洲各国共同签署《马斯特里赫特条约》，正式建立欧盟。欧盟采取一系列了措施，包括 1999 年欧元的启用，欧盟成员国的数量也不断增长，至目前欧盟成员国的数量已扩大到 25 个，从此欧洲各国的政治、经济、教育文化的交流更加频繁与密切。欧洲一体化促进德国高等教育与其他欧盟成员国高等教育的交流与协调。1998 年 5 月 25 日，在庆祝巴黎大学建校 800 周年时，德国、法国、意大利、英国四国教育部长签署了《索邦宣言》，宣布各国将消除在学生和研究人员流动方面的障碍，加强大学间的合作，实现证书文凭的互认。1999 年 6 月 19 日，29 个欧洲国家签署了《博洛尼亚宣言》，宣布在 2010 年前建立"欧洲高等教育区"的目标①。那么，作为《索邦宣言》的主要发起者以及《博洛尼亚宣言》的主要成员国的德国，必须适应这一要求，加快其高等教育国际化改革的进程。

（三）德国高等教育已不适应国际化改革的潮流

德国高等教育在 20 世纪 70 年代后逐渐显现出其固有的一些缺陷。如学习年限过长，学生结业年龄过大。据资料显示，1990 年，德国大学毕业生的在学年限为 13.8 学期，结业年龄为 28.1 岁；高等专科学院毕业生的在学年限为 9.2 学期，结业年限为 26.9 岁②。在学年限过长使得德国高校负担过重，也不利于社会对人才的需求，学生在国际市场上处于劣势。还有，德国传统的学位体系是硕士和博士两级学位，没有学士学位，这就使得德国的学位授予体制难以被其他国家认可。另外，德国自 1969 年取消公立大学的学费以来，更是让德国高校难以生存，财政困难难以提高高等学

---

① 冯国平. 德国高等教育国际化的最新进展：跨国高等教育的兴起［J］. 金华职业技术学院学报，2008（3）.

② 黄福涛. 外国高等教育史［M］. 上海：上海教育出版社，2003：412.

校的办学质量与水平。这些问题使得德国联邦政府和州政府认识到，教育、科学和研究的国际化在全球化和欧盟不断发展的背景下具有重大的意义。

二、德国高等教育国际化改革的制度化措施

德国联邦和州为推进德国高等教育国际化进行了一系列的努力，修订了法律，完善相关的政策措施。1998 年 6 月 18 日在联邦议院通过的高校总法第四次修改法，一个目标就是使德国高等教育机构对全球化、国际化及其带来的竞争做好准备。2002 年，德国联邦教育与研究部出台了《教育与研究向世界开放：通向国际化实现创新》的文件，制定了加强德国高等教育国际化的八大目标与措施：（1）使国民具有国际化生存和就业能力；（2）提升德国作为国际教育与研究目的地的竞争力和吸引力；（3）强化德国在教育和研究国际市场上的地位；（4）积极促进欧洲范围的研究合作；（5）实现欧洲范围的基础和高等教育无边界学习；（6）发展双边科学、技术及教育的战略性合作；（7）在多边合作框架下发挥德国的影响作用；（8）通过国际比较来衡量和提高德国教育与研究的质量与水平，在国际教育比较中可以知己知彼，交流经验，弥补不足。另外，联邦与州还通过了一系列的制度措施，推进德国高等教育国际化的改革①。

（一）学位制度与世界其他国家学位制度的衔接与一致

德国在 1998 年第四次修订高校总法时，就决定设立国际上承认的毕业文凭"即高校可以开设学士和硕士课程"，为高校今后颁发和承认学士、硕士学位提供了法律基础。该法规定，学士学位的常规学习时间为 3 年，不超过 4 年，硕士学位的常规学习时间为 1~2 年。2002 年高等教育框架法案第五次修订时，德国已经实现了后来在柏林公报中规定的在 2005 年开始引入两级学位制度的要求。各州随即在各自的高等教育立法中加入了学士

① 刘京辉. 德国高等教育国际合作广泛活跃 [J]. 中国高等教育，2005（9）.

和硕士课程。2003 年，各州的科学部长批准了 2010 年在全国范围内引入两级学位的决定。

（二）多渠道吸引境外优秀人才

德国高等教育对外国杰出青年科学家敞开大门，同时与大学密切合作的基金会也不惜重金吸引世界顶尖级科学研究人才，如德国弗朗霍夫协会和洪堡基金会设立了新的"弗拉恩霍夫-贝塞尔研究奖"，资助来自美国的尖端科研人员到德国进行自主项目研究①。

（三）改革专业、课程、学制等制度

德国联邦教育与研究部从 1997 年开始资助德国高校实施"面向国际的课程"。这些课程区分学士和硕士阶段，主要在经济学、科学、工程、文化和社会科学领域。教学使用两种（以上）语言（第一学期使用英语），并要求学生在国外学习一段时间。由于这些课程适应国际学生的需要，其学生接近一半是留学生②。另外，根据《博洛尼亚宣言》，德国实施欧洲学分转移系统（ECTS），欧洲学分转移系统是对学生完成一门课程所需要完成的学习模块和测试的量化指标。这一指标体系的引入以及模块化课程的实施，使课程的灵活性和透明度大大增强，也使国与国间学分转移成为可能。例如，德国的应用技术大学与英国的大学通过课程衔接等合作形式提供学位课程。德国科隆大学与法国巴黎大学合作举办的德法法律教育合作项目是欧洲课程衔接的成功范例③。此外，德国对外国高校毕业文凭和已修成绩采取灵活态度，进一步简化承认在外国已取得的学历文凭和学习成绩的程序等。"1997 年，德国联邦教育部制定了开设国际专业计划，这

---

① 徐玲玲. 德国高等教育改革及其启示 [J]. 华北电力大学学报（社会科学版），2008（3）.

② 参见 BMBF. Asia Concept 2002 [EB/OL]. http：//www. bmbf. de/pub/asia_ concept_ 2002. pdf，访问时间：2006-11-15.

③ ADAM S. The Recognition, Treatment, Experience and Implications of Transnational Education in Central and Eastern Europe 2002-2003. Report undertaken for the Swedish National Agency for Higher education, 2003：10.

些专业针对外国留学生的特殊需求，向新生和通过考试的大学生提供工程和自然科学、环境、经济、社会学等专业。"①

（四）对外国留学生政策做出调整

为了能够吸引国外优秀学生，德国近些年对外国留学生的政策也做出大幅度调整，如简化了外国学生来德留学申请签证的手续；为攻读学位和进行学术研究的外国学生和学者提供逗留便利；对外国留学生全面引进分等级的 TestDaF 考试②。2005 年，德国大学校长联席会议通过了关于外国学生德语考核的新规定，拟放宽对外国学生的德语要求。德国新移民法还改善外国学生的条件，放宽外国学生打工限制，并为毕业生就业创造机会。德国外交部每年还从对外文化经费中拨款设立 2 万马克的年度奖，以奖励留学生服务工作出色的机构和个人。

（五）增强德国高校对学生的吸引力

2004 年，时任德国总理施罗德提出了"精英大学"理念，主张德国大学应在现有基础上吸收新的观念，赶超国际一流大学。同年底，时任联邦教研部部长的布尔曼宣布了"精英大学"的计划，德国将遴选出五所高校，通过重点资助的方式将其建设成为世界一流"精英大学"。"德国实施'精英计划'的目的主要有两个：第一，通过增强德国高校和科研机构的科研实力，为德国立足于世界科学研究领域的强势地位做出贡献；第二，从长远角度来看，通过推行'精英计划'，可不断增强德国高校的国际竞争力，提升德国在学术、科研领域的国际形象。"③

---

① 李振全，陈霞.英德法三国高等教育国际化政策比较研究 [J].科技进步与对策，2004（11）.
② 中国驻德国大使馆教育处.2004 年德国教育改革发展综述 [J].世界教育信息，2005（5）.
③ 张武军，谢辉，等.德国大学"精英计划"及对我国"985 工程"的启示 [J].北京科技大学学报（社会科学版），2008（2）.

三、德国高等教育国际化的实现方式

德国联邦与州采取诸多政策措施，推进德国高等教育国际化，在实践操作中，通常有这样的一些方式，实现了德国高等教育国际化的目标：

（一）鼓励本国学生赴国外留学

德国实施《博洛尼亚宣言》确立的欧洲学分互认系统以后，德国学生与欧洲高校的交流就变得活跃。联邦政府通过的《培训资助改革法案》使学生在德国度过两学期之后，到国外学习一段时间甚至完成学业，仍然可以享受联邦培训资助，这就使德国的国外求学人数大大增加。2005 年大约 14%的德国学生有国外学习经历，而政府的目标是使这一数字达到 20%①。

（二）吸收国外留学生

德国从 20 世纪 90 年代开始，就调整其国际化政策，花大力气吸引留学生。1997 年，德意志学术服务中心开始实施这一项综合行动计划，采取 30 项措施，提高德国高等教育和研究的国际吸引力。2000 年，德国联邦政府又启动了一项为期三年、耗资 1.08 亿欧元的"投资未来计划"，发起了"推广德国教育与研究的联合倡议"，旨在增强德国高等教育的吸引力，改善引进人力资源的法律环境，加大德国高等教育和研究的国际推广力度，实现把德国大学留学生翻一番的目标。同年，德国的高等院校还组建了自己的市场推广联合体，成员院校达 100 多所②。德国在 2004 年对外国留学生政策做过调整之后，2004 年在德国的外国留学生人数较 2003 年有明显增长，从占在校学生总数 11.6%的 10 万人，上升到占在校学生总数 12.2%的 24.6 万人③。

---

① 参见 BMBF. The Bologna Process ［EB/OL］. http：//www.bmbf.de/en/3336.php#The_current_position_in_Germany，访问日期：2006-07-17.

② 顾建新.跨国教育发展理念与策略［M］.上海：学林出版社，2008：156.

③ 中国驻德国大使馆教育处.2004 年德国教育改革发展综述［J］.世界教育信息，2005（5）.

（三）实施德国海外教育项目

2000 年德国联邦教育与研究部出资 1000 万欧元，由德意志学术交流中心（DAAD）实施第一期"德国海外教育项目"（German Study Programmes Abroad）计划。欲在国外提供课程的机构可以申请为期三年（2001—2003）的种子资金，但任何申请资助的项目必须具有创业性质，清楚表明在政府资助结束后经济上长期发展的可行性（如通过学费、私人投资、母校的补贴等）。遴选委员会共收到包括大学和应用科技大学在内的 123 份申请，最终分布在 19 个国家的 29 个项目入选。基于第一期海外项目实施的成功，德国联邦教育与研究部于 2004 年又实施了第二期"海外教育项目"。在以上 29 个资助项目中，中国就占了 8 个，涉及的中方院校有中国美术学院、苏州大学、上海财经大学、青岛科技大学、西北大学、上海理工大学、华东理工大学、上海外贸学院①。德国大学校长联合会的"hochschulkompass"对将近 15000 个德国和外国高等教育机构的国际合作项目做过调查，发现约 1140 个项目具有联合办学的性质②。我国同济大学中德学院就是典型的中德合作办学的例子。

（四）实施跨国远程教育项目

德国高校和一些培训机构近年来在国外积极寻求发展机会，正在计划建设国际远程大学，让亚非拉大学生前往就读，规模为 2 万人。德国的远程大学哈根函授综合大学在德国以外有 4000 多名学生，并在中、东欧的10 个国家建立了 60 余个学习中心③。

（五）实施商业性质的教育服务

德国国际大学是德国主要的私立大学，以英语为教学媒介，较早引入

---

① 冯国平. 德国高等教育国际化的最新进展：跨国高等教育的兴起 [J]. 金华职业技术学院学报，2008（3）.

② ADAM S. The Recognition, Treatment, Experience and Implications of Transnational Education in Central and Eastern Europe 2002 - 2003 [R]. . Report undertaken for the Swedish National Agency for Higher education, 2003.

③ CVCP. The Business of Borderless Education：UK Perspectives-Case Studies and Annexes [Z]. London：CVCP, 2000：108.

学士/硕士学位结构，经德国巴登符腾堡州认证。为了突出为现代信息技术社会服务的办学宗旨，该大学积极与阿尔卡特、微软、西门子等企业合作，并获得这些企业经费、技术和人力上的支持①。

当然，德国联邦、州、德国大学校长联合会以及各种类型的大学都在根据联邦与州的政策积极实施与探索高等教育国际化的实现方式。可以说，德国高等教育国际化在现代世界各国来看是很成功的，提升了德国高等教育的竞争力，同时也为德国现代大学的振兴创下坚实的基础。

四、德国高等教育国际化改革对我国的启示

在经济全球化的背景下，每个国家的正确选择都是加入经济全球化的过程中，调整国家的法律与政策，迎接挑战。高等教育国际化也是各国的共同选择。德国高等教育国际化为现代很多国家提供了一个模板，它有很多方面为我国推进高等教育国际化提供了借鉴。

（一）完善国家高等教育国际化的法律与政策

德国高等教育国际化改革注重法律政策的制定，如修订高校总法、修订高等教育框架法案、发布《博洛尼亚宣言》及柏林公报，完善高等教育国际化改革相配套的政策措施等。我国目前实施的中外合作办学是我国现行高等教育国际化的一种主要的表现方式，其最早产生于 20 世纪 80 年代中后期。国家有关部门也出台相关政策措施，对中外合作办学进行规范，如 1992 年 4 月，国家教育委员会发布了《关于国外机构或个人在华办学问题的通知》；1993 年 6 月，国家教育委员会发布《关于境外机构和个人来华合作办学问题的通知》；1995 年 1 月，国家教育委员会颁布《中外合作办学暂行规定》；1995 年 3 月第八届全国人大第三次会议通过《中华人民共和国教育法》；1996 年 1 月国务院学位办发布《关于加强中外合作办学活动中学位授予管理的通知》；1998 年 8 月第九届全国人大常委会第四次

---

① 中国驻德国大使馆教育处 . 2004 年德国教育改革发展综述［J］. 世界教育信息，2005（5）：111.

会议通过《中华人民共和国高等教育法》；2003 年 3 月国务院发布《中华人民共和国中外合作办学条例》（以下简称《中外合作办学条例》）等一系列的法律政策，对我国高等教育国际化有了一定的推动作用。但是现行制度仍然存在一定的缺陷与不足，如从目前中外合作办学的运行来看，营利性问题是最大的制度障碍。按照 GATS 框架，教育可以通过"商业存在"的方式进行贸易，这实际上为营利性教育在中国的运行提供了国际法意义上的依据。而我国相关法律规定高等教育不得以营利为目的；还有缺少对中外合作办学的质量的规范，"缺乏认证制已成为中国加入 WTO 后与国外著名大学合作办学的一个难于逾越的障碍"①。在中外合作办学的审批制度、国际远程教育、聘请外籍教师等方面缺少相关的制度予以支持。

（二）积极参与高等教育国际化规则的制定

德国高等教育国际化的改革，是以德国积极参与高等教育国际化规则的制定为先导的，如《博洛尼亚宣言》、柏林公报以及欧洲实施的各种类型的跨国教育项目的政策，这些政策的制定为德国参与高等教育国际化提供便利，如欧洲学分互认系统不仅为德国学生走出去提供便利，也为德国接收留学生创造了条件。我国高等教育的国际认可度还不高，在学历、文凭和学位的互认方面，除了签署《亚太地区高等教育学历、文凭和学位相互承认地区公约》外，截至 2006 年底，我国仅与 27 个国家和地区签订了学历学位互认协议②。学历、文凭和学位的互认问题成为我国输出教育的最大技术障碍。要消除这一障碍，我们必须主动参与国际质量保障机构和地区性质量保障和文凭学位认可组织的活动，提高我国高等教育的认可度。我国的高等教育要实现国际化，就必须主动参与国际事务，参与国际性以及区域性的教育组织，积极参与国际规则的制定，营造一个有利于我国教育对外开放与发展的国际环境。

（三）提高汉语的国际影响力

德国为吸收外国留学生，降低留学生的德语要求，在海外实施的教育

---

① 曲恒昌. 实施高校认证制，迎接 WTO 的挑战 [J]. 比较教育研究，2003（11）.
② 顾建新. 跨国教育发展理念与策略 [M]. 上海：学林出版社，2008：300.

项目以德语为基础，开设国际化的专业。1998 年 9 月，德国文化部长会议有关推进国际化的报告结果显示国际化专业有三大不同范畴，分别是合作专业、面向国外的专业以及以德语为工具完成的专业。"一项研究表明，德国和法国制定了明确的政策，把跨国教育的拓展看作是推广语言文化和获取收入的途径。"① 提升德国高等教育的影响力首先要提高德语在各国语言中的地位。随着我国经济社会发展和国际地位的提升，我国也适时提出了"强势汉语"的发展战略，加强汉语在全球的推广工作。截至 2007 年孔子学院总部在北京挂牌，我国已批准在 50 多个国家和地区设立 140 余所孔子学院。我国应继续加强孔子学院的建设与发展。

（四）探索高等教育国际化的多元化模式

德国高等教育国际化采取多元化的模式，合作办学、海外教育项目、在海外设立教育机构等。我国目前的高等教育国际化以中外合作办学为主。根据《中外合作办学条例》中的规定，中外合作办学机构是指我国教育机构同外国教育机构在中国境内合作举办以中国公民为主要招生对象的教育机构。而且根据《中外合作办学条例》及《中华人民共和国中外合作办学条例实施办法》的规定，只有外国具有法人资格的从事教育教学活动的正规教育机构，才能允许与中国具有法人资格的教育机构开展中外合作办学。从这些规定可以看出，中外合作办学的范围、主体都是比较狭窄的。外国的教育公司、非法人的教育机构、企业等不能在中国进行合作办学，这与德国高等教育国际化不同，德国倡导大学与企业的合作，寻求企业的支持发展跨国高等教育。虽然我国高等教育国际化已有一定的发展，但如果更进一步拓展与深入高等教育国际化，不仅需要总结我国中外合作办学的经验，还需要借鉴德国等发达国家的多元化高等教育国际化的模式，提升我国高等教育国际化的质量与水平。

---

① ADAM S. The Recognition, Treatment, Experience and Implications of Transnational Education in Central and Eastern Europe 2002-2003 ［R］. Report undertaken for the Swedish National Agency for Higher education, 2003: 4.

第八章

德国高等职业教育的社区服务模式探讨

高等职业教育不仅是一个国家职业教育的组成部分，也是一个国家高等教育的组成部分，在我国，高等职业教育不仅受 1996 年 5 月出台的《职业教育法》的规制，也受 1998 年 8 月颁布的《高等教育法》的规制。因此，《高等教育法》的实施效果状况从我国高等职业教育的发展状况可见一斑。在现代社会，考察高等职业教育的发展状况，我们主要看高等职业教育的功能拓展情况，不仅着眼于国内的高等职业教育功能的拓展，还要看国外高等职业教育的功能拓展情况，从而比较分析我国高等职业教育所取得的成就以及与国外相比较存在的差距。从世界各国高等职业教育的功能拓展情况看，德国高等职业教育的社区服务模式展现出它的成就与特色，为了解我国高等职业教育状况以及下一步拓展高等职业教育提供有益的启示与思路。

一、德国高等职业教育的社区服务模式的理念基础

德国高等职业教育最早可追溯到德国国民高等学校的设立。国民高等学校是德国吸收北欧国家的国民高等学校的设立经验而创立的。世界上第一所国民高等学校是产生于 1844 年的丹麦，后来为北欧诸多国家所借鉴。20 世纪初德国也开始设立国民高等学校，但发展缓慢，数量不多。近代德国洪堡确立的新人文主义大学理念，强调教学与科研的统一，并且将科学

研究作为大学的主要要求，授课仅作为次要问题，而且阐明："教师只有在创造性的活动中取得的成果才能作为知识来传授，也只有这样的教学才能称之为真正的大学教学或大学学习。"① 尽管洪堡的大学理念对德国现代大学的创立及世界高等教育产生重要的影响，如历史学家认为"德国大学自然科学研究的卓著成就，对德国上升为经济大国具有决定性的意义"，它也影响了美国、日本等多国高等教育现代化的进程，成为当时各国高校争相学习的楷模，为19世纪以后各国大学的发展指明了新方向②，但是也要看到，这种理念的确立，在很大程度上制约了德国职业教育尤其是高等职业教育的发展。二战结束后，德国经济发展所需要的技术型人才、应用型人才短缺，加之原有中等职业教育层次低，学生毕业后知识不能满足社会要求。因此，当时西德许多行业缺少高级技术人才。"据《德意志联邦统计年鉴（1970）》表明，1970年西德经济部门缺少工程师及有关专家18566人。"③ 为了解决中高级技术人才的短缺问题，1968年，联邦德国各州通过了《联邦德国各州统一专科学校的规定》，规定各州把工程学校与其他经济管理、社会管理、设计和农业等高校职业教育合并，建立高等专科学校。1976年的《联邦德国高等教育结构法》把高等专科学校提高到与大学及大学类高校同一层次上，为高等专科学校的发展提供了法律制度保障。"据联邦德国统计局统计资料显示，1977—1978学年联邦德国265所高校共有在校大学生91.3万人，其中16.5万人就读于136所高等专科学校，占大学生总数的18.1%。"④ 德国的国民高等学校的数量大幅度增加，"据德国有关方面的统计，20世纪60年代，德国的国民高等学校达900余

---

① 穆桂斌，董靖涛. 洪堡的大学思想及德国大学模式向现代化的转化 [J]. 邢台师范高等专科学校学报，2002（3）.

② 兰伊春. 论19世纪前期德国高等教育改革 [J]. 青海师范大学学报（哲学社会科学版），2005（5）.

③ 张荣国，王英，雷家珩，等. 德国高职教育发展的经验及启示 [J]. 中国成人教育，2007（10）.

④ 滕大春. 外国教育史：第6卷 [M]. 济南：山东教育出版社，2005：300-301.

所，1991 年为 1080 所，2001 年为 987 所"①。在现代德国，行政管理高等专科学校、职业学院、高等专科学校构成了德国高等职业教育的体系。1976 年和 1985 年联邦议会通过的《德国高等教育法》进一步确认了高职高专教育是联邦德国高等教育的一种类型，并明确规定了其在高等教育中的地位。

将高等职业教育的功能拓展到社区，或者说将高等职业教育与社区教育相结合，应当归结为德国"终身学习"理念与政策的确立。这种理念与政策的确立最早可追溯到 20 世纪 70 年代。1970 年，德国教育审议会制定的《教育制度结构计划》就明确指出，终身学习是社会、科技与经济发展的关键因素，并提出了终身学习的原则。进入 90 年代，德国政府又大力推进终身学习的理念。在《未来的教育政策：教育 2000》中，联邦议会不仅强调发展继续教育的重要性，同时还将其具体扩展为教育的第四领域。1994 年，德国联邦议会提出《联邦法令规章与全国扩展继续教育成为第四教育领域基本原则》，再次明确继续教育是国家"第四教育领域"。1998 年提出的《终身学习的新基础：继续扩展为第四教育领域》延续以前的政策，并且将继续教育的拓展与合作作为国际交流的政策。德国联邦教育与研究部在 1998 年发表了《知识社会的潜力与层面教育过程与结构的影响》报告书，根据报告书，德国终身学习的发展政策与未来趋势有以下方面：一是促进与欧洲及国际的教育交流合作；二是发展自我导向的终身学习；三是构建现代化的虚拟学习环境；四是开展学习科技与学校网络教育②。2000 年联邦议会提出的《全民终身学习：扩展与强化继续教育》明确表示，全民终身学习是未来德国教育发展与革新的主要目标，进而提出了许多关于推动终身学习与拓展继续教育的策略。至此，德国的终身学习理念

---

① 黄日强，黄显文. 德国的民众高等学校 [J]. 职教论坛，2007 (17).
② 朱文彪. 德国日本终身教育的发展 [J]. 外国中小学教育，2004 (8).

与政策已经基本形成①。在德国，高等职业教育是指完成第一阶段学业或从事职业工作后，继续或重新进行学习的过程，是终身教育的主体构成部分。正由于高等职业教育所承载的"终身教育"功能，又由于高等职业教育机构的普及与扩张，从而成为德国社区教育主要的与重要的载体。

二、德国高等职业教育的社区服务模式的功能体现

德国高等职业教育的最早法律规制是 1969 年 8 月联邦德国颁布的职业教育基本法，即《联邦职业教育法》，1981 年又颁布了职业教育的配套法《联邦职业教育促进法》，现行的职业教育法是 2005 年 4 月 1 日颁布并实施的《联邦职业教育法》，是对以上两部法律合并并加以修订而成。根据该法第 1 条的规定，联邦职业教育包括职业准备教育、职业教育、职业进修教育以及职业改行教育，并且确立每项教育的具体目标。"职业准备教育的目标，是通过传授获取职业行动能力的基础内容，从而进入国家认可的教育职业的职业教育。""职业教育旨在针对不断变化的劳动环境、通过规范的教育过程传授符合要求的、进行职业活动必需的职业技能、知识和能力（职业行动能力）。它还应使获得必要的职业经验成为可能。""职业进修教育应提供保持、适应或扩展职业行动能力及职业升迁的可能性。""职业改行教育应传授从事另一职业的能力。"

将德国高等职业教育的社区服务模式的功能归结为以上四个方面又不全面，在德国承担高等职业教育的机构不同，承载的功能也有差别。在德国，高等职业教育的实施机构有很多，主要有：（1）国民高等学校，它是德国规模最大，影响也最大的成人教育、终身教育的高等职业教育机构。（2）工会高等职业教育机构。德国工会的两大总协会德国工会联合会（DGB）和德国职员工会（DAG）掌握着大部分的成人及高等职业教育机构。（3）企业高等职业教育机构。（4）宗教高等职业教育机构。（5）高

---

① 黄建如．比较高等教育——国际高等教育体系变革比较研究［M］．北京：社会科学文献出版社，2008：106．

等学校。按照《高校框架法》的规定，大学及其他高校机构有义务承担高等职业、成人教育。（6）函授大学。"哈根函授大学于 1974 年成立，是德国唯一的一所独立设置的远距离教育大学，类似于英国的开放大学。"①

因高等职业教育机构设立的宗旨与目的不同，其在社区发挥的功能也有差异。以德国国民高等学校为例，它的社区教育职能主要集中在三方面："第一是帮助学习，即帮助学会学习，接收信息和处理信息，获得处理生活的能力；第二是帮助定向和形成判断能力，目的在于认识事物间的相互作用，掌握做出自己决断时所依据的标准和学会利用各种行动的可能性；第三是帮助亲自参加活动，目的在于发展创造能力和创造技巧。"② 还有比如承担高等职业教育、成人教育的高等学校，多为学术性的机构，它们的主要职能是"为高校毕业的学生提供了进一步进修和深造的机会，使他们能扩充知识和职业素养"。一些私立高等教育机构则为"社区成员提供文化、娱乐、休闲等方面的培训"③。

综合德国各类高等职业教育机构的社区服务功能，主要集中在以下方面：

一是补偿教育的功能，即使进入职业生涯前未能达到某种学历和资格的从业人员，通过高等学校、电视学校、广播学院、函授大学等实施的高等职业教育得到补偿。

二是适应性继续教育的功能，即通过继续教育，使劳动者掌握的职业能力保持在最新的水平上，以适应不断变化与升级的职业要求。

三是横向拓宽职业技能的功能，即增加与原有职业技能同一水平的另一种职业技能，以加强就业的安全性，同时为职业晋升提供一定的可能性。

---

① 国家教委电教办远教考察组. 德国的远距离教育及哈根大学 [J]. 中国电大教育，1998（6）.

② 黄日强，黄显文. 德国的民众高等学校 [J]. 职教论坛，2007（17）.

③ 赵大星. 德国成人教育的多元化机制 [J]. 河北大学成人教育学院学报，2007（2）.

四是升级教育的功能，即帮助在职人员承担某种在知识、观点、智能等方面要求更高的职业，从而改善职工现有的职业地位。

五是转业（岗）培训的功能，即对从事某种职业的人进行另一种与原职业技能不同的新的职业训练，以使其具备转业资格。这项培训主要是针对失业者的培训，通常培训的时间为一年。

六是恢复职业能力教育的功能，这是帮助那些因某些事故或疾病所造成的身体、智力或心灵损害，因而失去正常工作和生活能力的人重新进入职业生活的一种职业教育①。

三、德国高等职业教育的社区服务模式的教学过程

在基本理念上，德国高等职业教育的社区服务模式强调两个面向，即"面向学员，面向生活"。"面向学员"是指教学中以学员为主体，具体体现在：在进行教学规划时要考虑学员的先决条件，使其先决条件同学习要求相符合；学习过程中要考虑个人的主观条件和社会经历；学员在课堂上要求扮演积极的角色，以自控的方式获得知识。教师从讲课者变成学习助手，激发学员学习的动机，养成和提高成人的自学策略。"面向生活"是指教学要联系实际生活，从高等职业教育教学单纯追求知识习得的工具理性主义转向追求学员个体的充分发展。学习内容、学习过程、学习方式等都要与实际的生活世界相结合，尤其要注重学员实践能力的培养，教学要以学员的能力发展为目标②。

在教学范式上，德国高等职业教育倡导"双元制"。德国高等职业教育的"双元制"成为德国职业教育的特色，也使得德国高等职业教育享誉世界。1964 年德国教育委员会提出"双元制"概念，正式把企业或实训工厂的职业技能训练与职业学校的理论教学在职业教育体系上并列起来。1969 年颁布的《联邦职业教育法》以及此后相继出台的《企业基本法》

---

① 李胜春. 德国成人教育研究 [J]. 成人教育，2006（2）.

② 刘畅，黄梅. 论德国成人教育的特点及其启示 [J]. 成人教育，2008（5）.

（1972 年）、《实训教师资格条例》（1972 年）、《职业教育促进法》（1981年）和各州议会制定的《职业学校法》等，从法律层面上明确了企业、职业学校和地方职业教育委员会等机构在有关职业教育的组织、规划、监督、管辖以及质量评价等方面的责任与权利，为双元制职业教育的稳定发展奠定了法律基础。"所谓双元制职业教育，就是指一方面接受职业教育的年轻人要在职业教育企业或跨企业的培训机构里学习相应职业的实践性知识和培养从业能力，另一方面要在公立职业学校接受普通文化教育和职业专业理论教育。"① 在实践操作中，有不同的实施方式。一般来讲，在职业学院实施的双元制教学方式是这样的：在进行企业实习工作之前，学生需要接收大量的理论培训，职业学院将职业相关的理论内容与学习方法和复杂的实际课题结合在一起。学生在职业学院以企业实践内容作为课程学习的基准，通过学习掌握职业技能。学生一般每周在企业里接受 3~4 天的实践教育，在职业学院每周接受 1~2 天的理论教育。高等职业教育的双元制模式，对于学生而言，能够培养学生实践操作的能力，并且与企业建立密切的联系，为将来的就业做了很好的铺垫；对于学院而言，可以节约大笔购买最新操作设备的费用；对于企业而言，可以雇用一毕业就可以迅速投入生产第一线工作的学生，从而能节省大笔培训费用。因此，双元制高等职业教育模式在德国取得很大的成功，并进而引用到社区的职业教育与培训上来。因为高等职业教育的社区服务定位不同，高等职业教育的教学范式也有差别，双元制职业教育一般是在拓宽职业技能、转岗培训上发挥作用，一些类型的高等职业教育教学方式灵活。

在课程设置上，因不同类型的高等职业教育机构而有着差别，如双元制职业学院的课程设置，重在职业技能的培养，所以课程的设置围绕技能的培养，具体体现在课程结构上的宽基础、课程内容的实用性、课程编排的整合性、课程比例上的实践性等。当然，在社区服务上，可能要考虑社

---

① 姜大源. 当代德国职业教育主流教学思想研究［M］. 北京：清华大学出版社，2007：220.

区的人居情况、职业类型、课程需求等，设置一些灵活的课程。以德国国民高等学校为例，"它提供的课程丰富多样，达到了无所不包的程度。在课程数量上，1965 年，德国的民众高等学校开设的课程只有 77837 个，1975 年也只有 195546 个，而 1984 年达到 334993 个。20 世纪 90 年代，民众高等学校每年举行讲座、学习班和报告会 30 多万次，课时超过 950 万。""据 2002 年的最新统计，2001 年德国民众高等学校提供的讲座和课程达到 64.7 万多个。"① 德国的国民高等学校通过不同类型的教学活动来满足学习者不同的学习目标，适应本地实际需要的课程，系统的标准课程（国民高等学校证书学习），参加正式组织的国家级水平考试，具有当地模式特点的教学，按学习者意愿与需求采用的教学方法，等等，学习的过程由学员来定。因此，德国高等职业教育拓展到社区，既发展了高等职业教育，又为社区提供了满足它所需要的终身学习的需求。

四、德国高等职业教育的社区服务模式的制度保障

德国高等职业教育的发展乃至德国高等职业教育到社区的渗透，都有着一系列的国家立法及州立法的保障。早在 1925 年，德国技术委员会就颁布法律，规定实施职业义务教育。1968 年，联邦德国各州通过了《联邦德国各州统一专科学校的规定》，规定各州把工程学校与其他从事经济管理、社会管理、设计和农业等高等职业教育学校合并，建立高等专科学校。1969 年 8 月，联邦德国公布了《职业教育法》，对职业培训及国家用于职业教育方面的投入做了详细规定。1969 年联邦德国通过的《劳工促进法》规定了职业教育关于大部分经费来源、进修设备和推动建立进修机构方面的方针。1972 年颁布的《企业宪法》也促进了职业继续教育的发展。该法规定，职业技术教育是劳资双方的利益，企业必须予以资助。1972 年通过《企业基本法》对企业实施职业培训做了规定；1972 年通过的《实训教师

---

① 黄日强，黄显文. 德国的民众高等学校［J］. 职教论坛，2007（17）.

资格条例》对职业教育的教师资格做了严格规定。1981 年又出台《职业教育促进法》，规定了联邦、各州、企业等对职业教育的促进所应承担的义务。1976 年颁布的《高校常规法》规定，大学有义务积极参与继续教育的活动。一些大学相继成立了"校外讲座中心"及"继续教育中心"，通过这些机构来实施高等职业教育以及成人教育计划。1976 年，联邦议会通过《联邦德国高等教育结构法》，把高等专科学校提高到与大学及大学类高校同一层次上。另外，联邦还制定了《劳工促进法》《远距离教育保护法》《继续教育/成人教育法》等法律法规对高等职业提供制度保障，同样，联邦各州也在自己的立法权限范围内制定大量的法律，保障高等职业教育社区服务模式的形成与实施。当然，从具体制度上，包括以下两个方面：

（一）高等职业教育的社区服务模式的管理体制

德国联邦、州及地方在高等职业教育事业中表现出多元化的管理特点，以州的管理为主，联邦则多方参与，地方负责具体事宜，三级权力互相渗透，共同促进高等职业教育事业的发展。《联邦德国宪法》中规定州的管理职能为："负责普通成人教育；颁发成人教育证书，负责一些高校的成人教育管理以及某些政治教育与职业教育。"① 联邦的管理职能体现在："负责学校以外的职业培训，制定高校成人教育发展策略，制定远程学习课程的保护性条款，负责政治教育的研究和实验性成人教育项目，负责成人教育的国际交流与合作（包括与欧盟的合作）。"②《联邦德国宪法》规定，州主要负责学校内部事务，地方主要负责学校外部事务。地方根据本地区的具体情况，制定成人教育的发展计划，开办各种职业教育学校、图书馆、网络课程培训等。当然，在各州高等职业教育管理的协调上以及联邦高等职业教育的发展战略与规划上，联邦拥有一般原则的立法权。

（二）高等职业教育的社区服务模式的经费投入

实际上，高等职业教育的发展离不开经费投入，没有合理的经费投

---

① Kultusm in isterkonferenz（KMK）. The Education System in the Federal Republic of Germany 2001 ［M］. Bonn：Uni. Bonn press，2002：178.

② 赵大星. 德国成人教育的多元化机制 ［J］. 河北大学成人教育学院学报，2007（2）.

入，高等职业教育就无从发展。德国高等职业教育向社区渗透，离不开经费的支持。那么，德国高等职业教育的社区服务模式的经费投入有怎样的制度保障呢？我们前面说了，德国联邦甚至各州通过一系列的立法将高等职业教育的服务于社区的经费投入做了规定。德国高等职业教育经费具有多种筹措渠道，如参加者缴费、承办机构出资、企业投入、联邦或州的补贴等。企业内的员工教育往往由雇主自行筹资；私立高等职业教育机构则通过参加者缴费来满足经费需求；如果参加高等职业教育是为了职业深造，参加者可以获得免税。另外，多数得到公共认可与资助的高等职业教育机构对某些弱势群体，如大学生、失业者，提供费用减免。联邦或州政府对于高等职业教育的资助主要采取补贴或免税的方式进行，而高等职业教育机构也可以向联邦或州提出办学项目的经费申请等。

我国这几年高等职业教育也得到了蓬勃发展，国家也采取多项政策措施对高等职业教育给予扶持，但我们认为，我国的高等职业教育还有很大的拓展空间。德国的高等职业教育的社区服务模式给予我们有益的启示，我们可以进一步将现行的高等职业教育拓展到社区，服务于社区的职业培训、技术推广、学历教育等方面。在城市，依托职业学院、高等学校等高等职业机构开展社区教育服务；在农村要探索建立农村社区教育中心、乡镇电大等方式拓展高等职业教育的发展空间。另外，根据我国高等职业教育的发展实际，我们要注意探索制度上的建立与完善，修改《职业教育法》或者制定《高等职业教育促进法》，为高等职业教育服务于社区提供制度保障。

第九章

我国食品安全监管主体模式的反思与完善

2015 年 4 月 24 日第十二届全国人大常委会第 14 次会议修订通过的《中华人民共和国食品安全法》（以下简称《食品安全法》），被称之为"史上最严"的《食品安全法》，这种"最严"除了设定严厉的食品安全违法处罚制度之外，还有更加严密的监管与执法体制。然而"最严"的《食品安全法》关键还是看它的实施及其效果。不论国内外，食品安全法律的实施关键是建立完善的监管与执法体制，新修订的《食品安全法》对食品安全监管主体的模式做了更加清晰的规定，但这种监管主体的模式能不能解决我国以前食品安全的执法困境，它是一种最好的监管主体模式选择吗？与各国食品安全监管主体模式相比较，我国现行的食品监管主体模式优越性在什么地方，如何更加优化我国的食品安全监管主体模式，更加发挥食品安全法律制度的作用，是值得探讨的问题。

一、我国食品安全监管主体模式的历史变迁

自中华人民共和国成立以后，我国食品卫生与食品安全法律制度逐步建立，食品安全监管模式逐步形成，应该说在新修订的《食品安全法》出台之前，我国的食品安全监管主体模式是"多部门联合，分段监管"的模式。

1949 年 11 月 1 日中央人民政府成立了卫生部，主管全国的卫生行政

管理工作，1953 年 1 月政务院第 167 次会议批准，在全国各省、市、区、县建立卫生防疫站，以改善食物中毒状况为主要食品卫生工作①。1953 年 7 月 17 日卫生部颁布了第一个食品卫生规章，即《清凉饮食物管理暂行办法》。这是我国食品卫生管理的第一个规章。"1953 年到 1959 年期间，卫生部又陆续颁布了对肉品、酱油、水产、蛋制品、饮料酒等食品的卫生管理规定，共计 24 部规章。"② 至 1960 年，我国食品卫生与安全仅是由国务院卫生部门及其省、市、区、县的卫生行政主管部门作为最主要甚至是唯一的监管主体。

1960 年以后我国开始探索综合的食品安全监管模式，由卫生部作为主要管理部门，其他各部门如轻工业部、商业部、农业部等相互配合的监管主体模式。1960 年 1 月 18 日国务院转发国家科委、卫生部、轻工业部拟定的《食用合成染料管理暂行办法》，开始确立多部门共同监管的模式。1965 年 8 月 17 日，国务院批转卫生部、商业部、第一轻工业部、中央工商行政管理局、全国供销合作总社制定的《食品卫生管理试行条例》。该条例第 2 条规定了，食品生产、经营单位及其主管部门，各级卫生部门，应当密切配合，互相协作，共同做好食品卫生工作。卫生部门应当负责食品卫生的监督工作和技术指导。从该条例的制定主体以及条例的内容可以看出，多部门综合监管的主体模式已经形成。1966 年后随着"文革"的发生，我国食品卫生与安全的法制遭到破坏，关于食品卫生或安全的主体监管模式也就不复存在。

1979 年 8 月 28 日国务院发布《中华人民共和国食品卫生管理条例》（以下简称《食品卫生管理条例》）并于发布之日起生效。该条例规定卫生部门、工商行政管理部门、食品生产经营主管部门、国家商品检验局等有关部门加强对食品卫生的管理。在国务院行政法规实施的基础上，第五

---

① 戴志澄. 中国卫生防疫体系五十年回顾——纪念卫生防疫体系建立五十周年 [J]. 中国预防医学杂志，2003 (4).

② 赵辰，等. 阐述我国食品卫生法制的发展 [J]. 中国卫生监督杂志，2012 (2).

届全国人大常委会第二十五次会议审议通过了我国第一部法律意义上的《中华人民共和国食品卫生法（试行）》［以下简称《食品卫生法（试行）》］，并于 1983 年 7 月 1 日起正式实施，该法律把以前行政法规确认的多部门共同监管的模式肯定下来，该法明确各级卫生行政部门领导食品卫生监督工作，其他各部门如食品生产经营企业的主管部门、工商行政管理部门、食品卫生监督机构、农牧渔业部门、国家进出口商品检验部门在各自的职责范围内对食品卫生或安全进行监管。这部法律对各个部门在食品安全监管中的职责权限并没有明晰界分，因此留下了产生多头执法又可能无人执法的局面。

《食品卫生法（试行）》试行了 12 年，全国人大常委会总结经验，1995 年 10 月 30 日全国人民代表大会常务委员会第十六次会议通过了《中华人民共和国食品卫生法》（以下简称《食品卫生法》），与《食品卫生法（试行）》相比较，在监管模式上明确了一个部门为主，其他各部门在其职责范围内对食品安全进行监管。该法第 3 条规定：“国务院卫生行政部门主管全国食品卫生监督管理工作。国务院有关部门在各自的职责范围内负责食品卫生管理工作。”“虽然并没有将食品卫生监督管理权完全授予卫生行政部门，但终归确立了卫生部门的主导地位，同时废除了原有政企合一体制下的主管部门的相应管理职权。”① 1998 年国务院机构改革，将原由卫生部承担的食品卫生国家标准的审批和发布职能和国家粮油局研究制定粮油质量标准、制定粮油检测制度的职能调整给新设立的国家质量技术监督局执行，原质量技术监督部门的流通领域的商品质量监督管理职能划归到工商部门。这种监管职能的调整为后来确立的“分段监管”体制奠定了基础。

2003 年 4 月，作为专门化的食品安全监督管理部门——国家食品药品监督管理局成立。2004 年国务院发布的《关于进一步加强食品安全工作的

---

① 刘鹏．中国食品安全监管——基于体制变迁与绩效评估的实际研究［J］．公共管理学报，2010（2）．

决定》（国发〔2004〕23 号）以及中央编办发布的《关于进一步明确食品安全监管部门职责分工有关问题的通知》（中央编办发〔2004〕35 号）确立了"按照一个监督环节，一个部门监管"的原则，采取"分段监管为主，品种监管为辅"的方式，明确农业部门、质检部门、工商部门、卫生部门、食品药品监督部门的监管职责，明确了食品药品监督部门的主导地位。

2009 年全国人大常委会对《食品卫生法》进行重大修订，不仅将名称称为《食品安全法》，而且在食品安全监管的主体模式上进一步确立了"分段监管为主，品种监管为辅"的监管体制。该法第 5 条、第 6 条分别规定了食品安全的具体监管主体，原则性地确定了不同监管主体的职责权限，不过该法律没有明确国家食品药品监督部门在食品安全监管中的主导地位，还是沿用《食品卫生法》的规定，即"国务院卫生行政部门承担食品安全综合协调职责……组织查处食品安全重大事故""国务院质量监督、工商行政管理和国家食品药品监督管理部门依照本法和国务院规定的职责，分别对食品生产、食品流通、餐饮服务活动实施监督管理"。可以看出，2009 年通过的《食品安全法》并没有对国务院的食品安全监督职能分工予以确认，但又规定"依照国务院规定的职责"，这就有点矛盾，也为我国食品安全监管的困境埋下了制度渊源。全国人大常委会食品安全法执法检查组的报告中指出："食品安全法及相关法律法规难以对各监管环节的具体事务做出详细规定，实际上依然存在监管边界不够清晰问题。例如，有的地方反映，在豆芽生产、生猪收购运输、超市现做现卖、餐具集中消毒、食品仓储和运输等问题上，存在管理部门不明确或互相推卸责任的情况。"[1]

2013 年 3 月十二届全国人大一次会议通过了《关于国务院机构改革和职能转变方案的决定》，对新组建的国家卫生和计划生育委员会、农业部、国家食品药品监督管理总局、工商行政管理总局等部门的食品安全的监管

---

[1] 毛磊，秦佩华. 改进食品安全状况 改革促进法律实施 [N]. 人民日报，2010-02-25.

职能做出进一步调整。2015年4月24日全国人大常委会再次对《食品安全法》进行修订，这次修订关于食品安全监管的主体做出了一定的改变，即建立了国务院的食品安全委员会作为食品安全的综合协调机构，明确了国家食品药品监督部门的食品安全监管的主导地位而不是国家卫生行政部门的主导地位；但也还继续确立了"国务院其他有关部门依照本法和国务院规定的职责，承担有关食品安全工作"。可以看出，我国关于食品安全的监管主体模式自中华人民共和国成立初期形成以后一直是实施多部门监管的主体模式。

二、我国食品安全监管主体模式的路径依赖及实施困境

通过以上分析我们知道，我国对食品安全监管的主体模式采用一个部门主导、多部门监管的综合监管体制，采用的是"分段监管为主、品种监管为辅"的方式。这种模式自20世纪50年代基本形成后，虽然也曾经历过几次国家机构改革，食品安全的监管职能有所调整，成立有不同行政级别的监管主体，但是多元主体的监管模式仍然没有改变。同时，在食品安全监管过程中，发挥主导作用的主体在不断变化，中华人民共和国成立以后，很长一段时间都是以国家卫生行政部门作为食品卫生或安全的主管机关，2003年的机构改革也是明确卫生部为综合组织与协调机关，负责查处重大食品安全事故，并将国家食品药品监督管理局改由卫生部管理。2009年出台的《食品安全法》对这种体制进行了确认。但2013年的国家机构改革，重新组建国家食品药品监督管理总局，并确立国家食品药品监督管理总局为主导机关，"承担食品安全综合协调职责，负责对食品生产经营活动实施监督管理"。但其他主体如卫生部、工商行政管理部门、农业部门、公安部等在各自职责范围内实施食品安全的管理职责。在2009年全国人大常委会制定《食品安全法》时，考虑到不同主管部门的职责界限不清晰，执法不到位的问题，设想成立一个综合协调机构，统筹指导食品安全工作，就在当时《食品安全法》第4条中规定，国务院设立食品安全委员会，其工作职责由国务院规定。这个条款在 2015 年修订的《食品安全法》第 5 条中得到进一步确认。国务院食品安全委员会的主要职责在于：分析我国食品安全形势，研究部署、统筹指导食品安全工作；提出食品安全监管的重大政策措施；督促落实食品安全监管责任。

那么我国食品安全监管的多元主体模式是怎样形成的呢？诚然，食品安全法律规制对象的复杂性是重要影响因素。食品安全监管涵盖食品生产、销售到消费的全过程，包括食品种植、养殖、生产加工、经营流通、餐饮消费等诸多环节。同时食品分类复杂，而且食品生产企业类型多样。在传统计划经济体制过程中，国家对食品生产进行全方位的控制，于是形成了针对不同种类的食品以及不同阶段的食品生产环节的监管体制。这样，多元监管主体模式的形成就成为必然的了。然而，很多国家也都是对食品安全进行有效规制，他们的监管主体模式并不是与我们国家监管主体模式一样，这就说明，食品安全法律规制对象的复杂性是一个影响因素，但不是决定因素。我国食品安全监管多元主体模式的形成与发展，更多的是"路径依赖"的结果。路径依赖是新制度经济学解释制度变迁的一个重要理论。新制度经济学认为，新旧制度的变迁方式之间存在着路径依赖关系，也就是如诺斯所言，制度变迁过程中会出现"人们过去做出的选择决定他们现在可能的选择"的轨迹依赖现象。制度变迁的路径依赖决定了新的制度安排在很大程度上取决于初始的或现行的制度安排所确定的制度变迁路径，新的制度安排如果在变迁路径上与旧的制度安排的变迁路径具有趋同性或近似一致性，则新的制度安排会具有效率；如果新的制度安排要脱离既定的制度变迁路径，则会使制度安排受既有路径的制约而走向困境甚至无法产生①。

从我国食品安全监管主体模式的变迁历史可以看出，尽管主管机关有一定的调整，但多元主体的监管模式一直没有改变，一些机构与人员虽然

---

① 汪全胜. 政府信息公开立法的路径依赖约束 [J]. 情报理论与实践，2005（5）.

经过调整，但都只是职能权限的变化，对基本的执法与监管模式影响不大，如 2013 年国务院机构改革方案确定，将原国家食品安全办的职责、食品药品监管局的职责、质检总局的生产环节食品安全监督职责、工商总局的流通环节食品安全监督管理职责整合，组织国家食品药品监督管理总局。这是一个机构及其职能的变化，但没有从根本上改变我国食品多元主体监管的模式。这种模式就是新制度经济学所讲的路径依赖的结果，这种路径依赖从我国最早的 1979 年国务院制定的《食品卫生管理条例》到 1983 年全国人大常委会制定的《食品卫生法（试行）》、1995 年全国人大常委会制定的《食品卫生法》再到 2009 年的《食品安全法》以及 2015 年修订的《食品安全法》，在监管主体模式的设定上基本上保持了一贯性。

在食品安全事件不断发生的情况下，我们就要思考我国现行的监管主体模式有什么问题。多元主体的监管模式常会出现这样的问题：一是多头监管；二是无人监管。正如有学者认为："分段监管尽管有其合理之处，在一定程度上，实现了由农田到餐桌的全程监管，而且，执法的衔接度更高。""但是，在实际的监管过程中，常常出现权责不明、衔接处存在'真空地带'等状况。在利益最大化的驱动下，很多时候，监管过程成了利益争抢过程。当出现问题时，各部门'扯皮'问题频发，不仅影响监管效率，更会影响政府的执法形象。"① 有学者分析多元主体分段监管的缺陷在于：一是不便于消费者维护自身的健康权益；二是增加了食品生产经营者的负担；三是增加了政府在食品安全方面的监管成本；四是不能有效应对或解决国际食品贸易中食品安全问题，难以较好地保护我国食品生产经营者的权益②。还有学者认为："现实中行政监管的不同部门负责不同的监管环节，法律对各个部门的监管职责和权限划分也并不明确，这就直接导致

---

① 孔书玲. 食品安全法律体系完善路径探索［J］. 人民论坛，2013（10）.
② 吴才毓. 食品安全监管体系综述［J］. 现代经济信息，2009（5）.

食品安全监管中职责混乱、政策不一、监管重叠且矛盾等现象的发生。"①尽管 2015 年修订了《食品安全法》，但对监管主体模式的修改仍然没有到位，正如有学者指出的："风险监测制度的执行主体是卫生部门会同食药、质监等部门。风险评估制度是由卫生部门负责组织实施。抽样检验制度是由食药部门组织实施。农业部门负责对食用农产品的风险监测等工作。"②2015 年修订的《食品安全法》仍然没有解决各种不同监管主体的职能交叉问题，多家主体重复交叉的监管乱象仍然没有从根本上解决。

三、食品安全监管主体模式的类型及约束条件

既然我国食品安全监管的主体模式存在一定的问题与实施困境，那么世界各国对于食品安全的监管确立了什么样的主体模式，如何确立一个监管主体模式是有效的，即能实现很好的监管，有效防范食品安全事件或事故的发生。

考察世界各国的食品安全监管情况，根据各国采取的主体监管类型，我们认为，主要是有三种主体模式：

第一种，多元主体综合监管模式。以美国为代表，我国的监管模式也属此类型。美国食品安全的监管主要涉及三个联邦政府机构，即农业部、人类健康事务部、环境保护署。美国农业部下属的食品安全与检验服务部（FSIS）和动植物健康检验服务部（APHIS）负责肉、禽、蛋及制品的安全、卫生，监督执行联邦食用动物产品安全法规；人类健康事务部下属的食品与药品管理局（FDA）负责其他的食品安全与卫生以及制定畜产品中兽药残留限量标准。环境保护署（EPA）负责饮用水、杀虫剂及毒物、垃圾等方面的安全，制定农药、化学物残留限量法规③。除以上三个主要机

---

① 赵云霞，王静. 我国食品安全法律体系存在的问题及完善措施 [J]. 唐山师范学院学报，2013（4）.

② 刘兆彬.《食品安全法》修订应瞄准三大缺陷 [J]. 中国洗涤工业，2015（3）.

③ 蒲民. 美国食品安全体系特点分析 [J]. 中国标准化，2006（8）.

构以外，美国还建立了疾病控制预防中心、农业研究服务局、动植物健康检验局、国家海事渔业局等多个部门，对食品安全负有一定的监管之责。美国的监管主体模式的特点在于："一方面采用相对完善的协调机制克服多部门的协调配合问题；另一方面以品种监管的方式进行部门分工，相关机构负责某类食品种植、养殖、生产、加工至销售的全过程，基本上能保证各部门的职能分工明确。"①

第二种，二元主体监管模式。以日本为代表。日本食品安全监管的主体主要集中在两个部门，即农林水产省、厚生劳动省。"农林水产省负责食品的生产和质量保证，厚生劳动省负责稳定的食品分配和食品安全。"②这两个部门职责权限在实际操作上也难以界定清晰，2003 年，日本成立了独立于其他政府部门的食品安全委员会，作为日本食品安全的最高权威和决策机构对两部门的食品安全监管工作进行协调。日本的监管主体模式注重不同部门资源的优势并强调部门间的配合，目前日本的监管体制表现为："监管范围不断扩大，监管逐步由政府主导过渡到从业者自律，注重事前预防，建立有食品安全追溯制度与特殊食品安全管理制度（如转基因食品）等。"③

第三种：一元主体监管模式。以加拿大为代表。加拿大在 1997 年以前采用的是美国的监管主体模式，即采取多元主体监管模式，是由加拿大农业与农业食品部、卫生部、海洋渔业部等对食品安全进行监管。这种监管存在主体权限不清、多头执法与执法盲区并存的问题。1997 年加拿大出台《加拿大食品检验机构法》，根据该法，加拿大政府将与食品检验相关的部门合并，成立加拿大食品检验署（CFIA），"CFIA 总部内设机构分为四大类：一是政策制定部门，负责制定食品安全、动物植物卫生方面的政策、计划、方案；二是政策执行部门，负责对派出机构的联络、指挥、协调；

---

① 程景民．食品安全行政性规制研究［M］．北京：光明日报出版社，2015：30.

② 杨永华．国外食品安全法律监管对我国的借鉴［J］．甘肃理论学刊，2009（2）.

③ 李立、李守峰，等．日本食品安全规制对中日食品贸易的影响［J］．青岛科学大学学报（社会科学版），2013（3）.

三是科技管理部门，负责食品安全、动植物卫生检测的技术支持工作，并对 CFIA 直属实验室进行管理；四是行政管理部门，负责整个机构的运营管理，与联邦、省、市其他食品安全相关部门的联系，及计算机网络管理"①。CFIA 统一负责所有的食品检验工作。该机构将与食品有关的工作划分为 14 个方面，并将全国 18 个区域的食品安全检查系统纳入单一的体制管理②。

以加拿大为代表的一元主体监管模式，权限集中于一个主体，执法集中于一身，不会出现权限之间的争议，也不会出现执法或监管的盲区，更不会出现有其他主体来实施监管的问题，对于生产经营者与消费者来说，很容易识别监管主体与执法主体，而不会产生"谁来监管""谁来执法"的困惑。在监管或执法出现问题的时候，行政问责也很容易。以日本为代表的二元主体的监管模式，就存在两个主体监管职责的划分问题，尽管法律对两个主体的职责做出详细的规定，但在实践中，仍然不可避免地存在职能交叉或监管盲区的问题，日本为进行有效的食品安全监管，又在两个主体之上设计一个综合协调机构，不仅指导重大食品安全政策的制定，更主要的是协调农林水产省与厚生劳动省之间的权限冲突、执法空白等问题，这样的模式也相对有效率。以美国为代表的多元主体的监管模式就面临监管是否有效的问题，即如何设计不同监管主体的权限，同时对不同监管主体的职责进行协调，防止多头监管或监管真空。美国建立的食品安全监管部门的协调机制有两个：一是三个主要机构之间达成执法合作备忘录，加强彼此协作，特别是三个机构之间的食品安全信息的共享机制；二是美国 1988 年设立了总统食品安全委员会作为食品安全监管的最高权力机构，对联邦政府的食品安全监管活动进行全面规划，协调三大主要监管机构的食品安全监管分工及职责权限问题。

各国采取不同类型的监管主体模式，影响因素有很多，国情的因素、

---

① 韩永红. 加拿大食品安全法律制度的新发展：评析与启示 [J]. 广东外语外贸大学学报，2015（2）.

② 杨永华. 国外食品安全法律监管对我国的借鉴 [J]. 甘肃理论学刊，2009（2）.

文化传统的因素、历史的因素等，但不管采取什么样的监管主体模式，基本目标是能够有效地预防与控制食品安全事件或事故的发生，能够做到对食品生产全程的监管，在监管主体权力资源的配置上，要考虑到：一是各种不同监管主体的监管职责权限要明晰；二是不同监管主体的监管职责能够实现对食品生产各环节、食品种类的全方位的监管，不会产生"多头监管"或"多头执法"的问题，也不会产生"无人监管"或"无人执法"的盲区。

四、我国食品安全监管主体模式的完善措施

前文考察过我国现行的食品安全监管的主体模式是多部门监管分阶段管理，多部门监管是指工商行政、农业、质监、环保、食药、进出口检验检疫等部门联合起来，分别在各自的职权范围内对食品安全问题进行监督与管理；分阶段管理就是根据食品生产的整个产业链，分为生产、销售、消费等阶段或环节，分别由不同的监管部门进行管理。这样的监管主体模式在2015年修订的《食品安全法》中仍然没有改变。如何消解我国食品安全监管主体模式的困境，优化资源配置，借鉴国外食品安全监管的经验，我们认为，我国的食品安全监管主体模式有进一步优化的空间。

（一）我国应实施多元主体监管体制

前文考察过，现在世界上也有一些国家采纳多元主体监管的体制，在我国因为历史形成的原因，资源与人力配置的传统因素，尽管有过几次国家机构改革，整合了一些部门或机构，但是一直没有改变"多元主体监管"的体制，这有制度依赖的历史根源。在现代社会，我们也不需要进行大规模改革，就是在现有的框架结构中，再进一步整合资源，优化配置权力结构，改变过去的"九龙治水"或现行《食品安全法》的"十三龙治水"的困局①。

（二）控制监管主体的数量

我国现行《食品安全法》对于监管主体的数量没有非常明确的规定，

---

① 宋明霞. 专家争议《食品安全法》三大"硬伤"呼吁立法重时效更重实效［N］. 中国经济周刊，2015-03-09.

《食品安全法》第 5 条除了规定国务院食品安全委员会、国家食品药品监督管理部门、工商行政管理部门外，规定了"国务院其他有关部门依照本法和国务院规定的职责，承担有关食品安全工作"。第 6 条也规定县级以上人民政府的"其他有关部门"，这两个条文中并没有明确"其他有关部门"指的是哪些部门，但根据《食品安全法》的规定，我们知道这些其他主管部门还包括农业部门（第 19 条）、标准化部门（第 27 条）、国家出入境检验检疫部门（第 91 条）、公安部门（第 121 条），其他还包括如工商行政管理部门、环保部门等。我国食品安全监管的主体数量过多，我们说美国也是实施多元主体的监管模式，但主要管理部门仅有三个，分别是农业部、人类健康事务部、环境保护署；其他一些部门主要是协助管理。在我国，根据《食品安全法》的规定，主体数量过于庞大了些，难免会产生多头执法的问题，也难免出现职责界限不明的问题。我们建议确立三个主管的管理部门如国家食品药品监督管理部门、农业行政管理部门、卫生行政管理部门为食品安全监管的主体，将其他主体的职能划分到以上三个部门中，这样不论是分阶段监管还是分种类监管，都能避免出现职责界限未能界定清晰的状况。

（三）明晰监管主体权责界限

我国食品安全的治理，不仅要尽可能地减少食品安全监管主体的数量，而且必须清晰界定各不同主体的职责界限。我国目前实施的分阶段监管是四阶段监管，还可以进一步优化，实施三阶段监管，即"将目前的四段环节监管缩短为三段环节监管，即种养殖源头监管、生产加工和市场销售监管、餐饮监管"。"理由是种养殖源头的监管对象主要是初级农产品，监管依据是《农产品质量安全法》；生产加工和市场销售环节的监管对象都是市场上流通的加工食品，没有必要搞两段监管；餐饮环节监管的对象主要是烹调食物，而非加工食品。"[①] 这样，三段环节监管的划分体现了监

---

① 张守文. 发达国家食品安全监管体制的主要模式及对我国的启示 [J]. 中国食品学报，2008（6）.

管对象分类清晰、监管责任明确。食品安全管理机构的合理分工，是建立协调的对"农田到餐桌"整个食品产业链进行有效监管的基础。在分阶段监管的基础上，对监管主体进行优化配置，缩减监管主体的数量，提高监管的效率。

（四）建立权威的食品安全监管的协调机构

我国 2009 年《食品安全法》规定"国务院卫生行政部门承担食品安全综合协调职责"，2013 年国务院机构改革确立了"国家食品药品监督部门承担食品安全综合协调职责"。这样两个机构"不具备法律上的执法主体和职责，让一个副部级单位协调另外三个部级单位，在执行时就会缺乏权威性，协调效果大打折扣"①，因此这种设置不合适。

我们前面考察了美国与日本，都设立了食品安全委员会作为权威的决策与协调机构。美国称之为"总统安全委员会"，日本的全国食品安全委员会由首相任命，国会批准成立，权威性强，具备协调能力。我国有学者建议："食品安全委员会应当是一个跨各部委的，具有明确具体食品安全监管职责的，更高一级的组织、负责协调和管理食品安全有关工作的机构。委员会成员由卫生部、农业部、国家质检总局、国家工商总局、商务部等部门的主要领导组成，并由总理或全国人大常务委员会委员长领导。"② 我国 2009 年的《食品安全法》第 4 条以及 2015 年的《食品安全法》第 5 条都规定："国务院设立食品安全委员会，其职责由国务院规定。"这与日本 2003 年 7 月 1 日成立的食品安全委员会不同，委员有 7 名，全部是来自民间的食品安全方面专家。在这个委员会下设事务局，"日本全国食品安全委员会设事务局负责日常工作。事务局编制为 79 人，包括54 名正式职员和 25 名外聘技术顾问。首任事务局长由原农水省审议官梅

---

① 张守文. 发达国家食品安全监管体制的主要模式及对我国的启示 [J]. 中国食品学报，2008 (6).

② 陶跃华，张晓峰. 从"三鹿奶粉事件"浅析我国食品安全监管现状及对策 [J]. 中国卫生监督杂志，2010 (4).

津准士出任。最初，正式职员主要来自风险管理部门。其中农水省 25 人、厚生省 15 人"①。我们认为我国可以成立国务院食品安全委员会的领导机构，但委员会成员的组成还应是食品安全各领域的专家比较适宜，全体专家委员会会议是决策组织，主要职能是：制定国家食品安全监管政策；监督相关法律、法规、标准、规范的执行；向各食品安全监管部门提出要求；协调食品安全监管部门的职责分工。

（五）加强基层监管主体及其执法力量的建设

我国 2009 年《食品安全法》对县级以下食品安全的监管主体没有规定，都只规定县级以上人民政府各部门的监管主体职责。2015 年修订的《食品安全法》有所改进，规定了"县级人民政府食品药品监督管理部门可以在乡镇或者特定区域设立派出机构"。这样，在乡镇一级的基层组织中也有相对应的食品安全监管主体。在完善监管主体设置的同时，我国还应加强食品安全执法队伍的建设，"没有一支意识到位、职责明确、素质过硬的专业管理和技术人才组成的监管队伍，再好的制度也难以得以有效执行，即使实施了也难以取得好的成效"②。为此必须完善我国相关的制度建设，建立食品安全执法队伍的激励与约束机制，"比如学习培训制度、行政执法人员技术级别细分制度、按人口规模及食品企业数科学设计食品执法编制制度、食品行政执法资格证制度、执法装备通用标准制度等。增加规定执法部门首长怠于执法、管理不到位的过错责任追究措施，实行'一案双查''案件倒查'，进一步健全可量化的执法绩效考核奖惩标准，从制度上、体制上完善有效的激励机制及责任威慑机制"③。

---

① 李怀. 发达国家食品安全监管体制及其对我国的启示［J］. 东北财经大学学报，2015（1）.

② 杨永华. 国外食品安全法律监管对我国的借鉴［J］. 甘肃理论学刊，2009（2）.

③ 高国钧.《食品安全法》修订草案若干法条设计述评——基于法律实施有效性之维度［J］. 社科纵横，2015（3）.

第十章

治理视野下食品安全监管的权力构造

2015 年 4 月 24 日第十二届全国人大常委会第 14 次会议修订了 2009 年的《食品安全法》，不仅在法律条文上增加了 50 条，在监管职能转变、落实企业主体责任、严查重处违规违法行为等有所改进与完善，更重要的是 2015 年修订的《食品安全法》强化了食品安全社会共治的理念，体现了立法理念的重要改变，也是我国探索食品安全政府、市场、社会共同治理的尝试。尽管如此，全面的食品安全的治理体系仍有待探索与完善。

一、治理理论与食品安全监管的理念更新

"治理"一词有控制、引导、管理之含义，但治理理论所倡导的"治理"具有特定的含义。根据全球治理委员会关于治理的权威定义，"所谓治理是各种公共的或私人的个人和机构管理其共同事务的诸多方式的总和"①。自 20 世纪 90 年代，治理理论提出来以后，就引起各学科的重视，它不仅提出了一种系统理论，更重要的是提出了治理的方法论，因而受到广泛欢迎。"治理"与传统的"管理"仅一字之差，但含义有着很大区别，传统的管理是强调自上而下，是垂直的、纵向的，而治理则更多强调平等协商，更多讲究公民的参与。②

---

① 俞可平. 治理与善治 [M]. 北京：社会科学文献出版社，2000：270.
② 龚维斌. "管理"变"治理"是重大的理论创新 [J]. 理论参考，2014（2）.

那么治理理论主要包括什么内容呢？英国学者格里·斯托克将其归结为五点：（1）治理的主体有政府、社会机构和团体组织的行为者等；（2）治理在社会和经济领域较为明显的缺陷就是存在着界限与责任之间的模糊性；（3）治理明确了各种不同治理主体间的权力依赖；（4）治理意味着参与者最终将形成一个自主的网络；（5）治理的方式也有多种，如政府权力的行使，政府的权威的确立等①。我国有学者总结出这样几点：一是治理主体的多元化，政府不再是唯一的权力来源，而只是众多治理主体之一，但它的核心地位仍然不可忽视；二是主体间责任界限的模糊性，即众多的治理主体在分享权力的同时也承担相应的责任；三是主体间权力的依赖性，相互依赖共同合作才能形成共同决策；四是自主自治的网络体系。②

那么治理理论对我国食品安全的监管有什么启示呢？我们知道，世界各国都面临食品安全的问题，如何有效地治理食品安全也是各国面临的问题。于是各国纷纷探索适合本国的食品安全监管模式。治理理论的出现，为我们探索食品安全的监管提出了新的视角与方法，应该说是食品监管的一种理论更新。

从治理理论出发，食品安全的监管就不应仅仅是政府权力的事，它应该是政府、市场与社会多元主体权力范围的事。但目前，不论是美国，还是加拿大、中国，都将食品安全监管作为政府的重要职责，都设计出了不同的政府监管模式。我国对食品安全监管的主体模式采用一个部门主导，多部门监管的综合监管体制，采用的是"分段监管为主、品种监管为辅"的方式，国家食品药品监督部门"承担食品安全综合协调职责，负责对食品生产经营活动实施监督管理。"其他主体如卫生部门、工商行政管理部门、农业部门、公安部门等在各自职责范围内实施食品安全的管理职责。

政府主导监管食品安全，我们知道，因为政府监管的成本过高问题、

---

① ［英］格里·斯托克. 作为理论的治理：五个论点［M］. 北京：社会科学文献出版社，2000.

② 申建林，姚晓强. 对治理理论的三种误读［J］. 湖北社会科学，2015（2）.

监管部门的利益问题以及政府本身的监管能力问题，食品安全事件频发，食品安全监管就会出现"政府失灵"问题。

当然将食品安全问题交由市场本身来治理也不合适，食品安全的信息不对称，食品生产经营者与消费者所拥有的食品安全信息不对等，食品生产经营者掌握优势的食品安全消息，可能存在滥用的问题，从而造成市场自治的失灵。同样因为食品安全的外部性问题存在，会出现市场上的"劣币驱逐良币"现象，造成"市场失灵"。

如何克服"政府失灵"或"市场失灵"，治理理论有什么贡献？有学者这样评价，治理理论的成功之处便是引入了第三部门的参与，突破了传统的政府和市场二元区分的思维界限，在某种程度上可以有效防范政府与市场双重失灵。①

同时治理理论明确了不同主体在治理过程中的作用，不是以某一主体为主导，或某一主体具有绝对权威或权力，它是多元平等主体的监管，即政府、市场与社会主体在食品安全监管中都具有平等地位，共同协商，以各种制度和规则为依据，防止"政府失灵"与"市场失灵"，从而有效地维护食品安全秩序。因此，引入治理理论，就是在食品安全监管中更新观念，不再强调居高临下的管理，而是政府、市场、社会平等主体的协同治理。

二、治理视野下食品安全监管主体责任的合理设置

根据前面我们对治理理论的考察，我们认为，在食品安全监管中，应当引进市场与社会，特别是第三部门，强化其在食品安全治理过程中的作用。同时在多元主体的监管过程中，多元主体的地位是平等的，不同主体应有合理的权限分工，各主体在行使权力或享受权利的时候，也必须履行

---

① GULATI R. Does Familiarity Breed Trust? The Implications of Repeated Ties for Contractual Choice in Alliances [J]. The Academy of Management Journal, 1995, 38 (1): 85-112.

一定的义务，承担一定的责任。在食品安全监管中，应构建政府、企业（市场）和社会为共同的治理主体。①

（一）政府监管食品安全的责任范围

政府在食品安全监管中具有什么样的责任呢？过去我国的食品安全监管，政府负有独立的监管职能，强调"管理"而不是"治理"，强调"自上而下"而不是"平等"，更缺乏"服务"意识。在食品安全治理过程中，政府只能是食品安全监管的一个主体，它与企业、社会共同治理"食品安全"问题。在我国市场经济发育不健全、食品安全问题复杂多变的情形下，政府在治理食品安全问题过程中作用不可替代，为什么？首先，政府作为食品安全管理强有力的主体，它可以通过加强法制和行政管制等方式严厉惩治失信企业；其次，政府在食品安全管理过程中，掌握着更多、更系统的食品安全信息，对于信息的发布、有效渠道的建立等，政府无疑具有不可替代性；再次，社会主体如消费者对食品安全的呼吁力量归根结底将通过政府力量来实现。② 那么在与其他主体相比较过程中，政府在食品安全监管中的权力主要有哪些呢？政府在食品安全监管中的职能分为这样四个方面：（1）在食品供给方面提供充分信息以维持和强化消费者对食品供应的信心；（2）在食品产业链上提供持续的安全规则和方法，以有助于企业采取有效的食品管理方式；（3）就有关事项对生产者、消费者等相关主体提供有效指导；（4）确保生产者、消费者等相关主体在食品安全方面的权利和责任③。

第一，制定食品安全监管的法律与政策。政府的主要职能是完善食品安全治理的各项制度，明确国家监管食品安全的法律与政策。治理是基于制度与规则的治理，在食品安全监管方面，政府拥有制定制度与规则的权

---

① 朱磊. 应当合理构建食品安全治理体系 [N]. 法制日报，2013-11-19.
② 戎素云. 我国食品安全复合治理机制反其完善 [J]. 财贸经济，2006（5）.
③ 赵翠萍，李永涛，陈紫帅. 食品安全治理中的相关者责任：政府、企业和消费者维度的分析 [J]. 经济问题，2012（6）.

力，对食品安全进行宏观的政策引导、扶持。

第二，制定食品安全标准及其体系。食品安全标准是食品生产、经营等的技术要求，是食品生产经营者的行为规范，政府是国家食品安全标准的制定主体。

第三，对食品生产、经营、流通、销售、消费等过程进行监督。政府根据各机构职能的划分，确定政府各部门在食品安全方面的监管权力，并协调不同监管部门的监督与执法权力。

第四，实行食品安全监管的信息公开。政府在实施食品安全监管过程中拥有相关食品安全信息，它必须与其他治理主体进行信息交流，实现信息公开。"政府治理是通过公共政策进行的……充分与有效的信息意味着确定性，意味着在达成政策目标方面可以有更高的效率。"①

第五，设定法律责任，查处与打击食品安全违法与犯罪行为。查处与打击食品安全违法与犯罪行为，必须是国家公权力的行为，其他主体不拥有此种权力。政府依赖它强大的人、财、物资源，对食品安全的违法犯罪行为进行查处打击，维护食品安全的市场秩序。

（二）市场（食品生产经营企业）监管食品安全的责任范围

食品生产经营企业是食品安全的第一道关口，如果每个食品生产经营企业都是守法经营，产品都符合国家安全标准，那么食品安全问题会从何而来？各国法律都强调企业有一定的社会责任。美国经济开发委员会1971年发布的《商事公司的社会责任》报告指出："企业的职责要得到公众的认可，企业的基本目的就是积极地服务于社会的需要——达到社会的满意。"② 有学者认为，企业除了负有对投资人利益保护责任外，还应对与企业发生各种联系的其他相关者的利益和政府代表的公共利益负有一定的责

① 黄伯平. 政府信息公开与治理现代化——基于典型财政案例的考察 [J]. 地方财政研究，2015 (7).

② [美] 乔治·斯蒂纳，约翰·斯蒂纳. 食品生产经营者、政府与社会责任 [M]. 张志强，译. 北京：华夏出版社，2002：154.

任，即维护企业的消费者、债权人、雇员、供应商、所在当地的居民的利益以及政府代表的税收利益、环保利益等①。这个概念对企业社会责任的界定有点广泛。有学者认为，食品生产经营企业有两类义务或职责：一是依照有关法律法规的要求所须承担的各种责任，这是确保食品对消费者安全无害的基本要求；二是食品生产者向消费者或者购买方承诺的食品所达到的标准所产生的责任。② 我们认为，食品生产经营企业在食品安全问题上至少有这样的责任或义务范围：

第一，提供质量合格的食品，保障消费者的安全。作为食品生产经营企业，其生存与发展之道，就在于为社会消费者提供的食品是合格的、安全的。它不仅是食品生产经营者的生存与发展支柱，也是生产经营企业对社会或消费者所承担的社会责任的底线。

第二，为消费者提供正确的食品信息。在食品生产经营者与消费者之间，信息是不对称的，为弥补这种不对称，食品生产经营者应尽可能为消费者提供正确、全面的食品信息。

第三，履行诚信之职责。食品生产经营者的诚信是实现食品安全的内在保障，只有遵纪守法、诚信经营、严于自律，食品生产经营企业才能从根本上保障食品安全。食品生产经营企业履行诚信之职责，主要是在食品生产经营过程中不得有虚假宣传与造假行为。

第四，履行食品售后服务之责。这是食品生产经营企业生产合格产品的应有之义，在后续服务上，企业有义务让消费者知晓产品的使用及安全，明确缺陷的产品有义务采取一定措施召回。

（三）社会主体在食品安全监管中的责任

食品安全的政府、市场、社会共治，强调食品安全的监管除了政府与

---

① 廖斌，张亚军. 食品安全法律制度研究［M］. 北京：中国政法大学出版社，2013：67.

② 秦利，王青松，佟光霁. 基于多中心合作治理的食品安全问题研究［J］. 农机化研究，2009（3）.

食品生产经营企业以外，消费者以及食品行业协会等第三部门也要负有一定的责任。我国食品安全领域的第三部门包括食品企业行会、食品质量检测协会、食品认证协会、食品风险评估协会等，应在食品安全监管中发挥自己的优势。不同的社会主体在食品安全监管中的责任有所不同，如消费者组织，它负有积极保护消费者权益的作用，在消费者权益受到损害时，它积极与食品生产经营者等协商交流，维护消费者的食品安全权利；对于食品行业协会等第三部门来说，有这样的责任：

第一，加强其成员的食品安全教育，树立企业荣誉感，培养食品生产经营企业的社会责任意识，促进整个食品行业健康发展的同时，保护广大消费者的利益。

第二，引导食品生产经营企业信息的公开。要维护整个食品企业的公信力，发挥其上传下达的作用，积极充当好政府与企业的媒介，加强食品生产经营企业间的信息沟通，加强食品生产经营企业与政府部门的信息沟通。

第三，实现自我监督的功能。作为食品安全的"内部人"，它对食品安全最具有发言权，对食品生产经营企业的食品是否合格、安全有专业的发言权，建立行业规范，加强行业自律。

第四，建立一定的奖励与惩罚机制，保护食品行业的健康发展。

三、关于食品安全监管责任的设置

2015年修订的《食品安全法》在食品安全公共治理上有所突破，对政府、市场、社会在食品安全监管中的责任有了新的设置。这里结合法律文本的规定来考察不同主体对食品安全应当尽到的责任。

（一）关于政府在食品安全监管中的责任

1. 关于政府在食品安全监管中的总体责任的设置

（1）国务院及其各部门食品安全的监管责任。国务院设立食品安全委员会作为食品安全监管的协调机构，落实各部门的监管责任，同时规定食品药品监督管理部门、卫生部门以及国务院其他部门在国务院规定的职责范围内，承担食品安全的监管工作。根据 2013 年国务院发布的《国务院机构改革和职能转变方案》的规定，国家食品药品监督管理总局对生产、流通、消费环节的食品安全和药品的安全性、有效性实施统一监督管理等，国家卫生和计划生育委员会负责食品安全风险评估和食品安全标准制定。农业部负责农产品质量安全监督管理等。

（2）乡镇、县级以上人民政府各部门的食品安全监督管理责任。乡镇、县级以上人民政府各部门建立健全食品安全全程监督管理工作机制和信息共享机制。食品全程的监督管理工作是实现"农田到餐桌"的全程监管，保障食品在任何环节不出现问题；信息共享是监管各部门之间的信息沟通，是各监管部门实现"无缝监管"的基础。

（3）县级以上人民政府的食品安全义务。根据《食品安全法》第 10 条的规定，县级以上各级人民政府有宣传普及食品安全知识的义务；同时根据该法第 13 条的规定政府机关有义务对在"食品安全治理中"做出重要贡献的组织或个人给予一定的表彰与奖励。这一条实际上也是授权条款，国务院食品安全委员会 2011 年 7 月 7 日发布的《关于建立食品安全有奖举报制度的指导意见》，要求全国各省、市、自治区根据本省实际制定食品安全有奖励举报制度。自此之后，全国各级地方人民政府纷纷建立了食品安全有奖举报制度，促进了全社会参与食品安全的治理工作。

（4）有关政府部门的食品安全风险监测与评估职责。《食品安全法》第 14 条提出了各级政府卫生部门会同食品药品监督部门、质检部门开展食品安全风险监测与评估工作。食品安全风险监测制度是食品安全的预防性的前瞻防控体系，食品安全监测，是通过系统和持续地收集食源性疾病、食品污染以及食品中有害因素的监测数据及其相关信息，并进行综合分析和及时通报的活动。①《食品安全法》第 17 条规定，国家建立食品安全风

---

① 廖斌，张亚军. 食品安全法律制度研究 [M]. 北京：中国政法大学出版社，2013：76.

险评估制度。所谓"风险评估是对食品生产、加工、保藏、运输和销售过程中所涉及的各种食源性危害对人体健康不良影响的科学评估"①。

（5）国家有关部门制定食品安全标准的职责。不同的标准由不同的食品安全监管部门来制定。一般的食品安全标准是由国务院卫生行政部门会同国务院食品药品监督管理部门制定、公布；食品中农药残留、兽药残留的限量规定及其检验方法与规程由国务院卫生行政部门、国务院农业行政部门会同国务院食品药品监督管理部门制定；屠宰畜、禽的检验规程由国务院农业行政部门会同国务院卫生行政部门制定。

2. 关于政府各部门具体的食品安全监管责任的设计

（1）关于食品召回工作的监督。国家食品药品管理部门对食品生产经营企业的食品召回工作进行监督。

（2）国家对保健食品、特殊医学用途配方食品和婴幼儿配方食品等特殊食品实行严格监督管理的责任。这种严格的监管主要体现在产品注册、备案、标签说明书有特殊要求等方面。这里主要考虑到特殊食品适合特殊人群的特别需要，不同于一般食品，安全性要求高，因此更需严格监管。

（3）食品检验的职责。食品检测是国家食品安全监管部门的执法行为内容之一，是国家食品安全监管部门实施监管方式与职能的表现形式。

（4）食品进出口方面的管理职责。完善国家食品出品管理部门以及其他食品安全监管部门以食品出口的有关监管职责。

（5）食品安全事故处置中的政府职责，《食品安全法》明确了各食品监管部门以及县级以上人民政府在食品安全事故处置中的责任承担。

（6）建立食品安全信息平台的政府职责。《食品安全法》第118条提出建立统一的食品安全信息平台，实行食品安全信息统一公布制度。该条还明确了不同级别的食品药品监督管理部门统一发布的食品安全信息的范围。第118条、第119条还规定了各食品安全监管部门发布日常监管信息

---

① 李宁. 我国食品安全风险评估制度的落实和实施［J］. 中国食品学报，2014（7）.

的权利等。

（二）市场主体在食品安全监管中的责任

食品生产经营者对其生产的食品安全负责。食品生产经营者应依法经营，遵守诚信，加强自律，保证生产的食品安全、合格，对消费者与社会负责，接受社会监督，承担社会责任。这是对食品生产经营者的社会责任的基本要求。《食品安全法》第 10 条也明确了食品生产经营者有宣传普及食品安全知识的义务。相对于社会广大消费者，食品生产经营者对食品安全的知识理解相对全面而专业，因此，法律不仅赋予食品生产经营企业生产的食品要合格与安全，同时有宣传普及食品安全知识的义务。

食品生产经营企业在国家食品安全标准的基础上制定企业食品安全标准，但这个标准一是要求严于国家食品安全标准；二是仅限于本企业适用，对其他企业不适用；同时这个标准要报省、自治区、直辖市卫生行政部门备案。

食品生产经营企业进行食品生产必须具备《食品安全法》规定的条件，而第 34 条则规定食品生产经营企业禁止从事食品生产经营的范围。

食品生产经营企业要建立食品安全追溯体系。一旦食品发生安全问题，根据该法第 63 条的规定，食品生产经营企业要实行食品召回制度。

食品生产经营者不得做虚假广告，不误导消费者，广告内容应做到真实合法。

（三）社会主体在食品安全监管中的责任

1. 关于食品行业协会、消费者组织在食品安全监管中的责任

对于食品行业协会，应当加强行业自律：第一，依据行业协会的章程制定本行业的规范以及奖惩机制；第二，向政府或消费者等提供食品安全信息、技术等服务；第三，监督与引导食品生产经营者合法经营，推动行业诚信建设；第四，有义务普及或宣传食品安全知识。

2. 新闻媒体在食品安全方面的社会责任

《食品安全法》要求新闻媒体在真实、公正的前提下开展食品安全方

面的知识宣传，并对食品安全的违法行为进行舆论监督。新闻媒体的舆论监督"延伸了我国食品安全监管部门的视角，弥补了相关政府部门常规监督的不足"①。

3. 其他有关社会主体在食品安全监管中的权利与责任

《食品安全法》规定，任何组织或个人都有权举报食品安全违法行为；都有权依据我国政府信息公开的法律要求食品安全监管部门及时、客观、公正地公开其所掌握的食品安全信息；都有权利对食品安全监管部门及其工作提出建议与意见。这一条赋予广大社会主体的权利，实际上是"社会共治"的应有内涵，食品安全的监管不仅仅是政府部门、食品生产经营者的事，也是广大社会主体的责任。

4. 某些特殊的食品安全市场主体的职责

某些特殊的社会主体如集中交易市场的开办者、柜台出租者、展销会举办者、网络食品交易第三方平台提供者在服务过程中发现有食品违法行为的，应当向各级食品药品监督管理部门报告，共同打击食品安全的违法行为。

5. 食品行业协会、消费者组织或者消费者的监督职责

食品行业协会、消费者组织或者消费者可以向有关食品安全的检验机构提出食品检验的要求，是社会主体监管食品安全的权利体现，也是社会治理的内容之一。

四、治理视野下我国食品安全监管责任设置存在的问题与不足

前文通过考察我们得知，2015 年修订的《食品安全法》虽然确立了治理的理念，设计了政府、市场、社会共治"食品安全"的框架，对政府、市场、社会不同类型主体的监管责任初步进行了设置，应该说是我国食品安全规制的重大进步。然而与治理的理念与理论的要求相比较，2015 年修

---

① 程景民，薛贝. 食品安全公共危机的舆论监督 [M]. 北京：光明日报出版社，2013：43.

订的《食品安全法》在食品安全监管的责任设置上仍然存在一些问题与不足：

（一）政府垄断监管资源，市场或社会资源配置不足

从前文考察的情况可以看出，我国《食品安全法》将食品安全的监管责任主要设置在政府主体身上，从而在政府、市场、社会三种力量的资源配置上，更倾向于强调政府的主导，对政府监管食品安全的责任设置过于细密。将本应由市场主体或社会主体承担的监管责任配置给政府，而政府又无法进行全方位有效的监管，从而使得政府监管出现"政府失灵"的问题。

1. 监管不能

监管不能是我国设置政府监管力量不足，无法有效地实现其监管责任。与西方发达国家相比较，我国食品需求旺盛，但食品工业严重滞后，主要表现在：食品工业技术含量低，增长方式粗放；小规模企业多，生产条件比较简陋，无证无照的企业多等。[①] 这样的状况在相当长的一段时期内无法改变。政府尽管设置了严密的监管体系，但根据我国目前的监管体制及食品现实状况来看，监管无力的情形是常见的。

2. 监管内耗严重

我国是实行政府多元主体监管模式，而且形成了"以分段监管为主，以品种监管为辅"的体制。2009 年的《食品安全法》与 2015 年修订的《食品安全法》设立了监管的协调机构即食品安全委员会。然而，当前食品安全委员会是不享有法律规定行政职权的软性临时议事协调机构，因而在实践中它的协调职能是比较弱化的，从根本上不能整合多部门的监管。[②]

3. 监管俘虏

监管部门在食品安全监管过程中因为利益关系，往往会成为被监管部

[①] 詹承豫. 中国食品安全风险治理架构研究 [J]. 标准科学，2009（7）.

[②] 宋强，耿弘. 整体性治理——中国食品安全监管体制的新走向 [J]. 贵州社会科学，2012（9）.

门猎获的对象，或者为了维护本地方、本部门的利益，与被监管对象形成利益共同体，成为"监管俘虏"。比如，我国《食品安全法》设置地方人民政府作为地方食品安全监管的责任主体，但地方政府作为食品安全规制职责的直接承担者由于受到经济利益的驱动，往往被利益关联方俘获，出台的食品安全规制措施在监督缺乏或监督不力的情况下都有可能成为官员以权谋私的工具，导致食品安全规制处于失控的状态。①

单纯由政府作为食品安全监管的责任主体，治理能力有限，治理效率低下，治理责任弱化，正如有学者批评的，现行的食品安全治理模式未能有效治理食品生产经营违法行为，根据治理理论，食品安全的治理只能是"国家、社会、市场上下互动的管理过程，而非运用政府政治权威实行的单一向度的管理"②。

（二）市场主体的自律功能未充分发挥

食品生产经营企业是食品安全的第一责任人，它有义务接受政府部门的监管，有义务建立自己食品的安全保障体系，为社会提供安全、卫生、合格的食品。但是，"对生产商而言，生产的低成本与高收益才是永远不变的话题"③。很多食品安全事件揭示出，食品生产经营者的社会责任感缺失，一些食品生产加工企业在追逐企业利润的过程中一味追求利润最大化，严重侵害了消费者权益。④ 面对我国食品生产经营的现实状况，除了完善制度的监管之外，更重要的强化食品生产经营企业的自律意识，在食品安全监管中发挥它们自己的主体作用。

（三）食品行业组织不发达，监管责任难以实现

食品行业组织如食品行业协会、食品质量检测协会、食品认证协会、

---

① 张红凤，陈小军. 我国食品安全问题的政府规制困境与治理模式重构［J］. 理论学刊，2011（7）.

② ［美］V. 奥斯特罗姆. 制度分析与发展的反思：问题与抉择［M］. 北京：商务印书馆，1992：31-32.

③ 李静. 我国食品监管的制度困境——以三鹿奶粉事件为例［J］. 中国行政管理，2009（10）.

④ 葛慧珍，李娟. 治理理论视野下的食品安全监管问题［J］. 行政与管理，2015（1）.

食品风险评估协会等第三部门组织熟悉行业内部的专业信息，了解食品行业的法律、法规等制度规范，它们可以通过宣传食品安全法律法规以及食品安全操作规则等内容，引导、规范食品行业的生产行为。"日本的经验表明，食品安全与社会组织的监督作用存在高度密切的关系！日本市民通过参加'生协'组织，不仅维护自己的切身利益，而且也促进了日本的整个食品加工行业的行业自律。"① 这种内部监督机制更有效率。然而在我国食品行业组织不发达，发挥的监督作用有限。同时部分行业组织依托政府部门，从而其独立性不够。

（四）消费者参与食品安全的治理机制缺失

相比于食品生产经营者，消费者虽然人数众多，但单个的消费者与食品生产经营者相比较，处于明显的弱势。在食品安全治理过程中，消费者的参与，可以弥补政府监管力量的不足，一方面，消费者能为政府的食品安全监管提供必要信息；另一方面，消费者可对政府部门及其工作人员的执法行为进行监督，避免"权力寻租"与腐败行为的发生。② 但在我国存在消费者维权成本过高，参与食品安全治理的机制缺失，消费者参与治理的积极性难以保障等问题。

（五）治理主体的信息不畅通

治理主体之间的合作治理源于治理信息的畅通，至少在不同的治理主体之间做到信息共享。食品安全多元主体的合作治理，关键是要解决各治理主体的信息对称问题。我国《食品安全法》规定了信息的通报与报告制度。通报与报告是两种不同的制度，食品安全信息的报告是由下级机关向上级机关汇报自己掌握的食品安全信息，而通报制度是指食品安全监管机关向本地方其他对食品安全负有事务管辖权的机关提供食品安全信息。③

---

① 韩丹. 中国食品安全治理中的国家、市场与社会关系 [J]. 社会科学战线，2013（8）.

② 刘广明，尤晓娜. 论食品安全治理的消费者参与及其机制构建 [J]. 消费经济，2011（3）.

③ 孔繁华. 我国食品安全信息内部流通机制探究 [J]. 广东行政学院学报，2012（2）.

2015 年修订的《食品安全法》第 14、16、19、20、32、48、95、100、103、104、113、116、119、145 条规定了政府机构之间的通报制度；该法第 14、16、32、47、61、62、63 条规定了食品安全信息的报告制度。这些规定多为政府监管部门之间的信息沟通，对于政府与市场主体、社会主体之间的信息则很少涉及。在实践中，政府与市场主体之间的信息不畅通、食品生产经营者与消费者之间的信息不畅通、政府与食品行业协会之间的信息不畅通等现象普遍存在，因而合作治理机制难以有效发挥作用。

五、治理视野下我国食品安全监管责任设置的完善措施

尽管 2015 年修订的《食品安全法》确立了食品安全的治理理念，但仍然有待进一步完善，"法律应合理构建一个以政府、企业和社会为共同治理主体，多种治理手段配合使用的食品安全治理体系"①。这是我国以后的《食品安全法》的修订方向及基本指导思想。

（一）政府食品安全监管职能的转变

食品安全的治理离不开政府，也离不开市场与社会，需要正确协调三者之间的关系，构建它们平等协作的治理结构。政府是重要的监管主体，但不是垄断的、单一的监管主体，治理理论的著名学者格里·斯托克五点论中重要一点认为："治理虽不完全依赖于政府权威，但政府可以也应该吸纳新的技术与工具来掌舵和引导。"② 那么这就意味着对政府的食品安全监管职能要有所转变。

1. 弱化政府，发展市场与社会主体

我国传统体制造成了"强政府、弱社会"的治理格局，致使在政府力

---

① 朱磊. 应当合理构建食品安全治理体系［N］. 法制日报，2013-11-19.

② STOKER G. From Government to Governance［M］//BROWN B E. Bernard Brown. Ed. Comparative Politics：Notes and Readings. Beijiing：Peking University Press，2003.

量不断扩张的同时，市场和社会等参与主体受到极大制约。① 政府应主动、积极退出，将应由市场主体或社会主体自主管理的事项交由市场与社会主体管理，建立"有限政府"，弱化政府在社会公共事务治理中的作用，还权与市场与社会。

2. 将微观、具体的管理转化为宏观规制或治理

政府部门不应局限于食品安全微观事务的管理，将市场和社会能够自身解决好的食品安全问题交由市场与社会解决。"政府食品安全管理部门要集中力量重点抓好宏观控制、综合决策，集中力量保证食品安全监督执法到位和公平，真正起到'掌舵'和'导航'的作用。"②

3. 规划设计好不同政府监管部门的职能，做到权责清晰

我国食品安全监管的部门太多，而且职责不清，这会影响到政府监管的效率与效果。我们认为，一是明晰不同监管的职责范围；二是加强不同监管部门之间的协调；三是通过完善政府部门间信息的通报与报告，加强信息共享与沟通。有学者建议我国借鉴日美的监管模式，改进我国的监管思路，值得探索。主要思路为：按照品种监管，精简监管机构。按照品种监管，主要是食用农产品由农业部门监管，除此之外的产品都由食品药品监督管理部门监管（包括生产、流通、进出口、消费餐饮等）。③

（二）完善多主体共同监管的信息共享机制

《食品安全法》第 118 条规定，我国要建立统一的食品安全信息平台，目的是实行食品安全信息统一公布制度。2015 年国务院发布的《2015 年食品安全重点工作安排》，提出我国将建设国家食品安全信息平台，实现"农田到餐桌"全程可追溯。该平台将包括食品安全监管信息化工程、食品安全风险评估预警系统、重要食品安全追溯系统、农产品质量安全追溯

---

① 徐敏薇，蔡滨，柏雪，等. 食品安全多元治理主体功能耦合机制研究 [J]. 中国初级卫生保健，2012（7）.

② 秦利，王青松，佟光霁. 基于多中心合作治理的食品安全问题研究 [J]. 农机化研究，2009（3）.

③ 鲍芳修. 基于整体性治理的食品安全监管体系探究 [J]. 理论导刊，2012（6）.

管理信息平台等。食品安全信息平台要面向全社会开放，并及时进行食物安全信息的披露，满足社会主体的知情权与监督权。①

（三）加强诚信文化建设，推动市场主体自律

文化建设是根本，我国应积极倡导食品行业文化建设，打造企业诚信文化。"食品行业经营者应当将诚信文化作为自己安身立命之本。"② 通过声誉机制激励创新管理制度，保障食品安全。"企业在相关者体系中担当责任的主要途径是'自律'，而企业能否实现自律在很大程度上取决于对长期利益和自身信誉的重视。"③ 另外政府积极支持企业的合作化经营，如建立农村合作社组织，推行食品生产经营的集约化、规模化，树立品牌意识，推行企业食品生产强制责任保险制度等。同时建立健全对违法食品生产经营企业的处罚机制，保障食品行业的健康发展。

（四）加快食品行业组织的孕育，提高其监督职能

我国目前的食品行业组织包括食品行业协会，还存在较强的行政色彩，处于当地政府部门的从属地位，成为主管部门安置退休人员和闲散人员的就业机构④。这不利于我国食品行业组织的发展。我国应确立食品行业组织发展的宽松政策环境，采取一些措施如税收优惠、经费支持等扶持或引导食品行业组织的健康发展。在现有的政策环境下，政府应主动鼓励或引导食品行业协会的发展，培育自我监管的行业力量。⑤

（五）完善消费者（社会公众）食品安全的参与机制

消费者等社会主体是食品安全治理的一支重要力量。我国要建立完善

---

① 李干琼. 食物安全信息共享机制研究 [J]. 安徽农业科学，2007（12）.

② 窦竹君. 食品安全的社会治理 [J]. 石家庄铁道大学学报（社会科学版），2011（3）.

③ 赵翠萍，李永涛，陈紫帅. 食品安全治理中的相关者责任：政府、企业和消费者维度的分析 [J]. 经济问题，2012（6）.

④ 屠世超. 契约视角下的行业自治研究——基于政府与市场关系的展开 [J]. 北京：北京经济科学出版社，2011：150.

⑤ 赵声馗，陈玥. 食品行业协会的食品安全治理功能及其优化 [J]. 理论观察，2013（9）.

消费者参与食品安全的治理机制：第一，畅通消费者参与食品安全监管的渠道。首先要畅通维权渠道；其次要创新消费者参与的形式，拓宽消费者参与的平台；还要组建食品安全监督员队伍，利用群众资源，对食品生产企业形成有力的制约。① 第二，完善食品安全信息的公开机制，监督机制的有效性取决于监督主体对被监督主体的信息掌握程度，消费者能够轻易获得所需要的食品安全信息。第三，完善食品安全有奖举报制度，保护举报人的权利。在举报人的举报信息被无端泄露时，一方面，要调查信息泄露的根源，查处问责；另一方面，要建立举报人的人身、财产的特别保护制度，防止受到不法侵害或其他打击报复。第四，建立食品安全的公益诉讼制度。有学者通过考察认为，"食品安全案件与公益诉讼具有高度的契合性"②，我国应建立食品安全的公益诉讼制度，以保障消费者与食品企业的权利与利益。

（六）建立新闻媒体食品安全的监督功能

新闻媒体在食品安全治理中发挥着重要的作用，很多重大的食品安全事件因为有了新闻媒体的关注，才得到政府部门的关注和解决。新闻媒体的食品安全监督功能无可替代。新闻媒体应结合自身特点，正确发挥舆论引导和监督作用，积极、主动做好食品安全宣传教育工作，为推动食品安全工作营造良好的舆论环境。③

---

① 葛慧珍，李娟．治理理论视野下的食品安全监管问题［J］．行政与管理，2015（1）.
② 李响．食品安全问题的诉讼求解与模式创新——以公益诉讼的视角展开［J］．南京大学学报（哲学、人文科学、社会科学），2013（6）.
③ 卞海霞．整体性治理视野下中国食品安全治理的困境与出路［J］．社科纵横，2013（12）.

第十一章

食品召回制度中不安全食品的认定问题

现今世界上很多国家如美国、日本、加拿大、澳大利亚、新西兰、英国、德国等都建立了食品召回制度，将食品召回作为预防与控制食品安全事件的有效手段与工具。我国也建立了食品召开制度，2015 年修订的《食品安全法》第 63 条确立了我国的食品召回制度。相比于美、日等国家的食品召回制度，我国的食品召回制度才初步建立。在食品召回制度中，很重要的内容就是对不安全食品的认定问题。我国现行食品召回制度还不够成熟，很多制度层面的东西还值得研究，其中重要的一项我们认为就是食品召回制度中不安全食品的认定问题。

一、"不安全食品"的认定为什么重要

2009 年我国将以前的《食品卫生法》修改为《食品安全法》，强化对食品安全的治理。但在这之后，我国仍然有食品安全事件发事，如 2009 农夫山泉"砒霜门"事件、2010 麦当劳"橡胶门"事件、2011 年的上海染色馒头事件和地沟油事件、2012 年的双汇瘦肉精事件和老酸奶果冻事件、2013 年的山东毒生姜事件和湖南的镉大米事件等，这就迫切要求加强立法，完善各种食品安全的监管制度；同时还要加强食品安全的执法、司法与守法。从制度完善的层面看，我国应建立完善的食品召回制度。

食品召回制度最早渊源于缺陷产品召回制度，产生于 20 世纪 60 年代

的美国，最早建立的是汽车召回制度。后来将缺陷产品召回制度进一步延伸扩大，在各国的食品安全法律中也确立了食品召回制度。

我国食品召回制度建立相对比较迟，最早是由地方开始尝试设立。上海2002年制定的《上海市消费者权益保障条例》第33条确立了商品（包括食品）召回制度。2007年国家质检总局制定《食品召回管理规定》，这是我国第一部关于食品召回的部门规章。2009年《食品卫生法》修订为《食品安全法》，并在其第53条中规定了食品召回制度的内容；2015年3月国家食品药品监督管理总局颁布了《食品召回管理办法》并于2015年9月1日正式实施；2015年4月24日全国人大常委会重新修订《食品安全法》，在修订的《食品安全法》第63条仍然保留了2009年《食品安全法》第53条关于食品召回制度的规定。

食品召回，根据国家质检总局2007年制定的《食品召回管理规定》第4条的规定："是指食品生产者按照规定程序，对由其生产原因造成的某一批次或类别的不安全食品，通过换货、退货、补充或修正消费说明等方式，及时消除或减少食品安全危害的活动。"学理上，有学者认为，食品召回是指为保障公众人身安全健康，食品生产商、进口商或者经销商在获悉其生产、进口或销售的食品存在可能危害消费者健康、安全的缺陷时，依法向政府主管部门报告，及时通知消费者，并从市场和消费者手中收回缺陷食品，采取更新、赔偿等积极有效的补救措施，以消除缺陷食品危害或者在政府主管部门颁布缺陷食品强制召回令后，采取补救措施的行为①。我国食品召回方式有两种：一种是企业的主动召回，也就是自主召回；一种是监管部门责令召回。根据不安全食品可能引起的危害来进行分类，有一级召回、二级召回与三级召回。

食品召回在国外是常见的事，2008年6月19日，日本东洋水产宣布，4箱冷冻"蟹粉烧卖"中混入用于包装的塑料托盘碎片，33618箱该产品

---

① 张云，林晖辉. 食品召回之基础理论研究［J］. 中国标准化，2007（12）.

全部召回。2010 年 3 月 19 日，美国麦凯恩食品公司宣布召回冷冻马铃薯产品，原因是其中含有疑似被沙门氏菌污染的黑胡椒①。我国自建立食品召回制度以来，企业主动召回的非常少，寻找各种理由不予召回，除非在外界压力下，由政府监管部门责令召回。比如，2011 年速冻食品中的金葡菌事件②、2012 年山西可口可乐饮料含氯水事件③、2011 年南京雨润火腿肠事件④等。食品生产经营者不愿意主动召回不安全食品，这其中有多种因素，有学者分析"基于我国食品产业的多元化，食品召回制度起步晚等因素，我国的食品召回制度存在着法律体系不完善，监管体系不完善，召回制度和保障体系不健全等一系列问题"⑤。在实际操作中，食品生产经营企业对食品召回也有抵触，"如果企业第一时间公布了召回信息，带来的很可能就是销售的迅速下滑，和对品牌的伤害，等于是搬起石头砸自己的脚，所以没人愿意这么做。而'瞒报'的话，过不了多长时间可能就会大事化小，小事化了，而且监管部门也不会对'瞒报'有什么惩处措施，相比来说，这是最划算的一种做法"⑥。从技术操作的层面上看，食品召回首先要明确"不安全食品"的含义，不论是食品生产经营企业还是食品监管部门甚至是社会公众对"不安全食品"能否达成共识。

---

① 谢朝红．食品召回操作细节待琢磨 ［N］．中国食品报，2011-06-02.
② 2011 年 9 月郑州思念食品有限公司的水饺在北京被查出金黄色葡萄球菌开始，这个小小的病菌开始与速冻产品纠缠不休，三全、湾仔码头、海霸王等众多速冻食品企业相继被卷入这场风波，但企业与监管部门一直没有给予明确的说法。
③ 2012 年 4 月 17 日，媒体曝光可口可乐山西饮料公司因管道改造，致使消毒用的含氯水混入该公司在 2 月 4 日至 8 日生产的 12 万箱可口可乐中。事件发生后，经当地质监部门查证，该公司此前曾向当地监管部门隐瞒了该事件。可口可乐公司此后承认操作失误，但仍强调产品安全，回避召回。当年 5 月 2 日，可口可乐公司称，将用最新出厂的产品为客户和消费者换回 2 月 4 日至 8 日期间的所有产品，相关负责人仍坚称这一举措是"换货"而不是"召回"。
④ 2011 年南京雨润火腿肠被曝出现包装塑料膜和金属卡扣，对此事件，南京雨润声明召回同批次产品，但并未披露具体的操作细节。
⑤ 程景民．食品安全行政性规制研究 ［M］．北京：光明日报出版社，2015：199.
⑥ 李建东．食品召回亟待告别密召、假召 ［N］．中国食品报，2011-12-15.

二、何谓"不安全食品"

建立食品召回制度的很多国家很少采用"不安全食品"的概念，它们常用的是"缺陷食品"概念。"不安全食品"概念是借鉴"缺陷产品"的概念。美国1965年的《侵权法重述》对"缺陷产品"做出这样的界定："产品对使用者或消费者人身或者其财产有不合理的缺陷状态。"《欧洲共同体产品责任指令》第6条将其规定为"产品未能给人们有权期待的安全程度"。我国的《中华人民共和国产品质量法》第46条对产品的缺陷界定为"是指产品存在危及人身、他人财产安全的不合理的危险；产品有保障人体健康和人身、财产安全的国家标准、行业标准的，是指不符合该标准。"

缺陷产品通常可分为三类：（1）设计上的缺陷，是指产品在设计上存在着不安全、不合理的因素，例如，结构设置不合理，设计选用的材料不适当，没有设计应有的安全装置等；（2）制造上的缺陷，是指在产品加工、制作、装配等制造过程中，不符合设计规范，或者不符合加工工艺要求，没有完善的控制和检验手段，致使产品存在不安全的因素；（3）指标上的缺陷，是指在产品的警示说明上或者在产品的使用标志上未能清楚地告知使用人应当注意的使用方法，以及应当引起警惕的注意事项，或者产品使用了不真实、不适当甚至是虚假的说明，致使使用人遭受损害①。

我国2015年修订的《食品安全法》第21、144条使用了"不安全"食品的概念。原国家质检总局2007年制定《食品召回管理规定》与原国家食品药品监督管理总局2015年制定的《食品召回管理办法》都采用了"不安全食品"的概念，但这两个概念界定有一定的差异。《食品召回管理规定》第3条规定"不安全食品，是指有证据证明对人体健康已经或可能造成危害的食品"，而《食品召回管理办法》第2条第2款规定："不安全

---

① 田丽. 论我国缺陷产品召回制度［J］. 经济问题，2007（10）.

食品是指食品安全法律法规规定禁止生产经营的食品以及其他有证据证明可能危害人体健康的食品。"显然，后一个规定将"不安全食品"概念的范围扩大了，增加了"食品安全法律法规规定禁止生产经营的食品"。那么结合我国《食品安全法》规定来看，其第34条规定禁止生产的13种类型的食品，也是属于"不安全食品"的范畴。

"不安全食品"与"缺陷食品"从字面上来看有区别，缺陷食品不一定不安全，不安全食品不一定有缺陷。但从国外使用"缺陷食品"的含义来看，主要是指对人体生命或健康有"不合理的危险"，或者"有证据证明对人体健康已经或可能造成危害"，这样，我国法律法规中所指的"不安全食品"与国外法律中"缺陷食品"具有同样含义。

但是我们知道，我国《食品安全法》还专章规定了"食品安全标准"，那么"不安全食品"是不是就是不符合"食品安全标准"的食品呢？我国《食品安全法》规定了食品的国家安全标准、地方安全标准以及企业安全标准。食品国家安全标准是由国务院卫生行政部门会同国务院食品药品监督管理部门制定、公布；食品安全地方标准是由省、自治区、直辖市人民政府卫生行政部门制定并公布；企业标准当然是企业或企业行业协会组织制定。企业标准应是严于或不低于国家标准与地方标准。我国《食品安全法》第33条规定："食品生产经营应当符合食品安全标准。"那么根据《食品安全法》的规定，不符合"食品安全标准"的食品也属于"不安全食品"的范围。如此，从可操作性角度来看，"不安全食品"包括至少两个尺度：一是国家法律法规明令禁止生产的食品，如《食品安全法》规定的第34条；二是不符合食品安全国家标准、食品安全地方标准以及食品安全企业标准中的任一标准的食品。

然而从各国食品召回制度的实践来看，我们对"不安全食品"的认定还要考虑到：第一，食品至少符合基本的健康与安全标准，不得低于"不安全食品"的两个尺度；第二，产品不安全的发源地是在生产环节，不是发生在流通环节；第三，食品的不安全性具有同一性。"个别的、偶然性的产品缺陷属于私法调整的范畴，只有同一性、系统性的产品缺陷，其危害才会波及人数众多的消费者"①，才有必要建立缺陷产品或食品的召回制度。

三、谁有权来认定"不安全食品"

我们在前文分析过，食品召回有两种方式，一种是企业的主动召回，一种是监管部门责令召回。作为食品生产经营的企业，对自己生产经营的食品是否是"不安全食品"应该是知晓的，但是如果企业的主动性不够或者企业为着自己的利益考虑不愿意召回其生产经营的"不安全食品"时，谁有权对"不安全食品"进行认定呢？

我们先考察一下国外关于"不安全食品"的认定主体。美国采取三元主体监管食品安全的模式，即农业部、人类健康事务部、环境保护署。美国农业部下属的食品安全与检验服务部（FSIS）和动植物健康检验服务部（APHIS）负责肉、禽、蛋及制品的安全、卫生，监督执行联邦食用动物产品安全法规；人类健康事务部下属的食品与药品管理局（FDA）负责其他的食品安全与卫生以及制定畜产品中兽药残留限量标准。环境保护署（EPA）负责饮用水、杀虫剂及毒物、垃圾等方面的安全，制定农药、化学物残留限量法规②。但是美国对食品召回的认定主体是两个，农业部下属的食品安全检疫局（FSIS）和人类健康事务部下属的食品和药品管理局（FDA）。FSIS 主要负责监督肉、禽和蛋类产品质量和缺陷产品的召回，FDA 主要负责 FSIS 管辖以外的产品，即肉、禽和蛋类制品以外食品的召回③。加拿大是采取一元主体的监管食品安全的模式，即加拿大食品检验署（CFIA）监管整个加拿大的食品安全问题，其下设的一个办公室即食品安全和应急召回办公室作为不安全食品的认定主体。澳大利亚也是采用一

---

① 贺光辉. 论我国缺陷产品召回制度的具体构建 [J]. 社会科学辑刊，2007（1）.
② 蒲民. 美国食品安全体系特点分析 [J]. 中国标准化，2006（8）.
③ 张利国，徐翔. 美国食品召回制度及对中国的启示 [J]. 农村经济，2006（6）.

个主体的监管模式，其食品标准局负责监管食品安全问题，澳食品标准局"在中央设立召回行动协调官，在州或者地区设立协调员，将负责食品安全管理的不同部分协调起来，使各相关职能部门职责明确，有效执行相关法律法规"①。其他一些国家尽管有多个监管主体，但对"不安全食品"认定上也多采用一个主体模式，如英国的食品标准局，德国的食品召回委员会，新西兰的食品安全局，我国香港地区的卫生服务及食物局下属的食物环境卫生署等。

我国采用是多元主体的监管模式，我国《食品安全法》就规定了这样一些主体监管食品安全问题，《食品安全法》第5条规定国务院食品安全委员会、国家食品药品监督管理部门、工商行政管理部门作为监管主体，还有其他监管主体如农业部门（第19条）、标准化部门（第27条）、国家出入境检验检疫部门（第91条）、公安部门（第121条），其他还包括如工商行政管理部门、环保部门等。这是多元监管主体，但是对于食品召回的监管主体是谁呢？

根据我国《食品安全法》第63条第4款、第5款的规定来看，食品召回的监管主体应是国家食品药品监督管理部门。这与我国2009年《食品安全法》的规定有所差异。2009年的《食品安全法》第53条第4款规定"食品生产经营者未依照本条规定召回或者停止经营不符合食品安全标准的食品的，县级以上质量监督、工商行政管理、食品药品监督管理部门可以责令其召回或者停止经营。"如此看来，2009年的《食品安全法》确立了三大主体为食品召回的监管体，也就是说这三个部门可以作为"不安全食品"的认定部门。这样的规定就可能出现这样的状况：要么是多头认定，要么是无人认定。那么，不同的监管部门出现认定不一致时应如何处理呢？法律没有提供解决方案。在2009年《食品安全法》通过之前，2007年原国家质量监督检验检疫总局就出台了《食品召回管理规定》，但

---

① 王菁，刘文. 国外食品召回制度的现状与特点以及对我国的启示 [J]. 食品科技，2007（12）.

只能约束本部门，不能约束其他两个部门。2015 年修订的《食品安全法》就有了很大的进步，将食品召回的监管主体仅赋予了国家食品药品监督部门，具体来说，国家食品药品监督管理总局负责全国范围内食品召回的管理，即行使全国范围内的"不安全食品"的认定权；省级食品药品监督管理部门负责全省范围内食品召回的管理，即行使全省范围内的"不安全食品"的认定权；县级食品药品监督管理部门负责全县范围内食品召回的管理，即行使全县范围内的"不安全食品"的认定权。

县级以上食品药品监督管理部门作为"不安全食品"的认定主体，享有"不安全食品"的认定权。这个认定权还应包括"不安全食品"的等级认定权。从世界各国的食品召回制度来看，召回的食品从其危害程度、风险等级划分为不同的等级。美国将食品分为这样三个等级"第一级是最严重的，消费者食用了这类食品将肯定危害身体健康，甚至导致死亡；第二级是危害较轻的，消费者食用后可能不利于身体健康；第三级是一般不会有危害，消费者食用这类食品后不会引起不利于健康的后果"①。加拿大、澳大利亚等国家也将食品召回分为三个等级。

我国《食品召回管理办法》第 13 条也规定了食品召回的三个等级或级别，分别是一级召回、二级召回、三级召回②。在企业不愿冒风险或试图减少风险，对食品召回的等级认定不符合实际时，应由我国相应的食品药品监督管理部门做出食品召回等级的认定，以保护广大消费者的人身健

---

① 张利国，徐翔．美国食品召回制度及对中国的启示［J］．农村经济，2006（6）．
② 该条规定："根据食品安全风险的严重和紧急程度，食品召回分为三级：（一）一级召回：食用后已经或者可能导致严重健康损害甚至死亡的，食品生产者应当在知悉食品安全风险后 24 小时内启动召回，并向县级以上地方食品药品监督管理部门报告召回计划。（二）二级召回：食用后已经或者可能导致一般健康损害，食品生产者应当在知悉食品安全风险后 48 小时内启动召回，并向县级以上地方食品药品监督管理部门报告召回计划。（三）三级召回：标签、标识存在虚假标注的食品，食品生产者应当在知悉食品安全风险后 72 小时内启动召回，并向县级以上地方食品药品监督管理部门报告召回计划。标签、标识存在瑕疵，食用后不会造成健康损害的食品，食品生产者应当改正，可以自愿召回。"

康。这里的标准不好把握，如果在食品安全事件发生时，根据它所造成的结果可以直接判断它是否会导致严重健康损害还是一般健康损害的情况，但如果是在食品安全事件未发生时，如何判断食品"可能导致严重健康损害还是一般健康损害的"的情形？这值得探讨。

四、如何来认定"不安全食品"

各国对食品召回都建立了相对完善的可操作的召回程序规范，以实施食品召回。如美国采用四个步骤进行"不安全食品"的召回：企业报告；农业部食品安全检疫局或食品药品管理局做出评估报告；制定召回计划；召回计划的实施。澳大利亚实施食品召回程序也包括四个环节：制定食品召回计划；启动食品召回；实施食品召回；食品召回完成评价。我国也大致遵循这样的食品召回程序：制定食品召回计划；发布食品召回公告；实施召回；召回食品处置等。

然而上述是一般性的食品召回程序，那么在食品召回程序中，对"不安全食品"的认定程序是如何确定的呢？实际上"不安全食品"的认定程序决定了食品召回程序的运行，可以说，"不安全食品"的认定程序是食品召回程序的前置程序，没有这种程序，食品召回程序运作不起来。因此，这种"不安全食品"认定程序还是非常重要。

前文我们说过，很多国家对"不安全食品"的召回采用两种方式：一是企业主动召回；一种是监管部门责令召回。在企业主动召回的情况下，一些国家明确由企业来认定其自己生产经营的食品是否为"不安全食品"，并采取相应的召回程序，如欧盟就规定："如果一个食品经营者认为或有理由相信所经销的、或生产加工的食品不符合食品安全要求，则应立即启动召回程序，并通过发布追溯缺陷产品所需的有关信息，从有关市场上召回这些产品。"① 当然政府的监管部门只是起配合与监督作用，企业的自主

---

① 杨明亮，赵尢. 发达国家和地区食品召回制度概要及其思考［J］. 中国卫生监督杂志，2006（5）.

认定很重要。不过，我们前文分析过，一些食品企业诚信不够，怕影响自己企业形象或对企业声誉有损害，自身对"不安全食品"认定不太准确，或降低等级确认，损害社会公众或消费者的利益。这种做法并不是很好，规范做法还是政府监管部门进行认定比较客观与公正。

美国、加拿大、德国对食品召回的"不安全食品"的认定，则是由政府监管部门依据职权来确认的。不论是企业的主动召回，还是责令召回，"不安全食品"是政府监管部门依据一定的程序来确认的，基本上包括这样几个环节：

（一）获悉"不安全食品"的信息

政府监管部门获悉"不安全食品"的信息，这个信息可能来自企业的主动汇报，也有可能是来自社会公众的举报，还有可能是来自政府在监管过程中的发现，甚至是从食品安全诉讼过程中得知。通常企业在生产经营过程中如发现可能存在"不安全食品"时应在第一时间内向政府监管部门报告，如美国就规定，食品的生产商、进口商或者经销商在发现其生产、进口或经销的食品存在关系到大众安全的问题时，在掌握情况后24小时内向 FSIS 或 FDA 提交问题报告。

（二）企业提交问题报告

食品生产经营企业在获知其生产经营的食品可能存在"不安全食品"时，应向政府监管部门提交问题报告。政府监管部门在得知食品生产经营企业的"不安全食品"信息时，也会要求企业在一定的时间内提交问题报告。在美国，"企业提交报告，并不表示一定召回产品，是否需要召回，由 FSIS 或 FDA 专家委员会根据危害的评估报告来判断"①。

（三）政府监管部门组成专家委员会进行食品的危害性评估

政府监管部门接到企业提交的问题报告后，组成专家委员会对"不安全食品"及其危害性程度进行评估。评估的内容包括，食品是否存在"缺

---

① 张利国，徐翔．美国食品召回制度及对中国的启示 [J]．农村经济，2006（6）．

陷"或"不安全";食品存在"不合理危害"的程度,是否需要召回,食品召回等级的确定,还要根据食品上市时间的长短、食品市场的数量、流通的方式以及食品消费者群体的资料等来评估"不安全食品"可能危害的程度。

一般政府监管部门都拥有专门的人员或技术,对"不安全食品"及其危害程度做出认定。很多国家在政府监管部门建立专门委员会履行这样的职责。在美国,"为了使召回制度行之有效,FDA 和 FSIS 分别设有'食品召回辩论委员会'和'食品召回委员会',委员会由科研人员、技术专家、现场检验人员和执法人员组成。他们对所提出的健康危害问题进行评估,并确定召回级别"①。其他如德国也建立了专门的"食品召回委员会"等。

（四）政府监管部门发布评估报告

政府监管部门委托专家进行评估以后,专家提交评估报告或评估专家意见书,政府监管部门认真审核评估报告或专家意见书,确认食品是否存在"缺陷"或"不安全"以及不安全的等级（即食品召回的等级）,做出是否进行召回的决定。政府将评估报告送达企业并要求企业尽快提交召回计划书,实施"不安全食品"的召回工作。

我国《食品召回管理办法》没有对食品认定程序进行规定,它只是规定企业对"不安全食品"要进行主动召回,在不主动召回的情况下,国家食品药品监督管理部门才责令召回。该规章第 14 条第 2 款规定:"县级以上地方食品药品监督管理部门收到食品生产者的召回计划后,必要时可以组织专家对召回计划进行评估。评估结论认为召回计划应当修改的,食品生产者应当立即修改,并按照修改后的召回计划实施召回。"这里提到"必要时",到底如何判断,值得思考。我们认为,企业可以认定"不安全食品",但政府监管部门必须对其认定进行审核,一方面这是政府监管部门的监管职责;另一方面是维护食品安全的社会形象,让企业放心,让社会公众或消费者放心。另外,这里审核或评估"召回计划",我们认为应

---

① 杨明亮,赵亢.发达国家和地区食品召回制度概要及其思考 [J].中国卫生监督杂志,2006（5）.

当包括对"不安全食品"危害风险的认定。

借鉴美国、加拿大等国家的合理做法，我们认为，我国"不安全食品"的认定应加强政府监管部门的责任，同时规范政府监管部门对企业"不安全食品"的认定程序。

五、改进我国"不安全食品"认定的几点措施

我国《食品安全法》规定了食品召回的基本制度，国家食品药品监督管理总局出台了《食品召回管理办法》，但是在"不安全食品"认定上还需要进一步完善：

（一）食品生产经营企业"不安全食品"的认定须接受食品药品监督管理部门的监督

在企业主动召回"不安全食品"的情况下，企业应向食品药品监督管理部门报告，国家食品药品监督管理部门应对企业关于"不安全食品"的认定及其风险等级进行复核，这是我国食品药品监督管理部门应尽的监管职责。在责令召回的情况下，食品药品监督管理部门应明确告知企业的"不安全食品"的认定依据、范围及风险等级，并严格审查企业报送的召回计划书，如果与"不安全食品"认定的事实等不符，应责成企业尽快改正，同时各级食品药品监督管理部门应监督其召回计划的实施。

（二）建立完善的国家食品安全标准体系

《食品安全法》规定了食品生产经营企业禁止生产的食品（该法第34条），另外也规定了食品生产经营企业生产经营的食品要符合国家食品安全标准，有食品安全国家标准必须要符合食品国家安全标准，没有食品国家安全标准，有地方标准的，食品必须符合地方标准。如果食品国家安全标准与地方安全标准都不具备，那么企业应有自己的标准，这种标准要严于或高于国家标准或地方标准。在很多国家，"食品安全标准是确立食品

是否应该被召回的基本技术依据"①。在我国新的《食品安全法》实施之际，我们认为，一方面对现有的食品安全标准进行清理；另一方面要借鉴国外的食品标准体系，尽快建立完善的国家食品标准体系。

（三）建立我国的食品溯源制度

根据国际食品法典委员会和国际标准化组织的定义，食品溯源是指通过登记的识别码，对食品或食品的生产、经营等行为的历史和使用或位置予以追踪的能力②。完善的食品溯源制度是有效实施食品召回的前提与关键。欧洲各国对食品的可追溯制度越来越重视，建立了从生产、加工到流通各个阶段的连续的信息追踪系统，"电子身份证""家谱"等的广泛应用，记录保留了从初级产品到最终消费品各个阶段完整的信息资料。一旦出现食品安全问题，就能立刻找到问题根源以及问题链，极大地提高了食品召回的效率和效力③。美国规定：与生产食品及动物饲料产品相关的单位，包括生产者、加工者、包装者、分销者、接受者、持有者及进口商都应及时建立记录档案。内容包括单位名称、负责人、食品及动物饲料产品的直接来源或去处；尽量提供负责人的地址、电话及传真号码、E-MAIL地址；食品的种类包括商标和特性；接受或发出的时间；数量和包装类型；运输者的地址、电话及传真号码、E-MAIL地址等④。我国现在食品生产经营规模小、比较分散，即使是一些大的食品生产经营企业，对这种溯源系统重视不够，一旦发生食品安全事件，食品召回就很难具有操作性。不仅如此，对企业以及政府监管部门来说，对"不安全食品"的认定标准、扩散的范围甚至风险的等级确认都带来一定的困难。因此，应呼吁

---

① 张俊霞，李春娟.《食品安全法》之食品召回制度适用研究 [J]. 法学杂志，2010 (9).
② 臧冬斌. 食品安全法律控制研究 [M]. 北京：科学出版社，2013：235.
③ 袁健群，叶桦，丁宪，等. 部分发达国家和地区食品召回制度的现状及其思考 [J]. 中国食品卫生杂志，2007 (6).
④ 孙晋. 我国食品召回制度完善之法律思考 [J]. 武汉理工大学学报（社会科学版），2008 (4).

我国食品生产经营企业尽快建立完善的食品溯源制度，实现从"农田到餐桌"的全程动态监控。

（四）建立第三方的独立认定与检测机构

虽然我国各级食品药品监督管理部门具备检测的专门人员和技术，但是还应尽可能实行"执行主体与检测主体相分离"的原则，一来实现检测结果的客观、公正；二来保障食品监管主体的公正执法。"设立独立、公正、权威的检测机构，成立专门的产品检测中心，制定产品质量检测认定标准，对产品缺陷是否构成召回程度独立发表意见，允许生产商、销售商在合理期限内提出质疑并进行听证。依听证结果，由专门的执行机构，如质检局强制召回。"①

（五）建立我国关于"不安全食品"的认定程序制度

根据《食品召回管理办法》的规定，我国基本上建立起了食品召回的程序制度，但是对食品召回程序的每一个环节还应进一步完善，如食品召回中关于"不安全食品"认定程序的规定，可以借鉴欧美国家的一些做法，设置四个基本环节：首先是政府监管部门获知"不安全食品"的信息。在这个环节，要扩大社会公众的参与，支持社会公众对"不安全食品"的举报，同时鼓励企业要保障自己生产经营的食品不损害人身健康或安全，发现"不安全食品"应及时向监管部门报告；其次是企业提出"不安全食品"的问题报告，主要是涉及"不安全食品"生产时间、销售的范围、食品的外在包装、食品可能会对人的健康或安全的危险或风险程度；再次是政府监管部门委托第三方或专门的食品专家委员会对"不安全食品"及其风险程度做出认定，并做出是否召回的决定，提交评估报告书；最后是由政府监管部门向企业送达"不安全食品"评估报告书，监督企业实施"不安全食品"的召回工作。

（六）建立我国"不安全食品"统一的信息系统

各国一般根据自己的国情建立统一、规范的信息发布系统，以监督食

---

① 田丽．论我国缺陷产品召回制度［J］．经济问题，2007（10）．

品生产经营企业的食品召回活动。例如，美国建立了召回事业系统（RES）。RES 通过提供一个可查询、追溯与召回行为相关的信息数据库，协调召回现场工作人员和召回中心人员之间的工作，是提高召回工作效率的操作平台①。2009 年《食品安全法》第 72 条第 4 款规定："做好信息发布工作，依法对食品安全事故及其处理情况进行发布，并对可能产生的危害加以解释、说明。"但我国《食品召回管理办法》没有规定建立食品召回的信息平台或系统。我们认为，应在各级国家食品药品监督管理部门建立食品召回的信息平台，及时发布有关"不安全食品"信息，及时跟踪"不安全食品"召回的状况，不仅要督促食品生产经营企业完善实施食品召回工作，也要告知消费者并监督企业的食品召回工作。

---

① 王菁，刘文. 国外食品召回制度的现状与特点以及对我国的启示［J］. 食品科技，2007（12）.

第十二章

食品安全举报制度中的举报人的权利保护

《第一财经日报》2015 年 2 月 3 日刊文提出，我国千万食品安全举报奖为何发不出?① 文章指出："3 年过去了，全国各地政府设立的总额上千万百万元的食品安全举报奖金，却依然没怎么动过。在贵州，300 万元的食品安全举报奖励专项资金，去年仅奖励出去 10 万元，前年也不过 20 万元；在广东佛山，100 万元的专项奖金在去年底也只奖励出去 10 万元。"记者调查发现，奖金发不出去是普遍现象，有些地方甚至分文未发出，"比如 2012 年福建省设立的 500 万元专项资金在当年未发出去一笔。"食品安全事件举报奖励制度是一项好的制度，但这种好的制度为什么不能发挥好的作用呢? 是我国食品安全事件越来越少了吗? / 近几年每年都会发生一些重大食品安全事件，否则 2015 年 4 月 24 日号称"史上最严的《食品安全法》"不会修订出台。那么我们就得反思我们现行的食品安全举报奖励制度是否设计合理，有哪些地方不合理。这里我们想探讨食品安全事件举报中举报人的权利保护问题，试图揭开我国食品安全事件举报奖励制度可操作性不强、实施效果差的根源。

一、食品安全有奖举报中举报人的权利基础

2015 年 4 月 24 日第十二届全国人大常委会第 14 次会议修订通过了

① 陈益刊. 千万食品安全举报奖为何发不出［N］. 第一财经日报，2015-02-03.

《食品安全法》，并自 2015 年 10 月 1 日起施行。2015 年修订的《食品安全法》在很多方面有所完善，比如奖励制度。2009 年的《食品安全法》第 10 条明确了举报行为，但对奖励未有涉及。2015 年修订的《食品安全法》不仅鼓励"任何组织或者个人有权举报食品安全违法行为"，而且增加了"对在食品安全工作中做出突出贡献的单位和个人，按照国家有关规定给予表彰、奖励。"这是一个进步，从国家法律层面确立了食品安全事件举报奖励制度。

实际上关于食品安全事件举报奖励制度，地方上早已有所探索。2003 年 11 月，为实施"食品放心工程"，强化打假治劣力度，牡丹江市设立"食品举报奖励专项基金"；2005 年 1 月，南京市试行放心食品有奖举报制度①。此后全国各地陆续建立食品安全有奖举报制度。2011 年 7 月 7 日，国务院食品安全委员会办公室下发《关于建立食品安全有奖举报制度的指导意见》，指导意见从"充分认识实行食品安全有奖举报的重要意义""建立健全有奖举报工作机制""奖励资金来源和奖励标准""明确有奖举报范围""加强对有奖举报工作的组织领导"等五个方面倡议各地建立规范的食品安全有奖举报制度，全国各省市根据该指导意见对食品安全有奖举报进行了规范，如山东省出台了《山东省食品安全举报奖励办法（试行）》、广东省出台《广东省食品安全举报奖励办法》等。

"举报"一词最早在法律文本中出现是 1996 年的《中华人民共和国刑事诉讼法》（以下简称《刑事诉讼法》），它将 1979 年《刑事诉讼法》的"检举"都修改为"举报"。因此，在法律文本中，"举报"一词的含义与"检举"一词含义一致。举报是公民的一项权利，还是一项基本权利。我国《宪法》第 41 条规定了公民的申诉、控告与检举的权利。不过这一条主要是针对国家机关及其工作人员，行为对象是"国家机关和国家工作人员的违法失职行为"。虽然在食品安全事件举报过程中，食品安全监管部

---

① 徐景波. 推行"隐名举报"制度［N］. 中国医药报，2012-07-02.

门及其人员的失职行为当然可以成为公民的申诉、控告或检举的对象。举报权还是一种宪法权利、一项基本权利，"举报权的基本权利地位是作为权利主体的公民在政治国家中的地位、意义和作用决定的，从内容上说，举报权体现了权利对权力的监督与制约，而权力监督和制约权力则是现代代议制间接民主的主要特点"①。我国在相关的法律中确立了举报是公民的权利，2015 年修订的《食品安全法》第 12 条明确规定："任何组织或者个人有权举报食品安全违法行为"（这种规定在 2009 年的《食品安全法》第 10 条有规定）。《中华人民共和国消费者权益保护法》除规定消费者的监督权外，在其第 15 条第 2 款规定："消费者有权检举、控告侵害消费者权益的行为和国家机关及其工作人员在保护消费者权益工作中的违法失职行为，有权对保护消费者权益工作提出批评、建议。"我国《中华人民共和国行政监察法》② 第 6 条也规定了监察举报制度，对国家机关及其工作人员违反行政纪律的行为进行监察举报制度。我国《刑事诉讼法》第 110 条规定了刑事举报制度，即"任何单位和个人发现有犯罪事实或者犯罪嫌疑人，有权利也有义务向公安机关、人民检察院或者人民法院报案或者举报。"如果食品安全事件上升到违法犯罪的程度，任何单位或个人有权利向有关机关报案或举报。

我国食品安全有奖举报中举报人的权利行使的实践依据，一是食品安全监管部门监管资源不足，无法进行有效与全面监管。我国食品生产经营企业数量多、监管难度大，又加上我国现行食品安全监管体制是实施"多元监管、分段监管"的体制，监管可能会出现多头监管与无人监管的局面，从而无法有效杜绝食品安全事件的发生。二是社会公众是食品的直接消费者，对食品安全有直接感受。从治理理论来看，一方面，社会公众也

---

① 王欢，金圣春. 论我国举报人权利的立法保护 [J]. 广州大学学报（社会科学版），2011（1）.
② 2018 年 3 月 20 日第十三届全国人民代表大会第一次会议通过《中华人民共和国监察法》，同时《中华人民共和国行政监察法》废止。

是食品安全的治理者，对食品安全治理起着重要作用；另一方面，社会公众本身是食品安全的监督者。"在现实生活中，政府监管总是越位与不到位并存。另外，政府监管经费有限与监管成本过高并存；监管信息有限与监管者被收买并存；造成监管力量不足与监管休眠，即监管失灵，一些违法行为得不到有效制裁。有奖举报制度恰好可以通过挖掘消费者自我保护的内在动力与获取奖励的外在激励，充分发挥其制衡作用。""有奖举报制度最适合于政府监管失灵的领域。"①

二、食品安全有奖举报中举报人的权利结构

不论是国务院发布的食品安全有奖举报的意见，还是各地制定的食品安全有奖举报的规定或办法，都只是对举报奖励机制做了较为完善的规定，但对于食品安全有奖举报的举报人权利没有做出规定，那么举报人享有哪些权利呢？

我国尚没有对食品安全有奖举报中的举报人的权利做过专门研究，但对刑事犯罪案件举报人即刑事举报人的权利进行了考察。认为刑事举报的举报人有以下权利：举报人可以自由地选择举报方式；举报人有权拒绝直接充当证人；署名举报人具有优先知情权；署名举报人有申请或获得保护的权利；署名举报人有将功补过的权利；举报人有获得报酬与补偿的权利②。还有学者认为，举报人有这样的一些权利：举报权；举报方式选择权和要求保密权；督促查办的权利；获得补偿和奖励的权利；提起行政诉讼的权利③；有学者结合 1997 年的《行政监察法》规定，认为举报人有如下权利：（1）对党员、党组织和国家行政机关及其工作人员和国家行政机关任命的其他人员违法乱纪的行为有权提出检举、控告。（2）党员对所受

---

① 孙效敏.《食品安全法》中不可或缺有奖举报制度［N］. 中国食品报，2013-12-04.

② 汤啸天. 举报人的权利与我国《举报法》的制定［J］. 人民检察，2004（1）.

③ 王有强，董红. 完善我国举报制度的几点思考［J］. 经济与社会发展，2005（11）.

党纪处分或纪律检查机关所做的其他处理不服，有权提出申诉，要求复议、复查。（3）提出检举、控告、申诉后，在一定期限内得不到答复时，有权向受理机关提出询问，要求给予负责的答复。（4）有权要求与检举、控告、申诉案情有关或有牵连的承办人员回避。（5）对受理机关及承办人员的失职行为和其他违纪行为有权提出检举、控告。（6）因进行检举、控告、申诉，其合法权利受到威胁或侵害时，有权要求受理机关给予保护①。

　　我国食品安全有奖举报与刑事举报、行政监察举报有所不同：第一，举报对象不同。食品安全有奖举报主要针对食品生产、经营企业的食品违法或犯罪行为；但刑事举报仅针对犯罪行为，它不限于食品安全领域的犯罪行为，其他任何领域的犯罪行为都可以成为刑事举报的对象；行政监察举报主要是针对国家行政机关及其人员的行政违纪行为。第二，接受举报的机关有所不同。食品安全有奖举报的接受机关主要是食品安全监管机关，如国家食品药品监督部门、工商行政管理部门、农业行政管理部门等；刑事举报的接受机关是公安局、人民法院和人民检察院；行政监察举报的接受机关是党和国家的纪检检察部门。第三，适用法律依据有所不同。食品安全有奖举报主要适用《食品安全法》《农产品质量安全法》等，在食品犯罪案件中要适用《中华人民共和国刑法》；刑事举报的法律依据主要是《中华人民共和国刑法》与《刑事诉讼法》。因此，虽然刑事举报人的权利与行政监察举报人的权利理论可能为食品安全有奖举报人的权利构建有所借鉴，但还是有一定差异。我们认为，食品安全有奖举报中举报人的权利有：

　　（一）自由选择举报方式的权利

　　"举报方式的选择权是指在举报权行使过程中，采用匿名还是署名；书面还是口头形式，由行为人自由选择，而且任何一种形式均能产生相应

---

　　① 邱成，许鹤．举报人有哪些权利和义务［N］．吉林日报，2003-02-16.

的法律效力。"① 食品安全事件举报方式通常有三种，一种是实名举报；一种是匿名举报；一种是隐名举报。"隐名举报是实名举报和匿名举报之外的第三种举报方式，即凡是举报人认为其举报行为可能损害自身安全的，可以不提供真实姓名或名称，但要提供其他能够辨别其身份的信息，或采用书面委托的形式，委托他人代为申请、领取奖励。"② 但考察各地制定的有关食品安全有奖举报制度来看，主要是两种方式，即实名举报与匿名举报，但通常鼓励"实名举报"。我们认为，采取何种方式，举报人有自己的衡量，我们应尊重举报人自己的选择。

（二）要求对举报信息的保密权

举报人就有关食品安全事件向食品安全监管部门举报时，食品监管部门应举报人的要求有对举报信息进行保密的义务。不得向监管部门执法人员以外的人透露任何被举报的信息，不得向任何部门或个人泄露举报人的个人信息，在食品安全执法过程中，举报人有拒绝出面作证的权利。食品安全有奖举报的举报人，不是食品违法犯罪行为的人，没有作证的义务。

（三）督促执法的权利

举报人向食品安全监管部门举报以后，监管部门经初步审核，认为举报事实可能成立，监管部门应立即实施执法职权，举报人有足够理由认为执法部门没有立即采取措施，可以要求执法部门尽快采取措施，并根据法律法规的相关规定，监督执法部门的执法活动。

（四）执法知情的权利

举报人享有食品安全执法的知情权，包括执法进行到什么阶段，食品查处的数量、规模以及执法部门在执法过程中采取的具体措施。因为很多地方的食品安全有奖举报制度将奖励与涉案的货值联系在一样，关系到举报人的利益。如山东省根据举报情况设立了四个等级的奖励，分别按涉案

---

① 王欢，金圣春. 论我国举报人权利的立法保护 [J]. 广州大学学报（社会科学版），2011 (1).

② 徐景波. 推行"隐名举报"制度 [N]. 中国医药报，2012-07-02.

货值的 8%—10%；5%—7%；2%—4% 和 1% 的比例进行奖励。这样，举报人有权利了解食品安全的执法进展及具体措施，获悉涉案货值的情况。

（五）申请回避权

我国三大诉讼法都规定了法庭审判中法官的回避问题。在食品安全有奖举报中，如果举报人认为，监管部门的组成人员与被举报的案件有一定关系，可以向监管部门提出让该人回避的权利。举报人的申请回避权也是为了保障案件客观公正地执行。

（六）获得保护的权利

举报人在举报以后，认为自己的人身、财产以及近亲属的人身与财产受到威胁，可以向监管部门寻求保护，监管部门无力行使保护权利时可以向公安机关寻求保护，有效保护举报人的人身与财产权利，防止举报人的人身与财产受到被举报人或者其他人员或组织的侵害。

（七）获得奖励与补偿的权利

举报人冒着一定的风险，付出了一定的劳动，根据食品安全有奖举报的制度规定，他有权根据相关的制度规定向有关国家机关依据一定程序申请获得奖励或补偿的权利。国家设立有奖举报制度的目的是激励更多的人与食品违法或犯罪行为做斗争，国家有关机关在举报人经有关程序申请符合奖励制度的规定，应当有义务向举报人兑现奖励。

（八）获得救济权

按《现代汉语词典》的解释：救济是指"用金钱或物资帮助灾区或生活困难的人。"[1] 这种一般意义上的救济，指的是人们在生活困难的情况下所获得的社会上的一种物质上的帮助，是社会给弱者的一种物质救助行为。这里指的是法律救济的权利，法律救济是利益受损失或侵害的情况下，受损害方为补救利益损失而采取的弥补或补救的措施。举报人享有法律救济的权利，即在自己的利益没有得到满足或受到损害时，有根据法律

---

[1] 中国社会科学院语言研究所词典编辑室. 现代汉语词典 [M]. 7版. 北京：商务印书馆，2016：700.

规定享有向国家特定机关救济的权利，如申诉、行政复议、诉讼等。

三、我国食品安全有奖举报中举报人权利保护的缺陷与不足

从法理角度讲，一方的权利必须是另一方的义务，在食品安全有奖举报中，举报人的权利就必须呈现为举报接受机关的义务以及被举报人的义务；同时在行使权利时也是以一定的义务为前提。

我们先来看看举报接受机关以及被举报人的义务，在食品安全事件中，更多的是举报接受机关的义务，除非举报人明确举报信息公开，被举报人知晓，被举报人也有负有一定的义务即不侵害举报人的权利。那么对于监管机关来讲，举报人的权利有：自由选择举报方式的权利；要求对举报信息的保密权；督促执法的权利；执法知情的权利；申请回避权；获得保护的权利；获得奖励与补偿的权利以及获得救济权。与此相对应的，举报接受的国家机关有如下义务：有义务接受举报人选择何种方式举报；有义务对举报信息保密；有义务在合理时间启动执法程序；有义务接受回避或自己主动申请回避；有义务为举报人提供保护；有义务对举报人给予奖励或补偿；有义务为举报人提供法律救济。

同时，举报人在享受举报权利时，也必须履行一定的义务。有奖举报的举报人，在我国现有的食品安全有奖举报制度中，确定有一定的范围，也就是有一定主体资格的人才能称为举报人。通常，食品药品监督管理部门工作人员及其直系亲属、假冒伪劣产品的被假冒方及其委托代理人或利害关系人不能作为享有奖励权利的"举报人"。享有奖励权利的举报人除有一定的资格权利外，还必须遵守以下法律义务：一是举报人不得捏造事实诬告他人；二是举报人不得弄虚作假骗取奖励。如果违背以上法律义务的举报人，不仅不能得到奖励，还须承担一定的法律责任，情节严重触犯刑法的，要承担刑事责任。

如此，在食品安全有奖举报中，举报人行使举报权利后，国家监管机关就负有积极保护举报人权利的义务，但在实践中还会出现以下侵害举报

人权利的现象：

（一）拒绝接受匿名举报或推诿举报

在食品安全有奖举报中，接受举报的机关通常重视实名举报，对匿名举报不接受或轻视匿名举报。在实际执法过程中，对实名举报的才进行调查与执法，对匿名举报的即使受理也不重视，不安排调查，不进行执法。这种做法，可能会损害举报人的积极性，我们知道，举报人通过何种方式举报肯定有自己的考虑，对监管部门来讲，对举报都要接受，都应开展调查与执法。

另外，因为我国食品监管部门多，不同监管部门的职责范围不同，因此可受理与调查不同范围的食品安全事件，如海南省食品安全有奖举报办法规定了省农业行政部门、省海洋与渔业管理部门、省质量技术监督部门、省工商行政管理部门、省商务厅、省食品药品监督管理局、省公安厅不同的监管职责以及负责接受与调查的食品安全案件的范围。有时会出现这样的情况，食品安全举报人向任一监管部门举报后，接受举报机关以不属于自己本部门权限不受理或推诿受理。这会损害举报人的积极性，甚至会让举报人放弃举报。

（二）泄露举报人的信息

有媒体报道称，根据最高人民检察院的材料显示，向检察机关举报涉嫌犯罪的举报人中，约有70%不同程度地遭受到打击报复或变相打击报复①。这就值得思考，举报人的信息为何无端被泄露？莫纪宏认为："举报人处理机制、方式不健全。举报体制不完善。分线管理、各司其职。这使得举报信通常会落到被举报人手里，对举报人的信息不能很好地保护。"②曲新久认为："细节和技术上还做得不够。特别是举报人的信息，没有保密措施。目前的规定太空，没有技术设计，缺乏规则。"③

---

① 南方日报评论员. 举报人遭泄密不是法治社会之义［N］. 南方日报，2010-06-23.
② 廉颖婷. 举报人权益亟盼专门立法保护［J］. 法制日报，2007-08-05.
③ 廉颖婷. 举报人权益亟盼专门立法保护［J］. 法制日报，2007-08-05.

（三）举报人受到打击报复，缺少有效保护机制

2009 年 3 月 18 日中国青年报刊登一篇报道《一举报者遭遇"不该有的灾难"》，报道称河北人高松林因为举报企业制售假药，在看守所经历了长达 17 个月的囚徒生活。"中国青年报社会调查中心"的调查显示，在评价目前对实名举报人的保护现状时，仅 21.6% 的人给予正面评价，47.6% 的人给予负面评价，24.9% 的人表示"一般"，5.9% 的人表示"不好说"，由此可以看出，对实名举报人的保护力度不够是我国现行实名举报制度的重要现实①。"尽管每个举报人遭遇打击报复的过程、手段、方法等不尽相同，但归纳起来不外乎几种情况：一是被举报对象通过行贿腐蚀执法部门和司法机关，对举报人进行打击报复；二是被举报对象即有关部门的头头脑脑，直接利用或者动用手中权力编织罪名，打击报复举报人；三是被举报对象动用黑恶势力，以暴力报复举报人。"② 食品安全事件的举报人相对被举报人——食品安全生产经营企业而言，是一个弱势主体，一旦遭受到被举报人的打击报复或变相打击报复，他是无能为力的。我国现行的法律规定缺少这种有效的保护机制，使得食品安全有奖举报制度的实效大打折扣。

（四）举报人监督无效

我们前面说过，被举报人——食品生产经营企业有的势力强大，有的是跨国企业，有的是地方的利税大户，受地方保护主义的影响。三鹿奶粉事件的进一步扩大，与地方的瞒报有很大关系。对这样的食品生产经营企业进行查处与执法都会遇到重重困境，而监管部门顶不住来自各方面的压力，执法不公正是必然的，尽管举报人有监督执法的权利，但这种监督陷于虚空，无法对监管部门的执法形成压力。

---

① 何名祥. 法治下实名举报人保护制度的建立和完善 [J]. 中共贵州省委党校学报，2014（1）.

② 郭振清. 举报人权利保护：考验社会的正义和良知 [N]. 工人日报，2009-03-20.

（五）奖励兑现困难

获得物质或精神奖励是举报人的一项权利，也是全国各地设计食品安全有奖举报制度的目的之一。国务院以及财政部、食品药品监督管理总局都发文要求，"所需奖励资金由地方财政部门纳入预算安排"。因此，奖金是有的，但发不出去。问题的症结在哪儿？一是举报人举报不是为了奖励，也不去申领奖励；二是举报人怕被报复，不敢去领奖励；三是举报奖励制度设计不合理，领取奖励很困难，特别是针对"匿名举报"的情形，领取奖励困难重重。由于担心自己身份泄露，不少地方出现了奖金无人来领的情况。"比如，上海2014年收到的531件内部人士食品安全举报中，匿名且未留下任何联系方式的有149件，这意味着近三成举报者的奖励难以落实。"① 如此，举报人获得物质奖励以及补偿的权利如何实现。

四、我国食品安全有奖举报中举报人权利保护的完善措施

世界上多数国家都有制定专门保护举报人权利的法律，如美国1982的《被害人和证人保护法》、1984年的《证人安全改革法》、1988年的《举报人保护法》；英国1892年的《证人保护法》、1998年的《公益披露法》；日本2004年的《公益举报人保护法》、2013年的《特定秘密保护法》；新西兰2000年的《披露保护法》；澳大利亚2002年的《公益披露法》；等等。我国也有学者建议制定专门的《举报法》以保护举报人的权利②。近几年全国人大会议都有人大代表提案，要求制定《举报法》，"2000年九届全国人大三次会议上有159位人大代表提出要制定《举报法》，但是《举报法》至今没有正式列入立法计划"③。有一些部门尝试制定专门保护举报人权利的制度，如最高人民检察院制定的《人民检察院举报工作规定》（1996年制定，2009年与2014年两次修订）；公安部2012年发布的

① 陈益刊．千万食品安全举报奖为何发不出 [N]．第一财经日报，2015-02-03.
② 汤啸天．举报人的权利与我国《举报法》的制定 [J]．人民检察，2004（1）.
③ 赵杰．举报人权益保护探讨：是否立法成焦点 [N]．第一财经日报，2006-12-20.

《公安部关于对举报经济犯罪线索进行奖励的公告》等。我们认为应由国务院食品安全委员会完善有关食品安全有奖举报制度，加强举报人的权利保护，各地应参照国务院食品安全委员会制定的规范性文件，完善各地的关于食品安全有奖举报制度。就从完善我国食品安全举报人权利的角度来讲，我国应建立与完善如下措施：

（一）设立专门的举报受理机构或确立"首问负责制"

我国食品安全的监管一直采用"分段监管为主、品种监管为辅"的多元主体监管模式，涉及的行政监管主体有农业行政部门、海洋与渔业、畜牧兽医部门、质量技术监督部门、工商行政管理部门、食品药品监管部门、商务部门、出入境检验检疫部门、公安部门等。很多地方食品安全有奖举报的制度规定不同监管部门受理食品安全事件举报的范围，但是对于社会公众来说，判断合适的举报接受部门比较困难，从方便群众举报以及提高查处的效率角度来看，我们认为可尝试建立两种制度：一是设立专门的举报受理机构或统一的食品安全举报平台。国家食品药品监督管理总局与财政部在 2013 年发出的《关于印发食品药品违法行为举报奖励办法的通知》中倡导建立由食品药品监督管理部门作为受理食品安全事件举报的主要或唯一部门。全国各地方可明确设立唯一的机构或建立统一的一个网络平台接受群众举报。海南就确立由省食安办统一接受全省食品安全事件的举报，并公布举报电话；吉林省就设立统一的食品安全举报平台。二是建立举报受理"首问责任制"。"各监管部门对举报不得推诿拒绝，对属于本部门监管职责范围内的，应当详细记录举报情况并及时安排核实查处；对不属于本部门职责范围内的举报，应及时移交相关职能部门处理并告知举报人。对举报内容涉及多个监管领域，首次接到举报的有关部门，应及时将举报受理材料转交同级政府食品安全办，由食品安全办确定主要受理部门及配合部门。"①《山东省食品安全举报奖励办法（试行）》第 6 条就

---

① 徐景波. 推行"隐名举报"制度［N］. 中国医药报，2012-07-02.

规定了食品安全事件举报"首问负责制。"

（二）允许实施匿名举报或"隐名举报"

我国各地食品安全有奖举报制度都规定了举报人选择的举报途径如电子邮件、电话、传真以及通信等，但对举报方式都规定了"鼓励实名举报"。这里鼓励"实名举报"并不意味着禁止匿名举报与隐名举报。但是要改变接受举报的部门"从理论上并不反对匿名举报，但在操作上对匿名举报极其冷淡，不予理睬"的状况①。安徽省检察创新隐名的"密码举报"方式，"安徽省检察机关此次开设的密码举报，采用举报人从0至9的自然数任意组合8位数字密码的方法，举报密码前4位数字代表举报人姓名，后4位作为提取奖金和与检察机关受理人的联系密码。采用密码举报的举报人可以通过4种方式实现，一是电话举报，举报人拨打检察机关专线电话，告知编设的举报密码；二是传真举报，举报人通过传真发送举报材料的同时发送编设的密码；三是信件举报，举报人投送举报材料时，单独一页书写密码；四是网上举报，通过电子邮件，与检察机关举报受理人在网上交流，实行网上操作"②。匿名与隐名举报更能有效保护举报人的权利。

（三）细化举报信息的保密制度

明确举报受理机关有义务对举报信息保密，应建立完整的制度对举报的信息进行保密，如举报信息由专人录入专用计算机，加密码严格管理，未经监管部门的领导批准，其他工作人员不得查看；举报材料应当放置于保密场所，保密场所应当配备保密设施。未经许可，无关人员不得进入保密场所；严禁泄露举报内容以及举报人姓名、住址、电话等个人信息，严禁将举报材料转给被举报人或者被举报单位；调查核实情况时，严禁出示举报线索原件或者复印件；除侦查工作需要外，严禁对匿名举报线索材料进行笔迹鉴定；对掌握举报信息的每一个环节、每一个人实行信息保密个

---

① 沈栖.举报人70%遭打击报复［N］.上海法治报，2014-06-23.
② 李陈续.安徽检察机关施行密码举报制［N］.光明日报，2002-08-22.

人负责制；实行泄露信息追溯机制；强化行政纪律与法律责任的规定等。

（四）建立举报人人身、财产的特别保护制度

在举报人的举报信息被无端泄露时，一方面，要调查信息泄露的根源，查处问责；另一方面，要建立举报人的人身、财产的特别保护制度，防止受到不法侵害或其他打击报复。有学者建议："举报人在举报后，只要举报人发出人身安全需要保护的求助，公安机关应当立即出警处置。检察机关可根据举报人的申请，监督公安机关对举报人提供的紧急保护。"[1]还有人大代表建议："对举报有关重大案件线索或有组织犯罪的具有特殊贡献的举报人，可借鉴国外对举报人的身份重置、异地安置制度，按照举报人自愿并且不低于原工作和生活条件的原则，将举报人秘密调动工作或迁往异地，给举报人提供基本的社会生活保障。"[2] 我们认为这些措施都可以采取，有一定的法律依据，2018 年修正的《刑事诉讼法》第 111 条规定："公安机关、人民检察院或者人民法院应当保障报案人、控告人、举报人及其近亲属的安全。"以上措施我们认为，它能更有效地保护举报人的人身与财产权利，也会产生良好的社会影响。

（五）完善查办打击报复案件的工作机制

举报人受到打击报复，社会影响恶劣，会严重打击社会公众举报食品安全违法犯罪案件的积极性。因此要建立完善查办打击报复案件的工作机制。有学者建议，在国家统一的举报法未出台之前，对食品安全举报人举报后受到打击报复的案件，检察机关应与各级党政、纪检、监察部门形成工作合力，共同查处。一是建立联席会议制度，定期交流信息，沟通情况，研究对策；二是建立案件移送的方法、程序、处理结果情况反馈的工作制度；三是制定检察机关与纪检部门联合办案的工作制度，发挥各自优势，形成工作合力，以提高保护举报人的工作力度[3]。

① 廖文根，宋方方，王玉．保护举报人要靠制度［N］．人民日报，2010-06-30.
② 韩建敏．建立举报人保护制度［N］．人民法院报，2013-11-30.
③ 苏仁兴．关于加强举报人保护的思考［J］．华东政法学院学报，2003（2）.

（六）完善与简化奖励机制

目前在我国食品安全有奖举报的制度设计中，奖励申请的程序繁琐、奖励周期长，也是导致举报人获得奖励积极性不高的原因之一。我们认为应本着便民的原则，简化奖励程序，缩短奖励周期。食品安全有奖举报制度最好规定明确的时限要求，如监管部门查处办案的时限、授奖部门审批的时限、奖励兑现的时限等，这样做给举报人获得奖励一个合理的期待，同时实现制度正义。

第十三章

治理视野下的食品安全信息公开问题

2015 年 4 月 24 日第十二届全国人大常委会第 14 次会议修订了 2009 年的《食品安全法》，条文增加了 50 条，在修法时贯彻了"食品安全社会共治"的理念，除规范食品安全监管部门的监管权力外，对食品生产经营者、食品行业协会、消费者及其组织、新闻媒体等在食品安全治理中的责任做了规范。从治理理论出发，我们认为食品安全社会共治，不仅要加强政府食品安全监管部门间的信息沟通与协调，还要强化不同类型治理主体之间的信息沟通问题。"食品安全监管，在一定程度上可以说是对食品安全信息的监管。"[①] 为有效治理食品安全问题，食品安全信息公开是基本的前提。这里从治理理论出发，结合我国修订的《中华人民共和国食品安全法》《中华人民共和国消费者权益保护法》《政府信息公开条例》来考察我国食品安全信息的公开问题。

一、治理理论的兴起与食品安全的监管变革

20 世纪 90 年代，"政府失灵""市场失灵"现象的出现，各国政府在反思政府与市场的关系以及如何进行公共事务的治理。以奥斯特罗姆为代表的制度分析学派提出了多中心治理理论。他认为，传统的单中心治理意

---

① 孔繁华. 我国食品安全信息内部流通机制探究［J］. 广东行政学院学报，2012（2）.

味着政府作为唯一的主体对社会公共事务进行排他性管理，而多中心则意味着在社会公共事务的管理过程中，并非只有政府一个主体，而是存在着包括中央政府单位、地方政府单位、政府派生实体、非政府组织、私人机构以及公民个人在内的许多决策中心，它们在一定的规则约束下，以多种形式共同行使主体性权力。这种主体多元、方式多样的公共事务管理体制就是多中心体制①。1995 年全球治理委员会在《我们的全球之家》中提出了治理的概念："所谓治理是各种公共的或私人的个人和机构管理其共同事务的诸多方式的总和，它是使相互冲突的或不同的利益得以调和并且采取联合行动的持续的过程，这既包括有权迫使人们服从的正式制度和规则，也包括各种人们同意或认为符合其利益的非正式的制度安排。"② 自20 世纪 90 年代，治理理论提出来以后，就引起各学科的重视，它不仅提出了一种系统的理论，更重要的是提出了治理的方法论，因而受到广泛欢迎，"治理理论已经是在经济学、政治学、社会学及法学等社会科学领域均有广泛运用的，有广泛影响的理论视角。同时不断赋予治理新的含义，以区别于原来与之交叉使用的管理和统治"③。

那么治理理论主要包括什么内容呢？英国学者格里·斯托克将其归结为五点：（1）治理的主体不仅仅限于政府，还来源于社会机构和团体组织的行为者；（2）治理在社会和经济领域较为明显的缺陷是在该领域中寻求解决方案的过程总是存在着界限与责任之间的模糊性；（3）治理明确了权力依赖，尤其在各个社会机构之间的集体行为下容易产生；（4）治理意味着参与者最终将形成一个自主的网络；（5）治理的主体不仅仅限于政府也同样意味着办好事情的能力不仅限于政府的权力，同时不限于政府的权威

---

① 陈广胜．走向善治［M］．杭州：浙江大学出版社，2007．
② 俞可平．治理与善治［M］．北京：社会科学文献出版社，2000．
③ 翁士洪，顾丽梅．治理理论：一种调适的新制度主义理论［J］．南京社会科学，2013（7）．

和发号施令①。我国有学者总结出这样几点："一是治理主体的多元化，即政府不再是唯一的权力来源，而只是众多治理主体之一；二是主体间责任界限的模糊性，即众多的私营部门和营利性组织等第三部门在分享权力的同时也承担相应的责任；三是主体间权力的依赖性，即众多的主体间没有一个绝对的权力和权威，彼此相互依赖共同合作才能形成共同决策；四是自主自治的网络体系。"②

治理理论确立了食品安全监管的全新理念。传统的食品安全监管主要是政府一元化的垄断管理，自20世纪60年代开始，我国就采取食品安全监管的多元主体模式，现在我国已形成对食品安全监管的主体模式采用一个部门主导，多部门监管的综合监管体制，采用的是"分段监管为主、品种监管为辅"的方式，国家食品药品监督部门"承担食品安全综合协调职责，负责对食品生产经营活动实施监督管理"。其他主体如卫生部、工商行政管理部门、农业部门、公安部等在各自职责范围内实施食品安全的管理职责。这种监管体制仍然不能杜绝我国食品安全事件或事故的发生，政府监管失灵不可避免。西方国家单纯依赖市场监管的模式也不可避免地会出现"市场失灵"。政府在食品安全监管中如何避免"政府失灵"与"市场失灵"，"治理理论的成功之处便是引入了第三部门的参与，突破了政府和市场二分法的思维界限，认为政府和市场都会失灵，在市场作用不能发挥的地方政府也不一定能很好地发挥作用，在某些领域甚至会出现双重失灵。"③

从治理理论出发，食品安全监管有这样的变革趋势：第一，食品安全监管不仅仅是政府的责任，也是食品生产经营者、食品行业协会、消费

---

① ［英］格里·斯托克. 作为理论的治理：五个论点［M］. 北京：社会科学文献出版社，2000.

② 申建林，姚晓强. 对治理理论的三种误读［J］. 湖北社会科学，2015（2）.

③ GULATI R. Does Familiarity Breed Trust? The Implications of Repeated Ties for Contractual Choice in Alliances［J］. The Academy of Management Journal, 1995, 38 (1): 85-112.

者、消费者组织、食品检测检验机构等共同治理的责任；第二，食品安全治理依赖各治理主体的平等合作，不存在一个主体有绝对的权力与权威；第三，食品安全治理在于各治理主体之间的信息交换与共享，食品安全信息的开放性是各治理主体合作治理的基础，因此要求各治理主体在自己职责范围内开放食品安全信息；第四，政府应积极创造条件树立其他治理主体的地位，特别是食品行业协会、消费者组织、食品检测检验机构等第三部门的发展，强化社会治理主体地位与功能。

二、治理视野下食品安全信息的公开主体

根据前文考察，治理主体的合作治理来自治理主体间的信息开放，信息开放意味着信息主体公开它所拥有的信息。2008 年 5 月 1 日实施的《中华人民共和国政府信息公开条例》（以下简称《政府信息公开条例》）仅限于"政府信息"，依据该条例第 2 条的规定，所谓的政府信息是指行政机关在履行职责过程中制作或者获取的，以一定形式记录、保存的信息。信息公开的主体是信息公开法律关系的主体，即信息公开的发布者与接受者，即信息公开的义务主体与权利主体。权利主体是指根据法律法规的规定，享有权利要求政府机关公开其所掌握信息的公民、法人或其他组织；义务主体则是依据法律法规的规定或依权利人申请而公开政府信息的机构。根据《政府信息公开条例》的规定中，政府机关是信息公开的义务主体，而信息公开的权利主体是公民、法人或其他组织。那么根据治理理论，食品安全信息的公开主体是谁呢？

我们知道，治理主体之间信息是开放的，即每个治理主体都要对其他治理主体公开其所掌握的信息，在此基础上才能称得上合作治理。按照这个理论，食品安全信息公开是食品安全治理主体之间的信息沟通与公开，权利主体与义务主体是重合的。那么我们来分析一下，根据《食品安全法》的规定，哪些主体拥有食品安全信息？

食品监管部门拥有其监管过程中所掌握的食品安全信息，根据法律规

定应当公开。《食品安全法》第 118 条规定了国家食品安全监管部门统一发布食品安全信息的范围以及各类不同监管主体在其职责范围发布有关日常监管的食品安全信息。另外《食品安全法》为保证食品安全监管部门之间的信息沟通，设置了食品安全信息的通报与报告制度。通报与报告是两种不同的制度，"食品安全信息的报告制度是指下级机关向上级机关汇报自己掌握的食品安全信息；通报制度是指食品安全监管机关向本地方其他对食品安全负有事务管辖权的机关提供食品安全信息，通报机关之间是平级行政机关，不具有隶属关系。"① 2015 年修订的《食品安全法》第 14、16、19、20、32、48、95、100、103、104、113、116、119、145 条规定了政府机构之间的通报制度；该法第 14、16、32、47、61、62、63 条规定了食品安全信息的报告制度。

食品生产经营者是食品的提供者，"在市场中，只有食品提供者才确切地知道质量安全水平，而提供者为了谋取最大利润，倾向于降低质量安全标准，而质量安全控制降低之后食品安全问题就会暴露出来，消费者进而对食品的评价降低、支付意愿减少，如果没有恰当的机制，企业会进一步降低质量标准以减少成本，结果会形成不安全食品充斥的'柠檬市场'"②。食品生产经营者拥有食品的较全面的信息。我国《食品安全法》第 4 条规定了，食品生产经营者应对其生产经营的食品安全负责，接受社会公众监督。第 23 条规定了食品生产经营者可以就食品安全风险评估信息和食品安全监督管理信息与食品安全监管部门、食品风险评估专家委员会及其他检验机构进行沟通。第 42 条要求食品生产经营者应建立食品安全的追溯体系，做到食品安全可查。第 73 条规定了食品生产经营者对其发布的广告真实性与合法性负责。在《食品安全法》中并没有赋予食品生产经营者以公开其所掌握的食品安全信息的义务，但我国《中华人民共和国消费者权益保护法》（以下简称《消费者权益保护法》）第 8 条规定："消费

---

① 孔繁华．我国食品安全信息内部流通机制探究［J］．广东行政学院学报，2012（2）．
② 古川，安玉发．食品安全信息披露的博弈分析［J］．公共经济与管理，2012（1）．

者享有知悉其购买、使用的商品或者接受的服务的真实情况的权利。消费者有权根据商品或者服务的不同情况，要求经营者提供商品的价格、产地、生产者、用途、性能、规格、等级、主要成分、生产日期、有效期限、检验合格证明、使用方法说明书、售后服务，或者服务的内容、规格、费用等有关情况。"如此，从消费者的角度，食品生产经营者有义务公开其所掌握的相关食品安全信息。

食品行业协会拥有一定的食品安全信息。"食品行业协会则是由食品行业企业及其他组织自愿结合组成的，为实现会员共同意愿，按照其章程开展活动的自治、互益性行业组织。"① 作为食品行业的自律性组织，它对食品行业发展的推动作用不可替代。《食品安全法》第9条规定："食品行业协会应当加强行业自律，按照章程建立健全行业规范和奖惩机制，提供食品安全信息、技术等服务，引导和督促食品生产经营者依法生产经营，推动行业诚信建设，宣传、普及食品安全知识。"第22条规定了食品行业协会可以就食品安全风险评估信息和食品安全监督管理信息与食品安全监管部门、食品风险评估专家委员会及其他检验机构进行沟通。第28条规定了食品行业协会可以参与国家食品安全标准的制定。第73条规定食品行业协会不得以广告或者其他形式向消费者推荐食品。那么在食品安全治理过程中，食品行业协会也是很重要的治理主体。

《食品安全法》还规定了食品安全风险评估委员会、食品检验机构、认证机构等主体，在食品安全治理过程中，它们也有独特的作用。《食品安全法》第17条规定食品安全风险评估委员会的组成及职能。食品安全风险评估委员会是由国家卫生行政部门负责组织成立，由医学、农业、食品、营养、生物、环境等方面的专家组成，对食品、农药、肥料、兽药、饲料和饲料添加剂等的安全性进行评估。我国《食品安全法》第23条、第73条、第107条、第138条等规定了食品检验机构在食品安全治理中的

---

① 刘文萃. 食品行业协会自律监管的功能分析与推进策略研究［J］. 湖北社会科学，2012（1）.

作用。

除了以上主体拥有一定的食品安全信息外，我国《食品安全法》还规定了这样一些主体：消费者协会或其他消费者组织（该法第9条、第23条、第28条、第89条、第100条、第116条）；新闻媒体（该法第10条、第23条）；集中交易市场的开办者、柜台出租者和展销会举办者（该法第61条、第130条）、网络食品交易第三方平台（第62条、第131条）等，都在某种程度上参与食品安全的治理，但这些主体与上述信息主体相比较，信息明显不对称，这些主体更多是信息的权利主体，而不是食品安全信息公开的义务主体。

综上分析，我们认为，作为食品安全的治理主体而言，政府食品安全监管部门、食品生产经营者、食品行业协会、食品检验机构、食品认证机构、消费者协会等都是拥有一定的食品安全信息，但从信息对称角度来看，政府食品安全监管部门、食品生产经营者、食品行业协会、食品检验机构、食品认证机构等更多是食品安全信息公开的义务主体，而消费者、消费者协会、新闻媒体、社会公众等则是食品安全信息公开的权利主体。

三、治理视野下食品安全信息的公开范围

从政府信息公开的角度来看，政府信息公开的范围，包含两个层次的内涵：一是公开信息的主体范围；二是公开信息的内容范围①。从食品安全治理的角度看，食品安全信息公开的主体范围有政府食品安全监管部门、食品生产经营者、食品行业协会、食品检验检测机构、食品认证机构、消费者协会、新闻媒体等，即食品安全治理主体都有公开其所拥有的食品安全信息的义务。从我国现实的食品安全情况来看，政府食品安全监管部门、食品生产经营者、食品行业协会是最重要的食品安全信息公开主体，食品检验检测机构、食品认证机构从我国实际状况来看，主要隶属于

---

① 汪全胜. 政府信息公开的范围探讨［J］. 情报理论与实践，2004（6）.

政府部门，包括国家卫生行政主管部门、国家食品药品监督机构下属的食品检验检测机构、食品认证机构等，独立第三方的食品检验检测机构与认证机构还比较少。因此，本文仅讨论食品安全的政府监管部门、食品生产经营者、食品行业协会的信息公开义务。

严格地讲，食品安全信息的公开范围是指食品安全信息公开的内容范围。下面我们依据《食品安全法》及相关法律的规定，考察食品安全信息公开的范围。

（一）食品安全政府监管部门信息公开的范围

我国《食品安全法》规定了两种公开方式的食品安全信息，一是由政府部门统一发布的食品安全信息公开方式；二是由各食品安全监管部门在自己职权范围内公开其日常监管的食品安全信息。

关于统一公布安全信息的主体，《食品安全法》第118条将其分为两类主体，一是国务院食品药品监督管理部门；二是省、自治区、直辖市市人民政府食品药品监督管理部门公布。关于统一公布的食品安全信息的范围，由国务院食品药品监督管理部门来公布，限于"国家食品安全总体情况、食品安全风险警示信息、重大食品安全事故及其调查处理信息和国务院确定需要统一公布的其他信息"；由省、自治区、直辖市市人民政府食品药品监督管理部门公布的，限于"特定区域的食品安全风险警示信息和重大食品安全事故及其调查处理信息。"

《食品安全法》第118条还规定了"县级以上人民政府食品药品监督管理、质量监督、农业行政部门依据各自职责公布食品安全日常监督管理信息。"这里涉及的监管部门只有食品药品、质量监督以及农业行政部门三大部门，这是不全面的，我们前文考察我国食品安全监管主体多元化模式，涉及农业部门、质检部门、工商部门、卫生部门、食品药品监督部门、公安部门、出入境检验检疫部门、商务部门等，这些部门在其日常监管过程中所拥有的食品安全信息也各于公开的信息范围。

（二）食品生产经营者食品安全信息公开的范围

我国《消费者权益保护法》第8条规定了食品生产经营者应对提供的

食品有关信息要公开，让消费者知情与了解。但除了食品有关信息外，《食品安全法》对食品生产经营者的信息公开义务没有规定，但食品生产经营者应拥有如下食品相关信息：

（1）所生产经营的食品中含有的食品添加剂以及是否符合国家食品安全标准（第40条）。

（2）对其所生产经营的食品采用信息化手段采集、留存生产经营信息，建立食品安全追溯体系（第42条）。

（3）拥有食品行业从业执业人员的身体健康方面的信息（第45条）；

（4）自行安全检查及有关食品安全风险的信息（第47条）；

（5）有关食品召回方面的信息（第63条）；

（6）有关食品广告方面的信息（第73条）。

从消费者角度以及从食品安全监管的角度来看，以上食品生产经营者所拥有的信息都应当公开，不仅是对食品安全监管部门公开，还要对消费者与社会公众公开。

（三）食品行业协会食品安全信息公开的范围

我国《食品安全法》没有规定食品行业协会是食品安全信息公开的义务主体，它只是一个行业自律机构，但也拥有一定的信息，"作为行业代表，食品行业协会对本行业内食品的生产技术、工艺流程、原料配方、产品品质、成本及销售管理等方面的信息，具有天然的认知优势"[1]，至少在食品行业中要公开：

（1）食品行业协会的章程，食品行业协会的章程是食品行业协会依据一定程序制定的行业组织及活动的规则，食品行业协会章程是食品生产经营企业共同制定的，作为会员受章程的约束；

（2）食品行业有关规范及奖惩机制方面的信息；

（3）对食品生产经营企业进行检查监督的有关信息；

---

① 刘文萃．食品行业协会自律监管的功能分析与推进策略研究［J］．湖北社会科学，2012（1）．

（4）在没有国家食品安全标准与地方食品安全标准的情况下，各会员主体联合制定的行业食品安全标准；

（5）依据《食品安全法》及其章程所拥有的其他食品安全信息。

作为食品安全治理主体的行业组织，所拥有的食品安全信息应当在治理主体之间进行公开，但是为了实现其对食品行业的监督作用，我们认为也应当对消费者与社会公众公开。

（四）食品安全信息公开的例外

治理主体之间要进行食品安全信息的沟通与协调，但并不意味着信息主体可以公开它所拥有的全部食品安全信息。我国《中华人民共和国政府信息公开条例》（以下简称《政府信息公开条例》）第14条、第15条明确规定行政机关不得公开涉及国家秘密、商业秘密、个人隐私的政府信息。

因此食品安全的治理主体在公开信息时要注意，不得公开涉及国家秘密、商业秘密与个人隐私的食品安全信息。国家秘密，根据《中华人民共和国保守国家秘密法》（以下简称《保守国家秘密法》）第2条的规定，是指"关系国家安全和利益，依照法定程序确定，在一定时间内只限一定范围的人员知悉的事项"。在食品安全治理主体中，一般只有食品安全监管部门对其拥有的食品安全信息是否涉及国家秘密有一定的判断权，在自己无法确定是否属于国家秘密信息时，应当依据《保守国家秘密法》由国家法定机关对其进行认定，如果不涉及国家秘密则予以公开，如果涉及国家秘密，应依据法律规定不予以公开。

商业秘密，按照我国2019年修订的《中华人民共和国反不正当竞争法》第9条的规定，是指"不为公众所知悉、并经权利人采取相应保密措施的技术信息、经营信息等商业信息。"掌握商业秘密的食品安全治理主体只能是食品行业协会与食品生产经营者，他们根据自己的专业知识判断，某一信息是否属于商业秘密，从而不予以公开。

个人隐私是个人生活中不愿意为他人所公开或知悉的秘密。不论是政府食品安全监管部门还是食品生产经营者以及食品行业协会都有可能保有涉及个人隐私的信息，为保护当事人的隐私权利，一般对此类信息也不予以公开。

然而，并不是说食品安全治理主体掌握有涉及国家秘密、商业秘密与个人隐私的食品安全信息都不予以公开，2019 年修订的《政府信息公开条例》第 15 条规定："涉及商业秘密、个人隐私等公开对第三方合法权益造成损害的政府信息，行政机关不得公开。但是，第三方同意公开或者行政机关认为不公开会对共公利益造成重大影响的，予以公开。"这就是利益平衡原则①，在国家利益与公共利益、企业利益与公共利益、个人利益与公共利益权衡时，为保护公共利益，可能会对"国家利益、企业利益或其他个人利益"进行限制。

四、治理视野下食品安全信息的公开方式

我国《政府信息公开条例》第二章都确立了信息公开的两种方式：一是主动公开；一是依当事人的申请公开。但我国《食品安全法》只规定了主动公开方式，即第 118 条对政府部门拥有的食品安全信息确立了统一发布制度，也就是食品安全信息的主动公开。《食品安全法》对于食品生产经营企业、食品行业协会等没有规定其信息公开的义务。虽然从治理理论角度，食品安全的治理主体信息是互通的，但是，面对广大消费者以及社会公众，食品安全监管部门、食品生产经营者、食品行业协会如何确定公开方式呢？

食品安全监管部门对其拥有的食品安全信息采用何种方式公开呢？2019 年修订的《政府信息公开条例》第 9 条确定了信息主动公开的一项原则，即"涉及公民、法人或者其他组织切身利益的"的信息应主动公开，那么食品安全信息关系到社会主体的切身利益，从这个角度来看，食品安

---

① 汪全胜. 政府信息公开的范围探讨 [J]. 情报理论与实践，2004 (6).

全信息应是主动公开的范围；该法第 20 条第 13 款规定，食品药品的监督检查情况的信息应主动公开。这就意味着食品安全监管部门的日常监管信息要主动公开。另外我国《食品安全法》第 118 条规定了食品安全信息的统一发布制度。我国有学者认为，政府拥有的食品安全信息是食品最终质量的要求，应主动和无偿地公开①。从上文关于食品安全信息公开的两种类型，可以判断出，我国政府食品安全监管部门所拥有的食品安全信息应属于主动公开的范围。

那么食品生产经营企业、食品行业协会等采用何种方式公开它所拥有的食品安全信息呢？《食品安全法》并没有明确要求食品生产经营企业、食品行业协会有主动公开其食品安全信息的义务。我国《消费者权益保护法》第 8 条规定的消费者有权要求食品生产经营者公开食品相关的信息，但这没有要求必须采取"主动公开"的方式，通常消费者在购买有关食品时，这些信息同时可以获得。有学者通过实证调查发现，食品生产经营者很少主动公开其食品安全信息，而且信息披露是零散的，"对《食品安全法》的贯彻、实施，食品安全形势分析以及食品安全风险相关信息披露水平明显较低，尤其是对食品安全形势的分析内容较少，甚至有的公司对当年发生的本行业的食品安全事件绝口不提"②。我国当前食品生产经营企业主动公开信息的动力不足，有学者分析"食品生产经营企业存在严重的道德风险，自愿提供信息的意愿低"③。也有学者分析，"由于我国食品企业存在较多的产业缺陷，披露食品安全社会责任信息客观上加大了企业成本开支，企业对食品安全社会责任信息披露的内在动机不足"④。在上海福喜

---

① 张芳.食品安全法中的信息公开制度 [J].河南政法管理干部学院学报，2009（4）.

② 姜涛，王怀明.政府规制与食品安全信息披露 [J].华南农业大学学报（社会科学版），2012（2）.

③ 倪晓锋，沈杰，沈生荣.我国现行食品安全信息披露制度解析与完善 [J].食品安全质量检测学报，2014（9）.

④ 赵春艳.企业食品安全社会责任信息披露 [J].湖北经济学院学报（人文社科版），2014（3）.

"过期肉"事件以后，有学者要求建立我国食品生产经营企业的信息的申请公开制度，提出"将食品企业纳入依申请公开范围"①。从我国当前尚无法律对食品生产经营企业的食品安全信息公开的硬性规定的情况下，建立"依申请公开"也是一种可行的选择。

不过，我们认为，对食品生产经营企业与食品行业协会的食品安全信息要进行区别，比如，针对不同规模的食品生产经营企业，对其食品安全信息公开有不同的要求。对一些规模大的食品生产经营企业或上市食品公司，应要求其尽可能主动地公开相关的食品安全信息，如食品的可追溯信息、食品生产流程记录信息、食品安全风险信息等。对一些小规模的生产经营企业或小作坊、小摊贩，难以对它们进行全面监管，只要求生产的食品达到安全标准即可，对它们的食品安全信息难以有较高要求，而且在我国，小规模的食品生产经营企业、食品加工小作坊、小摊贩还会长期存在下去，满足不同类型人群的需要。

同时针对不同的食品安全信息内容，采取公开的方式有差异。我们认为需要对食品安全信息进行分类，一些食品安全信息要主动公开，如《消费者权益保护法》第8条中规定的信息；一些食品安全信息可能包含企业的商业秘密、个人隐私等，或者说这种信息公开对食品生产经营企业有一定的风险或者陷企业于不利境地，除非为了公共利益的考量，有关社会主体可以向食品生产经营企业提出公开的申请，政府有关食品监管部门可以要求企业在一定期限内答复。

经过以上考察，我们认为食品安全监管部门所拥有的食品安全信息应采取"主动公开"的方式，对于食品生产经营企业、食品行业协会等所拥有的食品安全信息，应实施"主动公开为主，申请公开为辅"的方式公开。

主动公开一般是以信息发布平台、政府公报、大众传媒、新闻发布会

---

① 朱宁宁. 将食品企业纳入依申请公开范围 [N]. 法制日报, 2014-07-24.

等方式公开，但对申请公开则要依据一定的程序得以实现。我们认为，参照《政府信息公开条例》的规定以及我国相关的实践，消费者向食品生产经营企业、食品行业协会申请公开有关的食品安全信息，遵循这样一些程序①：第一，提出申请。消费者应以书面方式向特定的生产经营企业或食品行业协会提出申请，要求公开食品安全信息的内容。第二，受理与审查。食品生产经营企业或食品行业协会指定专门机构受理以后，对申请书进行审查。第三，做出是否公开的决定。食品生产经营企业或食品行业协会对申请审查后提出有关意见，最后由食品生产经营企业的管理机构或食品行业协会的领导决定是否公开，并答复申请人。第四，如果公开信息给食品生产经营企业或食品行业协会增加了一定的成本，食品生产经营企业或食品行业协会可以根据成本情况向申请人收取合理的费用。

五、治理视野下我国食品安全信息公开完善的建议

我国《食品安全法》修订虽然体现了治理的理念，强调食品安全的社会共治，但是真正实现食品安全的治理还在于建构完善的食品安全信息公开制度，特别是减少食品安全治理中的信息不对称，赋予消费者、社会公众以广泛的食品安全信息知情权，这才是根本的解决之道，就前文分析我国食品安全信息公开现状，我们认为，还需要在以下方面进一步完善我国食品安全信息公开制度。

（一）制定新的《食品安全信息公布管理办法》

我国现有的《食品安全信息公布管理办法》是 2010 年 11 月 3 日国家卫生部会同农业部、商务部、工商总局、质检总局、食品药品监管局基于2009 年的《食品安全法》来制定的。我国 2015 年修订的《食品安全法》与 2009 年的《食品安全法》在立法理念、制度设计等方面有重大的改变，食品安全信息统一发布的主体也不再是原国家卫生行政主管部门，而是由

---

① 汪全胜. 论政府信息公开的实现机制 [J]. 软科学，2004（5）.

国家食品药品监督管理部门，因此，应由国家食品药品监督管理总局会同卫生与计划委员会、农业部、商务部等部门根据修订的《食品安全法》来制定新《食品安全信息公布管理办法》。以治理理念作为该规章的制定理念，对食品安全信息的公开做出较为全面的规定。

（二）强化食品安全监管部门的食品信息公开制度

虽然我国《食品安全法》建立了食品安全信息的统一发布制度以及食品安全监管部门的日常监督检查信息的公开制度。但我国现在的食品安全信息平台尚未建立，食品安全信息量少，分散，而且在一些方面互相矛盾。虽然有食品监管部门的信息通报与报告制度，但"政府监管部门间的信息共享协调机制不完善""部门间食品安全信息公开缺乏沟通"①。我们认为发挥食品安全协调机构即各级食品安全委员会的作用，完善食品安全信息的通报与报告制度，建立国家食品安全信息统一平台，而且，"食物安全信息沟通平台要面向全社会开通，并及时将有关食物安全的各类信息向社会披露，满足消费者和生产者的知情权，使该信息沟通平台逐渐成为广大食物消费者和食物生产者了解跟踪食物安全资讯的重要途径"②。

（三）建立食品生产经营企业信息公开的动力机制

我国应进一步完善市场经济法律制度，建构良好的市场经济环境，建立食品安全信息公开的奖励机制，促进食品生产经营企业主动公开其食品安全信息，建立食品安全信息的网络平台。在信息公开完备的情况下，食品安全治理主体间信息对称，食品市场就会避免"劣币驱逐良币"现象。这些激励机制包括：政府部门设立的食品生产经营的信用机制，完善食品生产经营企业的信用记录；食品行业协会建立的奖励机制；由检验检测机构、认可机构颁发的食品检验、检测证明，认可证书等。

另外可以通过法律法规硬性规定食品生产经营企业食品安全公开的义

---

① 曲丽. 法治视角下政府食品安全信息公开责任研究［J］. 西南石油大学学报（社会科学版），2013（5）.

② 李干琼. 食物安全信息共享机制研究［J］. 安徽农业科学，2007（12）.

务，如日本，2003 年后相继发布了《食品安全可追溯制度指南》《关于牛的个体识别信息传递的特别措施法》《关于米谷等交易信息的记录及产地信息传递的法律》等建立了食品生产经营必须公开食品安全信息的义务①。构建起完善的激励与约束机制，促进食品生产经营企业全面、及时、主动地公开食品安全信息。

（四）完善食品安全信息公开范围的规定

食品安全问题关系到社会的和谐稳定、人民的身体健康。美国食品安全信息公开给予我们一个有益的启示，食品安全信息公开主要目标是保护公众的健康，而非保护食品行业②。食品安全信息公开需要考虑利益权衡，不得公开涉及有关国家秘密、商业秘密与个人隐私的食品安全信息。但是我国应完善"国家秘密""商业秘密"以及"个人隐私"范围的规定，比如，在我国应明确国家秘密的范围，国家秘密设定的主体、国家秘密设定的程序、国家秘密的解除等，防止政府部门、食品生产经营企业、食品行业协会等治理主体借口有关信息涉及"国家秘密""商业秘密""个人隐私"等而不予以公开。如果利用这种理由不公开"食品安全信息"的，应给予相对人有相应的救济途径。

（五）完善我国食品安全信息公开方式的规定

信息公开是满足社会公众的知情权。食品安全信息公开不仅满足社会主体的知情权，更重要的是完善食品安全共同治理的需要。食品安全信息的公开方式，我们认为应坚持《政府信息公开条例》确立的原则，即"主动公开为主，申请公开为辅"。对一些规模大的食品生产经营企业，如上市公司或生产特殊食品的企业（保健食品、特殊医学用途配方食品、婴幼儿配方乳粉等）应实行"主动公开"；对可能涉及商业秘密、个人隐私的

---

① 葛冬冬. 消费者优先理念下日本食品安全信息公开机制及借鉴 [J]. 延边党校学报，2014 (6).

② 李红，何坪华，刘华楠. 美国政府食品安全信息披露机制与经验启示 [J]. 世界农业，2006 (4).

食品安全信息在利益权衡情况下不能主动公开的,可以依申请人的申请公开。

（六）强化食品安全信息公开的法律责任设置

法律责任是权利或权力行使的保障机制。我国《食品安全法》第145条对未按照法律规定向上级报告或向同级食品安全监管部门报告的设定了行政法律责任,"对直接负责的主管人员和其他直接责任人员给予警告、记过或者记大过处分；情节较重的,给予降级或者撤职处分；情节严重的,给予开除处分"。但对于其他主体食品生产经营者、食品行业协会、集中交易市场的开办者、柜台出租者、展销会举办者、网络食品交易第三方平台等主体未履行报告义务的,《食品安全法》没有设置一定的法律责任,这是法律规定缺失的地方,设置了以上主体有报告的义务,但没有法律责任的设置,从而"一方面,一些义务性条款因没有相应的责任条款作制度保障,而使得该义务性条款的实施出现困难；另一方面,法律责任条款的设置则缺少充足、科学的基础与前提。"① 我们认为可以在修订的《食品安全信息公布管理办法》中增加关于报告主体的法律责任的设置。同时,我国应完善食品安全治理的其他主体如食品生产经营企业、食品行业协会、食品检测检验机构、食品认证机构等在信息公开方面的责任设置。

---

① 汪全胜,张鹏.《归侨侨眷权益保护法》法律责任设置论析 [J]. 华侨华人历史研究,2012（2）.

第十四章

我国食品安全信息共享机制建设

　　2015 年 4 月 24 日第十二届全国人大常委会第 14 次会议修订了我国 2009 年的《食品安全法》，并于 2015 年 10 月 1 日正式实施，这部被称为"史上最严"《食品安全法》，在很多方面如农药管理、保健食品管理、婴幼儿配方乳粉生产、网购食品监管、转基因食品等进行了完善规定，同时设置了更为严厉的法律责任。另外，这部修订的《食品安全法》第 6 条、第 143 条建立健全食品安全全程监督管理工作机制和信息共享机制，这是一种制度创新。食品安全信息共享机制建设是我国食品安全管理与治理环节重要的一环。然而 2015 年修订的《食品安全法》关于信息共享机制建设的规定非常原则，而基于 2009 年的《食品安全法》而制定的《食品安全信息公布管理办法》又有一些内容不合时宜，如何建立更富有成效的食品安全信息共享机制是需要探讨的问题。

一、食品安全信息共享机制建设是多元主体有效治理的必然

　　2015 年修订的《食品安全法》第 5 条、第 6 条明确了我国现行食品安全的多元主体监管模式，即称之为"分段监管为主，品种监管为辅"的多元主体监管体制模式，分段监管主要是从两方面的意义而言的，一方面，从行业管理角度，种植养殖由农业部门负责，食品加工由发展改革部门负责，流通消费环节由商务部门负责；另一方面，是从执法的角度，农产品种植养殖由农业部门负责，食品生产加工环节由质检部门负责，食品流通

环节由工商部门负责，餐饮业和食堂等消费环节由卫生部门负责，食品药品监管部门负责对食品安全综合监督、组织协调和依法查处重大事故。品种监管主要适用于特殊行业，如生猪屠宰加工管理由商务部门负责。

我国食品安全监管体制的形成有其历史的根源。中华人民共和国成立以后一段时间我国主要采用一个部门主管食品卫生工作，20 世纪 60 年代以后，开始探索多元体监管食品安全的模式。1960 年 1 月 18 日国务院转发国家科委、卫生部、轻工业部拟定的《食用合成染料管理暂行办法》，开始确立多部门共同监管的模式。1965 年 8 月 17 日，国务院批转卫生部、商业部、第一轻工业部、中央工商行政管理局、全国供销合作总社制定的《食品卫生管理试行条例》。该条例多元主体监管模式已经基本形成。其后1979 年 8 月 28 日国务院发布的《中华人民共和国食品卫生管理条例》、1982 年 11 月 19 日全国人大常委会制定的《中华人民共和国食品卫生法（试行）》（这是第一部上升到法律层面的食品安全法律文件）、1995 年 10 月 30 日全国人民代表大会常务委员会制定的《食品卫生法》、2009 年 2 月 28 日全国人大常委会制定的《食品安全法》都是不断地将这种多元主体监管体制强化起来。但"分段监管为主、品种监管为辅"的多元主体监管是2004 年确立的，2004 年国务院发布的《关于进一步加强食品安全工作的决定》确立了"按照一个监督环节，一个部门监管"的原则，采取"分段监管为主，品种监管为辅"的方式，明确农业部门、质检部门、工商部门、卫生部门、食品药品监督部门的监管职责。这种模式被 2009 年的《食品安全法》以及 2015 年修订的《食品安全法》认可下来。虽然食品安全的监管是个复杂的过程，但多元主体的监管模式有深厚的历史基础。

现行我国食品安全监管体制有一定的合理之处，但也存在一定的问题，有学者认为："分段监管尽管有其合理之处，在一定程度上，实现了由农田到餐桌的全程监管，而且，执法的衔接度更高。""但是，在实际的监管过程中，常常出现权责不明、衔接处存在'真空地带'等状况。在利益最大化的驱动下，很多时候，监管过程成了利益争抢过程。当出现问题时，各部门'扯皮'问题频发，不仅影响监管效率，更会影响政府的执法形象。"① 还有学者认为，"现实中行政监管的不同部门负责不同的监管环节，法律对各个部门的监管职责和权限划分也并不明确，这就直接导致食品安全监管中职责混乱、政策不一、监管重叠且矛盾等现象的发生。"②

如何在现有的食品安全监管体制基础上改善我国食品安全监管效力，能最大限度地防范与防止食品安全事故的发生，我们认为，基于目前的多元主体管理模式，要突破目前分段监管障碍的关键是部门间的信息共享，通过建立各部门共享的信息平台，充分利用各部门资源，整合不同的专业知识，减少管理层次，形成各部门监管的良性互动，真正做到"分段监管，无缝衔接"。

"食品安全监管，在一定程度上可以说是对食品安全信息的监管"③。建立食品安全信息共享机制，减少各部门收集信息的成本，整合信息资源。在分段监管体制下，每一阶段、每一个环节的监管部门都应在掌握充分信息的基础上进行有效管理或治理，但这些信息都是本部门收集与整理出来的，不同部门之间的信息不畅通，每个监管部门都是"各成一体"，如此，会大大增加各部门进行监管信息收集的成本，监管效率低下。"通过建立食品安全信息共享平台，可以实现监管信息资源的整合，避免相关信息的重复收集，降低基础设备的重复配置率与相关技术人员的岗位重设率，提高食品安全的监管效率，节约监管成本，使现存的监管力量发挥最大的效用。"④

二、《食品安全法》关于食品安全信息共享机制的建设

我国现行有效的《食品安全信息公布管理办法》是国家卫生部会同农

---

① 孔书玲. 食品安全法律体系完善路径探索［J］. 人民论坛，2013（10）.
② 赵云霞，王静. 我国食品安全法律体系存在的问题及完善措施［J］. 唐山师范学院学报，2013（4）.
③ 孔繁华. 我国食品安全信息内部流通机制探究［J］. 广东行政学院学报，2012（2）.
④ 朱爱勇，常旺，刘丽娟，等. 关于构建食品安全信息共享平台的探讨［J］. 海军医学杂志，2013（5）.

业部、商务部、工商总局、质检总局、食品药品监管局于 2010 年 11 月 3 日制定通过的，但该办法是基于 2009 年《食品安全法》而制定的，虽然多数内容与现行《食品安全法》并不冲突，但一些内容则与新修订的《食品安全法》不相一致，需要根据 2015 年修订的《食品安全法》进一步完善。我们这里主要结合 2015 年修订的《食品安全法》以及与该法律内容相一致的《食品安全信息公布管理办法》来考察一下我国现行食品安全信息共享机制的建设。

（一）食品安全信息的公布主体及其范围

1. 关于统一公布安全信息的主体

关于统一公布的食品安全信息范围比较原则，我国《食品安全信息公布管理办法》对这两类统一公布的信息进行了细化，更具有可操作性，参见表 15-1、表 15-2：

表 15-1　国务院食品药品监督管理部门统一公布的食品安全信息范围

《食品安全法》第 118 条规定	《食品安全信息公布管理办法》第 7 条
国家食品安全总体情况、食品安全风险警示信息、重大食品安全事故及其调查处理信息和国务院确定需要统一公布的其他信息。	（一）国家食品安全总体情况。包括国家年度食品安全总体状况、国家食品安全风险监测计划实施情况、食品安全国家标准的制订和修订工作情况等。 （二）食品安全风险评估信息。 （三）食品安全风险警示信息。包括对食品存在或潜在的有毒有害因素进行预警的信息；具有较高程度食品安全风险食品的风险警示信息。 （四）重大食品安全事故及其处理信息。包括重大食品安全事故的发生地和责任单位基本情况、伤亡人员数量及救治情况、事故原因、事故责任调查情况、应急处置措施等。 （五）其他重要的食品安全信息和国务院确定的需要统一公布的信息。 各相关部门应当向国务院卫生行政部门及时提供获知的涉及上述食品安全信息的相关信息。

表 15-2 省、自治区、直辖市人民政府食品药品监督管理部门

统一公布的食品安全信息范围

《食品安全法》第118条规定	《食品安全信息公布管理办法》第8条
食品安全风险警示信息和重大食品安全事故及其调查处理信息的影响限于特定区域的	（一）食品安全风险监测方案实施情况、食品安全地方标准制订、修订情况和企业标准备案情况等。 （二）本地区首次出现的，已有食品安全风险评估结果的食品安全风险因素。 （三）影响仅限于本辖区全部或者部分的食品安全风险警示信息，包括对食品存在或潜在的有毒有害因素进行预警的信息；具有较高程度食品安全风险食品的风险警示信息及相应的监管措施和有关建议。 （四）本地区重大食品安全事故及其处理信息。

当然以上关于食品安全信息统一公布的主体是不一样的，《食品安全法》规定的统一公布主体是国务院食品药品监督管理部门以及省、自治区、直辖市人民政府食品药品监督管理部门；而《食品安全信息公布管理办法》规定的统一公布的主体是国务院卫生行政部门以及省、自治区、直辖市人民政府卫生行政部门。这是一个很大的差异，依"上位法优于下位法"的原则，《食品安全信息公布管理办法》应做出修改，以保持与《食品安全法》的规定一致。

2. 日常食品安全监管信息由各监督管理部门根据职责公布

《食品安全法》第118条还规定："县级以上人民政府食品药品监督管理、质量监督、农业行政部门依据各自职责公布食品安全日常监督管理信息。"这里涉及的监管部门只有食品药品、质量监督以及农业行政部门三大部门，这是不全面的，我们前文考察我国食品安全监管主体多元化模式，涉及农业部门、质检部门、工商部门、卫生部门、食品药品监督部门、公安部门、出入境检验检疫部门、商务部门等。《食品安全信息公布管理办法》第9条规定的主体范围有"县级以上卫生行政、农业行政、质量监督、工商行政管理、食品药品监管、商务行政以及出入境检验检疫部门"。我们认为，只要有一定的食品安全监管职责，都应该根据各自职责建立自己的食品安全信息公开的范围。

（二）不同监管部门的食品安全信息的通报制度

我国《食品安全法》规定了食品安全信息的通报与报告制度。通报与报告是两种不同的制度，"食品安全信息的报告制度是指下级机关向上级机关汇报自己掌握的食品安全信息；通报制度是指食品安全监管机关向本地方其他对食品安全负有事务管辖权的机关提供食品安全信息，通报机关之间是平级行政机关，不具有隶属关系"①。

关于食品安全信息的通报制度规定涉及很多条文，《食品安全法》第14条规定的国务院食品药品监督管理部门和其他有关部门获知有关食品安全风险信息后应当立即核实并向国务院卫生行政部门通报；第16条规定的食品安全风险监测结果表明可能存在食品安全隐患的，县级以上人民政府卫生行政部门应当及时将相关信息通报同级食品药品监督管理等部门；第19条规定的国务院卫生行政部门将食品安全风险评估结果向国务院其他有关部门通报；第20条规定的"省级以上人民政府卫生行政部门、农业行政部门应当及时相互通报食品、食用农产品安全风险监测信息。国务院卫生行政、农业行政部门应当及时相互通报食品、食用农产品安全风险评估结果等信息"；第32条规定的省级以上人民政府食品药品监督管理、质量监督、农业行政等部门应当对食品安全标准执行中存在的问题进行收集、汇总，并及时向同级卫生行政部门通报；第48条规定食品安全监管部门撤销有关食品认证的，应当向县级以上人民政府食品药品监督管理部门通报；第95条规定的国家出入境检验检疫部门向国务院食品药品监督管理、卫生行政、农业行政部门通报以及国家食品药品监督部门向国家出入境检验检疫部门的通报；第100条规定的国家出入境检验检疫部门向其他部门的通报；第103条规定的县级以上人民政府质量监督、农业行政等部门在

---

① 孔繁华. 我国食品安全信息内部流通机制探究［J］. 广东行政学院学报，2012（2）.

日常监督管理中发现食品安全事故或者接到事故举报，应当立即向同级食品药品监督管理部门通报；第 104 条规定的县级以上卫生行政部门向同级食品药品监督管理部门通报；第 113 条规定的食品药品监督部门向投资主管部门、证券监督管理机构和有关的金融机构通报食品生产经营企业的违法情况；第 116 条规定的食品生产经营者、食品行业协会、消费者协会对执法部门的人员违法执法的向执法部门通报；第 119 条规定县级以上人民政府食品药品监督管理、卫生行政、质量监督、农业行政部门应当相互通报获知的食品安全信息；第 145 条规定有关食品安全的监管部门应通报而未通报的法律责任问题。

应该说《食品安全法》关于通报的主体、通报的对象以及需要通报的内容都做了规定，但对于通报的方式、通报的程序机制缺乏规定。《食品安全信息公布管理规定》第 6 条规定了各监管部门相互通报的义务，也规定："各有关部门应当建立信息通报的工作机制，明确信息通报的形式、通报渠道和责任部门。接到信息通报的部门应当及时对食品安全信息依据职责分工进行处理。"这项规定还是较为原则，它实际上将这种权力赋予了各个食品安全监管部门协商确定，因此，这种制度规定没有可操作性。

（三）明确了食品安全信息的报告制度

前文我们考察了通报与报告有所不同，在食品安全信息的报告制度中，一般是由下级主体向上级主体的职责报告制度。

《食品安全法》对食品安全信息的报告制度规定也很多。第 14 条医疗机构向卫生行政部门报告食源性疾病等有关疾病信息；第 16 条县级以上人民政府卫生行政部门向本级人民政府与上级卫生行政部门报告食品安全风险的监测结果；第 32 条规定食品生产经营者、食品行业协会发现食品安全标准在实施中存在问题的应当立即向卫生行政部门报告；第 47 条规定食品生产经营者在食品生产经营过程中有发现潜在食品风险的应向所在地县级人民政府食品药品监督管理部门报告；第 61 条规定集中交易市场的开办者、柜台出租者和展销会举办者发现有违反本法经营的行为应向所在地县级人民政府食品药品监督管理部门报告；第62条规定网络食品交易第三方平台发现有违反本法经营的行为应向所在地县级人民政府食品药品监督管理部门报告；第63条规定食品经营者对其所生产的食品进行召回的，应当将食品召回和处理情况向所在地县级人民政府食品药品监督管理部门报告等。

从《食品安全法》规定的报告制度来看，报告的主体不仅是下级政府部门，也包括食品生产经营者、医疗机构、食品行业协会、集中交易市场的开办者、柜台出租者、展销会举办者、网络食品交易第三方平台等，接受报告的主体是上级政府部门或卫生行政部门以及食品药品监督管理部门。

关于食品安全信息的报告制度，明确报告的主体、报告的对象、报告的时效，对于报告的方式、程序等未有所涉及。

（四）食品安全监管的协调机构负责协调各监管部门的食品安全信息

我国2009年《食品安全法》规定"国务院卫生行政部门承担食品安全综合协调职责"，2013年国务院机构改革确立了"国家食品药品监督部门承担食品安全综合协调职责"。因为这样两个机构"不具备法律上的执法主体和职责，让一个部局级单位协调另外三个部级单位，在执行时就会缺乏权威性，协调效果大打折扣"①。

我国有学者建议："食品安全委员会应当是一个跨各部委的，具有明确具体食品安全监管职责的，更高一级的组织、负责协调和管理食品安全有关工作的机构。委员会成员由卫生部、农业部、国家质检总局、国家工商总局、商务部等部门的主要领导组成，并由总理或全国人大常务委员会

---

① 张守文. 发达国家食品安全监管体制的主要模式及对我国的启示［J］. 中国食品学报，2008（6）.

委员长领导。"① 我国2009年的《食品安全法》第4条以及2015年《食品安全法》第5条都规定："国务院设立食品安全委员会，其职责由国务院规定。"自2010年国务院设立食品安全委员会之后，地方各级人民政府也设立食品安全委员会，这是一个协调机构，主要负责协调各监管部门的食品安全信息，以保障各监管部门食品安全信息的畅通，提高食品安全执法效率。

二、现行食品安全共享机制的设计存在的问题与不足

根据以上我们对《食品安全法》关于食品安全信息共享机制的考察，在实施过程中，这种机制还存在如下一些问题与不足：

（一）食品安全信息的分类标准不明确

我们前文考察了在食品安全信息共享机制建设中将食品安全信息分为两类：一类是重要的应由专责机关统一公布的食品安全信息；一类是各监管主体日常监管食品安全有关的信息。对于这两类信息标准的确定，实践中有一定的困难。结合我国《食品安全信息公布管理办法》来看，我们可以确立一些标准：（1）影响范围标准，如果一起食品安全事件超越一个省域的重大影响的，那么应由国务院食品药品监督管理部门来公布；如果影响范畴限于一个省级区域的，可以由省级食品药品监督管理部门来公布；（2）食品安全标准、规划、计划的制定主体标准。如果是属于国务院食品药品监督管理部门制定的，当由国务院食品药品监督部门统一公布；如果是由省级人民政府食品药品监督管理部门制定的，当由省级人民政府食品药品监督管理部门统一公布。当然，尽管这样我们可以确定，统一公布的食品安全信息的标准，那么它如何与日常监管的食品安全信息区分开来，日常监管的信息也可能是会产生重大影响的，那么这就产生由谁来公布信息的问题。

---

① 陶跃华，张晓峰．从"三鹿奶粉事件"浅析我国食品安全监管现状及对策［J］．中国卫生监督杂志，2010（4）．

（二）信息发布混乱

前文我们考察我国现行食品安全的监管是"分段监管为主，品种监管为辅"的多元主体监管模式：农业部负责农产品生产环节的监督；质检部门负责食品生产加工环节的监督；工商部门负责食品流通环节的监管；卫生部门负责餐饮业和食堂等消费环节的监管；食品药品监管部门负责对食品安全的综合监督、组织协调和依法处理重大事故。因为各个监管部门职责权限并没有界定清晰，在食品安全信息的发布权限上也必然有所交叉，加上监管部门之间缺乏信息的沟通与协调机制，难免会出现监管部门的信息重合问题，"如在 2004 年初安徽阜阳'劣质奶粉事件'中，就有多个执法部门纷纷向公众发布'不合格奶粉名单'和'放心奶粉'名单，包括质检部门、卫生部门、工商行政管理部门等。甚至有些部门因为信息发布前没有很好地沟通检验标准、协调将要发布的信息内容，导致个别奶粉同时出现在'不合格'和'放心'名单中，严重影响了信息的科学性和权威性"。① 的《食品安全法》对于监管体制仍没有做出改革，监管主体职责不清的问题仍然存在，以后这种信息发布的混乱现象可能还会发生。

（三）监管部门之间的通报工作机制不明晰

不论是我国的《食品安全法》还是《食品安全信息公布管理办法》都没有明晰监管部门之间的通报工作机制。地方一些规范性文件如《江苏省食品安全信息报告与沟通管理规定（试行）》《浙江省食品安全信息管理办法（试行）》《深圳市食品安全信用信息工作管理办法》等因为所依据的上位法即 2009 年《食品安全法》已做了修改，从而很多规定已不合时宜。关于监管部门之间的信息通报工作机制一般包括：通报主体、接受通报的主体即通报对象、通报的时间；通报的方式（书面还是电话、电子邮件或其他方式）、通报的程序（如通报部门的决定、通报部门负责人签署意见、通报渠道等）、通报部门的职责等。《食品安全法》仅对食品安全信

---

① 孔繁华. 我国食品安全信息公布制度研究［J］. 华南师范大学学报（社会科学版），2010（3）.

息的通报主体、通报对象、通报的法律责任等做了较为原则的规定，其他通报的工作机制没有涉及。在这种情况下，要么是由两个部门互相协商，确定部门间食品安全信息通报的具体工作机制，要么是由食品安全委员会出台部门间食品安全通报的工作机制，当然最好的路径选择是，根据2015年修订的《食品安全法》重新修订《食品安全信息公布管理办法》，对部门间的通报工作机制做出详细规定。

（四）食品安全信息的范围界定不明确

我国《食品安全法》未对"食品安全信息"范围做出明确界定，但在法律条文中出现多次，分别出现在该法第9条、第12条、第100条、第118条、第119条、第120条、第141条、第145条中。根据《食品安全信息公布管理办法》第2条的规定，所谓食品安全信息"是指县级以上食品安全综合协调部门、监管部门及其他政府相关部门在履行职责过程中制作或获知的，以一定形式记录、保存的食品生产、流通、餐饮消费以及进出口等环节的有关信息"。也就是说，"我国食品安全信息公布制度中的食品安全信息只是政府食品安全监管信息，信息公布制度只涉及将政府在监管中所获得的信息公布给公众，至于政府采集信息的内容、频率、广度和深度，均在所不问"①。同样，将食品安全信息公开或披露的主体仅限于政府监管部门所拥有的食品安全信息过于狭窄，根据我们前文考察的食品生产经营者、食品行业协会、集中交易市场的开办者、柜台出租者、展销会举办者、网络食品交易第三方平台等主体报告的食品安全信息是否属于可以公开的食品安全信息没有明确。美国食品安全信息公开，"从披露的对象来看，主要包括消费者、生产经营者、科学家和研究工作者。相应地，信息披露的内容主要包括消费者教育与培训信息、缺陷产品召回信息、管理部门的管理规则、工作指南、指导方针、食源性疾病信息、食品安全资

---

① 张云. 我国食品安全信息公布困境之破解［J］. 政治与法律，2014（8）.

源信息等"①。如此我国食品安全信息含义不清晰，公开的范围也就过于狭窄了。

（五）食品安全信息报告机制不完善

前文我们考察了《食品安全法》关于食品安全的报告制度，但是它只规定了报告主体、报告对象等，对报告工作机制未做详细规定。我国的《食品安全信息公布管理办法》也对食品安全信息报告的工作机制未做规定，从而在实践中食品安全信息的报告工作就陷入困境。以食品生产企业作为报告主体为例，它对有一些食品安全信息可以报告，如《食品安全法》第32条规定的对食品安全标准在实施中存在问题的；对另外一些信息如食品召回信息，在实际操作中，食品生产经营企业对食品召回有抵触，"如果企业第一时间公布了召回信息，带来的很可能就是销售的迅速下滑，和对品牌的伤害，等于是搬起石头砸自己的脚，所以没人愿意这么做。而'瞒报'的话，过不了多长时间可能就会大事化小，小事化了，而且监管部门也不会对'瞒报'有什么惩处措施，相比来说，这是最划算的一种做法"②。这种情况企业有什么样的激励机制去向有关监管部门报告食品召回的信息呢？另外，在我国《食品安全法》中也缺少对报告主体的责任设置。这就使得食品安全信息的报告制度实施效果不好。

（六）食品安全的协调机构的信息协调功能于法无据

我国《食品安全法》对于食品安全的协调机构的规定仅有一条，该法第5条规定："国务院设立食品安全委员会，其职责由国务院规定。"根据2010年2月6日国务院发布的《国务院关于设立国务院安全委员会的通知》（国发〔2010〕6号）对食品安全委员的职责规定为：分析食品安全形势，研究部署、统筹指导食品安全工作；提出食品安全监管的重大政策措施；督促落实食品安全监管责任。对我国建立食品安全信息共享机制中

---

① 孔繁华. 我国食品安全信息公布制度研究［J］. 华南师范大学学报（社会科学版），2010（3）.

② 李建东. 食品召回亟待告别密召、假召［N］. 中国食品报，2011-12-15.

的作用未做规定。从现行实践来看，国务院的食品安全委员会以及地方各级食品安全委员会在食品安全信息共享机制中未发挥重要作用，没有对各级层面食品安全信息共享进行指导、协调与监督。

三、我国食品安全信息共享机制建设的完善措施

根据以上《食品安全法》关于食品安全信息共享机制的建设以及其所存在的问题与不足，我们认为可以从以下方面进一步完善：

（一）修订《食品安全信息公布管理办法》

原《食品安全信息公布管理办法》是基于2009年的《食品安全法》来制定的，现修订的《食品安全法》关于食品安全信息共享机制的制度规定是以前《食品安全法》所没有的，尽管《食品安全法》对食品安全信息共享机制的规定并不全面，但可以通过专门的立法比如通过2015年修订《食品安全信息公布管理办法》，即根据2015年修订的《食品安全法》来制定《食品安全信息公布管理办法》。根据以上关于食品安全信息发布主体的分析，结合《食品安全法》第118条的规定，我们认为，应由国务院食品药品监督管理总局会同卫生部、农业部、商务部、工商总局、质检总局等来制定，内容应对我国食品安全信息共享机制做出全面的规定。

（二）明晰食品安全信息的范围

我们认为传统从政府监管的角度来界定食品安全信息范围过于狭窄，也不利于我国食品安全的管理与治理。我们可以借鉴美国等其他国家的做法，扩大食品安全信息的供给主体，将食品生产经营者、食品行业协会、食品安全方面的专家所拥有的信息，只要不涉及"国家秘密"范围的信息，都应该明确其为公开范围的"食品安全信息"。为此，食品安全监管部门应建立多元化的食品安全信息收集机制，"信息的收集渠道是多元的，只有广泛收集其他政府机构、企业、学界、研究者、消费者团体、外国机

构或者国际组织等信息，才能做出准确可靠的分析判断"①。

（三）明确统一公布的"食品安全信息"范围

在我国食品安全多元监管体制不改变的情况下，食品安全信息的发布主体就会是多元的，但一定要对"重要的食品安全信息"（即统一公布的食品安全信息）与日常各监管部门所掌握的食品安全信息加以区分，从而明确不同主体的公开之责。在制定的《食品安全信息公布管理办法》中关于这两类信息的区分解决方案有两种：一是明确两种信息的分类标准，即明确哪些信息是"重要的食品安全信息"，属于国务院食品药品监督管理总局或省级人民政府食品药品监督管理局统一的信息范围以及由其他食品安全监管部门公布的日常监管的食品安全信息。二是由各级食品药品管理部门来决定信息的公布主体。在有关食品安全监管部门决定不了某些食品安全信息是否为"重大食品安全信息"时，应及时报告或通报食品药品监督管理部门来决定，从而确定它合适的公布主体。

（四）尽快建立统一的食品安全信息平台

《食品安全法》第118条规定："国家建立统一的食品安全信息平台，实行食品安全信息统一公布制度。"2015年国务院发布的《2015年食品安全重点工作安排》，提出我国将建设国家食品安全信息平台，实现"农田到餐桌"全程可追溯。该平台将包括食品安全监管信息化工程、食品安全风险评估预警系统、重要食品安全追溯系统、农产品质量安全追溯管理信息平台等。"食物安全信息沟通平台要面向全社会开通，并及时将有关食物安全的各类信息向社会披露，满足消费者和生产者的知情权，使该信息沟通平台逐渐成为广大食物消费者和食物生产者了解跟踪食物安全资讯的重要途径。"②

（五）各食品安全监管应设立专门化的食品安全信息联络窗口

食品安全信息的通报与报告对食品安全的管理与治理特别重要，为做

---

① 王贵松. 食品安全信息决定监管成败［N］. 中国食品报，2012-06-22.

② 李干琼. 食物安全信息共享机制研究［J］. 安徽农业科学，2007（12）.

好不同监管部门信息的沟通与协调，我们认为各食品安全监管部门应建立专门化的食品安全信息联络窗口，"不同部门、不同层级所掌握的信息是不同的，有必要建立食品安全监管机构的信息联络体制。可以在各个食品安全监管机构中设置专门的信息联络窗口，由该窗口负责汇总本部门已确定的安全信息，并与本部门的上下级、其他食品安全监管机构保持信息沟通（包括夜间和节假日），交换食品安全信息。专门化的窗口好处在于有利于信息的准确和快捷"①。

（六）完善食品安全信息通报与报告的工作机制

我们认为应当修订《食品安全信息公布管理办法》，将食品安全信息的通报与报告的工作机制明确化、具体化，具有可操作性。关于食品安全信息的通报，应明确通报主体、通报对象、通过时效、通报信息范围、通报方式等内容；关于食品安全信息的报告，应明确报告的部门、报告的对象、报告的时间期限、报告的信息内容与范围、报告的方式以及报告的反馈等。完善我国食品安全信息的通报与报告机制，强调食品安全信息上下、左右的畅通，做到食品安全监管的"无缝对接"，提高食品安全的监管效率，满足社会主体的食品安全信息的知情权，预防或防止食品安全事故的发生。

（七）强化食品安全信息沟通法律责任的设置

法律责任是权利或权力行使的保障机制。我国《食品安全法》第145条对未按照法律规定向上级报告或向同级食品安全监管部门报告的设定了行政法律责任，"对直接负责的主管人员和其他直接责任人员给予警告、记过或者记大过处分；情节较重的，给予降级或者撤职处分；情节严重的，给予开除处分。"但对于其他主体食品生产经营者、食品行业协会、集中交易市场的开办者、柜台出租者、展销会举办者、网络食品交易第三方平台等主体未履行报告义务的，《食品安全法》没有设置一定的法律责

---

① 王贵松. 食品安全信息决定监管成败［N］. 中国食品报，2012-06-22.

任，这是法律规定缺失的地方，设置了以上主体有报告的义务，但没有法律责任的设置，从而"一方面，一些义务性条款因没有相应的责任条款作制度保障，而使得该义务性条款的实施出现困难；另一方面，法律责任条款的设置则缺少充足、科学的基础与前提"①。我们认为可以在修订的《食品安全信息公布管理办法》中增加关于报告主体的法律责任的设置。

（八）明确食品安全委员会的食品安全信息的协调功能

我国设立食品安全委员会不仅有协调各食品安全监管部门的监管职责，更重要的是，通过协调各食品安全监管部门的食品安全信息的交流与沟通来协调它们的监管职责。根据其职责范围"督促落实食品安全监管责任"可以合乎理由地推论出，它可以对各食品安全监管部门的食品安全信息起到引导、协调与监督作用，更好地发挥该部门在食品安全管理与治理中的重要作用。

① 汪全胜，张鹏．《归侨侨眷权益保护法》法律责任设置论析 [J]．华侨华人历史研究，2012（2）.

第十五章

《旅游法》授权立法条款的设置^①

《中华人民共和国旅游法》（以下简称《旅游法》）由全国人大常委会制定于 2013 年 4 月 25 日并于当年 10 月 1 日正式生效，它是我国旅游业发展的基本的法律，它奠定了我国旅游法律法规的基本框架。除《旅游法》外，根据我国现行的立法体制，国务院制定了旅游行政法规如《旅行社条例》《导游人员管理条例》《中国公民出国旅游管理办法》；国务院旅游管理部门（即国家旅游局）制定了旅游部门规章如《旅行社条例实施细则》《旅游安全管理办法》《旅游行政处罚办法》等，地方立法主体如省级人大常委会制定的旅游地方性法规如《山东旅游条例》《湖北旅游条例》等；地方人民政府制定的旅游规章如《河北省长城保护办法》《浙江省普陀山风景名胜区保护管理办法》等，以上旅游法律法规规章构成了我国旅游法律体系的框架。诚然，很多旅游行政法规、旅游地方性法规与旅游规章制定于《旅游法》之前，但都以《旅游法》为基本法律依据，不得与《旅游法》规定相冲突。实际上，《旅游法》是以授权立法条款明确其他旅游法规、规章的基本内容与法律地位的。因此，有必要深入考察《旅游法》授权立法条款的设置问题。

一、《旅游法》授权立法条款的类型

授权立法是有立法权的国家机关将某一事项的立法权授予其他国家机

---

① 本书第 15—17 章是在 2013 年颁布的《中华人民共和国旅游法》的基础上写成，虽该法和文中出现的其他法律文件现今已重新修订，但并不影响本书讲述的核心。

关行使的立法行为①。在我国授权立法的直接依据有两种类型：一种是决议授权，即有权机关通过专门决议授予其他立法机关行使立法权的行为；另一种是法条授权，即在法律法规中设置某一条款，授予其他国家立法机关行使立法权的行为。这里所讲的授权立法条款则是指法条授权。

《旅游法》作为旅游的基础性法律，它通过诸多授权立法条款确定了我国旅游法律体系的框架。如表 16-1 所示。

表 16-1 《旅游法》授权条款与授权立法的事项

授权条款	授权立法事项
第 5 条	授权对促进旅游业发展做出突出贡献的单位与个人奖励的规定
第 6 条	授权建立旅游服务标准的规定
第 7 条	授权建立旅游综合协调机制的规定
第 15 条	授权建立旅游突发事件应对的处理规定
第 16 条	授权建立出境旅游的管理规定
第 25 条	授权建立国家旅游形象推广的规定
第 27 条	授权建立旅游职业教育与培训的制度
第 29 条	授权建立旅行社出境与边境旅游的资格规定
第 37 条	授权建立获得导游资格证的制度
第 39 条	授权建立领队资格证的制度
第 46 条	授权建立城镇和乡村居民利用自有住宅和其他条件从事旅游经营的制度规定
第 47 条	授权建立高风险旅游项目的行政许可制度
第 48 条	授权建立网络经营旅行社的制度
第 50 条	授权建立旅游质量标准等级的制度

---

① 汪全胜，张鹏.法律文本中授权立法条款的设置论析［J］.云南师范大学学报（哲学社会科学版），2012（2）.

续表

授权条款	授权立法事项
第 56 条	授权建立关于旅游责任保险的制度
第 61 条	授权建立旅游人身意外伤害保险的制度
第 77 条	授权建立旅游目的地安全风险提示制度

《旅游法》还有一些条款，也是授权条款，但不是授权立法条款。授权条款与授权立法条款差异在于：授权条款是授予某种权力或权利，当然也可以授予立法权力，但根据我国现行立法体制，如果授予某一个主体是非法定的立法主体，那么这种授权仅是授予制定规范性文件的权力，这种规范性文件不属于"法律"的范畴。如该法第 90 条授予旅游行业组织制定行业经营规范和服务标准；第 17 条授权国务院、省和省、自治区、直辖市人民政府以及旅游资源丰富的设区的市和县级人民政府编制旅游发展规划等。以上两个法条也是授权条款，但不是授权立法条款，因此它们行使权力的结果产生的不是属于"法律"的规范性文件。

那么以上授权立法条款可以做一些分类。前面谈到的关于授权立法的一种分类，即"决议授权"和"法条授权"。但在法条授权中也存在一些分类，学界常采用的是"明示授权条款"与"默示授权条款"的分类。明示授权立法即在法律条文中明确具体的被授权主体制定实施办法或规范性法律文件权力的行为；默示授权立法一般没有明确的被授权立法主体，同时也没有明确需要制定的相关法规范性文件的形式与效力，但条款内容隐含着需要有或必须制定这样的法规范性文件，否则该条文无法得到有效实施[1]。从法条字面上来看，明示授权条款，一般采取"……具体办法（实施细则）由……来制定（规定、确认等）"或"……由……部门负责制定"等的表述方式；而默示授权条款一般采用"……按照规定……"或"依法（法规）

---

[1] 汪全胜，雷振斌.《归侨侨眷权益保护法》授权立法条款设置论析 [J]. 华侨华人历史研究，2011（2）.

（规定）等……"的表述方式。

根据这个标准，我们对以上 17 个条款做一下归类，明示授权立法条款有第 7 条、第 25 条、第 29 条、第 46 条，第 77 条；默示授权立法条款有第 5 条、第 6 条、第 15 条、第 16 条、第 27 条、第 37 条、第 39 条、第 47 条、第 48 条、第 50 条、第 56 条、第 61 条。

二、《旅游法》授权立法条款的性质与价值

我国立法体制是"一元两级多层次"的立法体制①。《旅游法》属于"法律"的范畴②，在现行立法体制下，法律一般具有原则性、框架性的特征，一些内容也留待其他立法主体来做出更加具体的规定。《旅游法》授权立法条款做出的授权及根据授权制定的"法规范性文件"一般具有这样几个特点：

第一，授权立法条款是授权立法的依据。完整的授权立法条款包括这样三个要素，授权主体，被授权主体（又称为受权主体），授权立法事项即授予其他立法主体进行立法的事项。前文我们列举了授权立法条款的授权立法事项，这些事项都非常明确、具体，它构成了被授权主体立法的基本依据。

第二，经授权的立法属于下位法。授权一般存在于上下位阶的立法主体之间，在我国不存在同级立法主体的授权，同级立法只能互相协调。上下位阶是确立我国法律规范效力等级的依据，如全国人大制定的基本法律属于上位法，全国人大常委会制定的法律属于下位法。上下位阶是一个相

---

① 一元两级多层次是指最高立法权属于全国人大及其常委会，有中央立法权与地方立法权两级之区分；多层次则是中央与地方的立法都是几个层次构成，中央立法包括国务院制定的行政法规；国务院各部门制定的部门规章；地方立法包括省一级人大及其常委会制定的地方性法规；设区的市人大及其常委会制定的地方性法规；省级人民政府与设区的市人民政府制定的政府规章。

② 这里的"法律"是指立法学意义上的法律，是从立法主体角度而言的，即全国人大常委会制定的"基本法律以外的法律"，简称"法律"。全国人大制定的法律属于"基本法律"。

对的概念。在《旅游法》授权立法条款中，有授权国务院制定行政法规的，如第 7 条，第 29 条；有授权国务院旅游主管部门制定部门规章的如第 25 条、第 77 条；有授权省、自治区、直辖市制定地方性法规或地方政府规章的，如第 46 条。

第三，经授权的立法属于配套性立法。什么是配套性立法呢？有学者认为，它描述是这样的一种法律现象："国务院等有关国家机关根据法律条文的明确规定，为保证该法律的有效实施而对其中不具有操作性的原则性规范或概括性规定予以细化而制定（的）法规、规章和其他的规范性文件。"① 《旅游法》授权立法条款都是针对某一事项做出授权，是将《旅游法》中框架性、原则性的规定进一步具体，增加法律条文的可操作性、可实施性，以便法律所规定的制度能够得以落实，得以实现。

第四，经授权的立法不得违背授权法的规定、原则与精神。经授权的立法是下位法，是附属于授权法的，经授权制定的旅游法规、规章，不得与《旅游法》的规定、原则与精神相违背。实际上，《旅游法》是旅游法律体系的基本性法律，其他旅游法规、规章是它的下位法，只能贯彻实施《旅游法》的规定、原则与精神，而不能与其相冲突。这也是我国法律体系的统一性、协调性的根本要求。

那么《旅游法》设置授权立法条款有什么意义与价值呢？我们认为，作为旅游的基本法律《旅游法》设置授权立法条款有以下意义与价值：

第一，它奠定了我国旅游法律体系的基本框架。虽然《旅游法》出台于 2013 年，实施也没有几年的时间，但关于旅游的法规规章早已经制定出来了。根据笔者在我国原国家旅游局网站的查询，我国现有的旅游法律仅有一部即《旅游法》；旅游行政法规有三部，地方立法主体也制定了为数不少的旅游地方性法规如《山东旅游条例》《江西旅游条例》等以及旅游地方政府规章，可以说以《旅游法》为核心的旅游法律体系基本形成。但

---

① 徐向华，周欣 . 我国法律体系形成中法律的配套立法［J］. 中国法学，2010（4）.

在这个框架内，旅游行政法规、旅游部门规章、旅游地方性法规、旅游地方政府规章都能在《旅游法》中找到明示或默示的授权立法条款的依据，如《导游人员管理条例》的授权立法依据是《旅游法》第 37 条、第 39 条等。

第二，细化《旅游法》的规定，增强《旅游法》的可操作性。"授权立法细化了法律、法规原则上的规定，有效地保障了法律法规的贯彻实施。"① 以《旅游法》第 28 条为例，该条规定了旅行社设立的基本条件：有固定的经营场所；有必要的营业设施；有符合规定的注册资本；有必要的经营管理人员和导游；法律、行政法规规定的其他条件。而国务院制定的《旅行社条例》则以两章 18 个法律条文具体规定了旅行社的设立问题，将《旅游法》规定的条件进一步具体化了，如"有符合规定的注册资本"，《旅行社条例》第 6 条规定有不少于 30 万元的注册资本，除此之外，《旅行社条例》第 13 条规定，经营国内旅游业务和入境旅游业务的旅行社，应当在国务院旅游行政主管部门指定的银行开设专门的质量保证金账户中，存入质量保证金 20 万元；经营出境旅游业务的旅行社，应当增存质量保证金 120 万元。《旅行社条例》第 14 条规定，旅行社每设立一个经营国内旅游业务和入境旅游业务的分社，应当向其质量保证金账户增存 5 万元；每设立一个经营出境旅游业务的分社，应当向其质量保证金账户增存 30 万元。这就将旅行社的设立更加具体化，也更加具有可操作性，对于有意向设立旅行社的单位与个人来说，规范的指引很明确。

第三，明确不同立法主体的立法职责，保障法律体系的协调性。前面说过，我国有不同层级的立法主体，各自的立法权限有所不同，但都遵守法律体系的统一性与和谐性。《宪法》与《立法法》都明确规定坚持社会主义法制的统一性是一项基本原则。根据我国立法体制的设定，下位法的立法主体都有义务或责任将上位法的内容进一步具体化，但具体化的过程

---

① 汪全胜. 制度设计与立法公正 [M]. 济南：山东人民出版社，2005：114-115.

中，不得违背上位法的规定、原则与精神，如《旅游法》是2013年4月25日制定，并于同年10月1日实施；而国务院最早在1996年10月15日就制定了《旅行社管理条例》，2009年2月20日国务院修订了《旅行社管理条例》并改名为《旅行社条例》，在《旅游法》制定实施以后，国务院于2016年2月6日也修订了《旅行社条例》，以使得《旅行社条例》与《旅游法》协调一致，不矛盾，不冲突。同理，原国家旅游局制定的《旅行社条例实施细则》是《旅行社条例》的下位法，更是《旅游法》的下位法，在上位法有所修改的情况下，下位法也得修改或修正，原国家旅游局最新修订《旅行社条例实施细则》是2016年12月6日。这不仅是社会主义法制统一性的根本要求，也是保障旅游法律体系内在协调一致性的根本要求。

三、《旅游法》授权立法条款的实施效果

《旅游法》设置授权立法条款，目的是促使相关立法主体制定相配套的法律规范性文件，使得《旅游法》的规定能够得到落实，得到实施与实现。那么考察《旅游法》授权立法条款的实施效果有两个层次，一是否根据授权立法条款制定了相关的配套性法律规范性文件；二是制定的相关配套性法律规范性文件是不是更加具体，更加具有可操作性。通常第一个层次实现了，第二个层次也就显而易见的。《旅游法》实施已有几年的时间了，我们看该法的授权立法条款是否得到落实。如表16-2所示。

表16-2　《旅游法》授权立法条款设置的实施情况

授权条款	根据授权条款制定的法的名称或条文	制定主体	制定（或修改）时间	生效时间
第5条	《旅游资源保护暂行办法》第12条	原国家旅游局	2007年9月4日	2007年9月4日

续表

授权条款	根据授权条款制定的法的名称或条文	制定主体	制定（或修改）时间	生效时间
第6条	《旅行社服务质量赔偿标准》	原国家旅游局	2011年4月12日	2011年4月12日
	《旅游景区质量等级管理办法》	原国家旅游局	2012年4月16日	2012年4月16日
第7条	《重大旅游安全事故处理程序试行办法》	原国家旅游局	1993年4月15日	1993年4月15日
第15条	《重大旅游安全事故处理程序试行办法》	原国家旅游局	1993年4月15日	1993年4月15日
第16条	《大陆居民赴台湾地区旅游管理办法》	原国家旅游局公安部国务院台湾事务办公室	2006年4月16日制定，2011年6月20日修订	2006年4月16日
	《出境旅游领队人员管理办法》	原国家旅游局	2002年10月14日	2002年10月14日
第16条	《中国公民出国旅游管理办法》	国务院	2001年12月12日	2002年7月1日
	《中外合资经营旅行社试点经营出境旅游业务监管暂行办法》	原国家旅游局商务部	2010年8月29日	2010年8月29日
第25条	无	无	无	无
第27条	《关于加快发展现代旅游职业教育的指导意见》	原国家旅游局教育部	2015年10月26日	2015年10月26日

续表

授权条款	根据授权条款制定的法的名称或条文	制定主体	制定（或修改）时间	生效时间
第29条	《旅行社条例》	国务院	2009 年 2 月 20 日修订，2016 年 2 月 6 日再次修订（2017 年 3 月 1 日第二次修订）	2009 年 5 月 1 日
	《旅行社条例实施细则》	原国家旅游局	2009 年 4 月 2 日通过，2016 年 12 月 12 日修订公布	2009 年 5 月 3 日
第37条	《导游人员管理条例》	国务院	1999 年 5 月 14 日（2017 年 10 月 7 日修订）	1999 年 10 月 1 日
	《导游人员等级考核评定管理办法（试行）》	原国家旅游局	2005 年 6 月 3 日	2005 年 7 月 3 日
第39条	《导游人员管理条例》	国务院	1999 年 5 月 14 日	1999 年 10 月 1 日
	《导游人员等级考核评级管理办法（试行）》	原国家旅游局	2005 年 6 月 3 日	2005 年 7 月 3 日
第46条	无	无	无	无
第48条	《旅行社条例》	国务院	2009 年 2 月 20 日修订，2016 年 2 月 6 日再次修订（2017 年 3 月 1 日第二次修订）	2009 年 5 月 1 日
	《旅行社条例实施细则》	原国家旅游局	2009 年 4 月 2 日通过，2016 年 12 月 12 日修订公布	2009 年 5 月 3 日

续表

授权条款	根据授权条款制定的法的名称或条文	制定主体	制定（或修改）时间	生效时间
第50条	《旅行社服务质量赔偿标准》	原国家旅游局	2011年4月12日	2011年4月12日
	《旅游景区质量等级管理办法》	原国家旅游局	2012年4月16日	2012年4月16日
第56条	《旅行社责任保险管理办法》	原国家旅游局 中国保险监督管理委员会	2010年11月8日	2011年2月1日
第61条	《旅行社责任保险管理办法》	原国家旅游局 中国保险监督管理委员会	2010年11月8日	2011年2月1日
第77条	《旅游安全管理办法》	原国家旅游局	2016年9月27日	2016年12月1日

根据以上表，我们了解到：

第一，《旅游法》绝大多数授权立法条款得到了重视与落实，并且制定了相关的法律规范性文件。只有两项授权立法事项目前尚没有制定相关法律规范性文件，一是《旅游法》第25条关于建立国家旅游形象推广的制度；二是《旅游法》第46条关于建立城镇和乡村居民利用自有住宅和其他条件从事旅游经营的制度规定。这两项规定都很重要，但从国家层面还缺失这样的制度，不利于我国旅游事业的发展。另外《旅游法》第27条的授权条款制定了相关的规范性文件，但不是属于"法律"的范畴，应提升该规范性文件的地位。

第二，尽管有相关的法律规范性文件，但是范围过窄，规定不够全面。如《旅游法》第6条授权建立旅游服务质量标准的制度，虽然我们现在有《旅行社服务质量赔偿标准》《旅游景区质量等级管理办法》，但不能涵盖授权所应制定的内容，如旅行社服务质量标准，而不单单是旅行社服务质量赔偿标准；还有旅游景区的质量等级，并不能揭示旅游景区所应提供的服务质量标准；还有导游、领队等在旅游中提供的服务质量标准等，仅依据以上两个法律规范性文件是不能满足授权立法条款要求的；还有《旅游法》第 47 条关于授权建立高风险旅游项目的行政许可制度，还有一些规定，从深层次讲没有落实授权立法条款的基本要求，如《旅游法》授权对促进旅游业发展做出突出贡献的单位与个人奖励的规定，尽管《旅游资源保护暂行办法》第 12 条也有这样的规定，该条规定："各级旅游行政管理部门应对在本地旅游资源保护工作中做出突出贡献的集体和个人进行大力宣传和鼓励。"虽然该条明确了奖励主体，但没有明确奖励标准、奖励方式等，这个规定仍然不具有可操作性，没有满足授权立法条款构成要件的基本要求。

　　第三，从授权立法的制定时间与生效时间来看，在《旅游法》制定之后修改或制定经授权的法律规范性文件仅有三件，即《旅行社条例》《旅行社条例实施细则》以及《旅游安全管理办法》，前面一件是行政法规，后两件是部门规章。由此可以看出，《旅游法》所设置的授权立法条款没有得到很好的落实。一般情况下，《旅游法》出台之后，相关的立法主体如国务院、原国家旅游局以及地方立法主体应对自己制定的旅游法律规范性文件进行清理，该废止的废止，该修改的修改，该重新制定的当重新制定。而国务院、原国家旅游局以及地方立法主体在这方面并没有做很多工作，这也可以理解为"立法不作为"，立法不作为"就是指立法机关应当进行立法而懈怠不去立法的行为"①。

四、《旅游法》授权立法条款设置技术的缺陷

　　前文我们考察了《旅游法》中的授权立法条款以及其实施效果。《旅

---

① 杨福忠．立法不作为问题研究［M］．北京：知识产权出版社，2008：25.

游法》公布实施以来，其实施效果从授权立法条款的实施效果就可见一斑。《旅游法》授权立法条款实施效果不好，有立法主体的不作为方面的因素，反过来，我们也可以从《旅游法》授权立法条款的设置技术上找到一些原因，反思《旅游法》授权立法条款设置技术的缺陷是有必要的，在强调立法精细化、立法科学化，推进法治国家建设的今天，有一定的现实意义。

（一）默示授权立法条款过多

从前文表 16-1 可以看出，在《旅游法》17 条授权立法条款中，明示授权条款仅占 5 条，默示授权立法条款占 12 条，占比 70% 以上。默示授权立法条款，"因为没有明确被授权主体及被授权主体制定的法规范性文件的形式与效力，可能在实践中造成操作困难的状况，也可能因无法明确立法权限而造成立法体制的无序"①。以《旅游法》第 5 条为例，它规定："国家倡导健康、文明、环保的旅游方式，支持和鼓励各类社会机构开展旅游公益宣传，对促进旅游业发展做出突出贡献的单位和个人给予奖励。"这是典型的默示授权条款，它没有明确被授权的主体，在这里"国家"是个抽象的符号，"国家"权力是由政府各机关来行使，也就是说，上至国务院，下至乡镇基层人民政府，都可以制定"对促进旅游业发展做出贡献的单位和个人"奖励的制度；同时，这条也没有明确必须制定有关法律规范性文件，它可以由相关立法主体制定法律规范性文件如国务院制定行政法规、原国家旅游局制定部门规章，以及地方立法主体制定的地方性法规与地方政府规章，如果由以上主体来行使，那么这就是授权立法条款，反之，它就很宽泛，其他非立法权的主体也可以制定规范性文件。在图表二中我们可以看到，原国家旅游局制定的《旅游资源保护暂行办法》有条文（第 12 条）规定了奖励，但这种奖励规定既没有规定奖励主体，也没有规定奖励标准、奖励方式，这种规定就没有任何实施的意义了。默示立法条

---

① 汪全胜，戚俊娣.《体育法》授权立法条款设置论析［J］.武汉体育学院学报，2010（11）.

款过多，反映我国现阶段的立法技术还有待进一步提高，因此 2015 年《立法法》的修改提出"立法精细化"是我国法治建设必须经历的阶段。

（二）被授权主体不明确

一般来说，默示授权条款中典型的特征就是被授权主体不明确，但也有明示的授权立法条款不明确具体被授权立法主体，只是明确了一个范围。这个范围的主体按着这种授权都可以进行授权立法。如《旅游法》第 25 条（默示授权立法条款）规定："国家制定并实施旅游形象推广战略。国务院旅游主管部门统筹组织国家旅游形象的境外推广工作，建立旅游形象推广机构和网络，开展旅游国际合作与交流。"这里"国家"是个"虚指"，但"国务院旅游主管部门"是"实指"，也就是"原国家旅游局"，在我国，原国家旅游局是我国旅游主管机关，由它来制定国家旅游形象推广战略的制度非常合适也非常有必要。还有《旅游法》第 46 条是个明示授权立法条款，但被授权主体没有具体所指，仅设定了一个范围。该条规定："城镇和乡村居民利用自有住宅或者其他条件依法从事旅游经营，其管理办法由省、自治区、直辖市制定。"这里明确"省、自治区、直辖市"，但是关于"省、自治区、直辖市"从立法主体角度来讲，有三种类型：一是省、自治区、直辖市人大；二是省、自治区、直辖市人大常委会；三是省、自治区、直辖市人民政府。前两种类型制定是地方性法规，虽然同为地方性法规，但有上下位阶的区分；后一种制定的是地方政府规章，效力等级最低。当然，在《旅游法》设置的默示授权立法条款中，除极少数能确定被授权立法主体的范围外，多数都是很难确定具体的被授权立法主体的。

（三）授权事项有所重复

通常在一个授权立法条款中明确具体的授权事项，但一些授权立法条款可以合并，因为都是涉及同一个对象，在进行这样的授权立法时，立法主体可以将不同的授权事项规定在同一部法律规范性文件中。这样就出现了授权立法条款中授权事项重复的现象。在前文考察授权立法条款的实施效果时，我们发现，如第 29 条和第 48 条，都是关于旅行社的制度，为同一个对象，但规定不同方面的制度，可以通过单一的立法《旅行社条例》《旅行社条例实施细则》解决之。同样，第 6 条和第 50 条，第 7 条和第 15 条、第 37 条和第 39 条、第 56 条和第 61 条。从这些授权立法条款的设置来看，《旅游法》立法精细化技术有待提高。

（四）授权范围不明确

《立法法》第 10 条规定，授权立法的范围需要明确。但在《旅游法》一些授权立法条款中，并没有明确授权事项的范围。如《旅游法》第 7 条规定："国务院建立健全旅游综合协调机制"。这虽然是有明确的被授权主体，但授权事项涉及"旅游综合协调机制"，这个范围就比较大，它可以是国家旅游发展规划的综合协调机制，也可以是旅游突发事件应对的综合协调机制，也可以是旅游纠纷处理的综合协调机制等，含义不明确。虽然笔者在考察授权立法条款的实施效果时，将原国家旅游局制定的《重大旅游安全事故处理程序试行办法》作为它的配套立法，但我们知道，单纯这样一个旅游规章不能涵盖授权事项的范围，同时也说明该授权范围不明确。其他一些授权立法条款特别是默示授权立法条款也存在这种现象。

（五）授权目的不明确

一般来说，立法主体要进行法条授权都要明确授权目的，授权目的是授权机关对被授权机关所表达的意图，是授权立法所要实现的目的与目标。明确授权目的，一方面可以让被授权机关知晓立法意图；另一方面便于授权主体对被授权主体的立法监督。立法主体在进行授权时，是为了该法的实施制定具体的规则还是制定配套的法律规范性文件。《旅游法》授权立法条款中，明示授权立法条款都明确了授权立法的目的，少数默示的授权立法条款也明确了立法目的如第 5 条、第 6 条、第 27 条等，但多数默示的授权立法条款则比较模糊。这进一步增加了授权立法条款的操作难度。

（六）授权条款的立法语言不规范

立法语言要求肯定、精练、明确、具体，它是人们行为的指引性规范，明确告诉人们可以做什么，不可以做什么，禁止做什么等。法律语言与其他规范性文件的语言不同。但在《旅游法》授权立法条款中出现了"倡导""鼓励""支持"等字样，如该法第 5 条规定："国家倡导健康、文明、环保的旅游方式，支持和鼓励各类社会机构开展旅游公益宣传。"这种语词不适合出现在法律条文中。该法第 27 条也出现"国家鼓励和支持"的字样，这在立法语言中出现是不合适的。

五、《旅游法》授权立法条款设置技术完善的几点建议

2014 年党的十八届四中全会通过了《关于全面推进依法治国若干重大问题的决定》提出法治国家建设的目标、步骤、方式方法等，"科学立法"是基本前提，没有"科学立法"，就不能做到"严格执法""公正司法"与"全民守法"。涉及一个具体的部门法，立法机关也应该注意立法的科学化、精细化。考察《旅游法》授权立法条款设置技术存在的问题，我们提出以下完善的建议：

（一）授权立法条款应明晰化

前文说到，默示授权立法条款因为不明确被授权主体，不明确授权制定的法律规范性文件的形式与效力，在实践中就不具有可操作性，也会引起立法机关之间的推诿与扯皮。对于《旅游法》中默示授权立法条款可以改造转化为明示授权立法条款，如该法第 5 条为例，可以将该条的被授权机关进行明确，由国务院制定对旅游事业发展做出贡献的单位和个人的奖励规范。国务院制定一个原则性奖励规定，国家旅游主管部门以及地方立法主体可以在这个原则范围内具体化。但是这里明确了国务院作为被授权主体后，授权立法就可以顺利进行下去。对于《旅游法》有些默示授权立法条款如果没有必要的可以废止如《旅游法》第 7 条，该条文废止也不影响《旅游法》的整体性。关于这一条的规定可以通过其他非"法律"范畴的规范性文件来解决，如国务院 2016 年 12 月 7 日发布的《"十三五"旅游业发展规划》，它就详细规定了旅游业发展规划中的综合协调机制问题，

而这个文件只是规范性文件，并不属于国务院的行政法规。

（二）明确被授权主体

被授权主体一旦明确，根据授权进行立法就是其职责，同时也方便授权主体进行监督。因此，针对《旅游法》中的授权立法条款，不明确的被授权主体应予以明确、具体，如该法第25条就可以将国家旅游推广工作制度的规定授予国家旅游主管部门即原国家旅游局；第46条可以将被授权主体明确为"省、自治区、直辖市人大常委会"，因为人大常委会是人大的常设机构，根据我国现行的立法体制及立法习惯，省级地方性法规多为人大常委会制定。省级人民政府虽然也可以，但它所制定的规范性文件效力低于地方性法规。其他授权立法条款中涉及"国家"的模糊表述，可以将被授权主体明确为"国务院"或"国家旅游主管部门"；在没有明确表述的被授权立法主体时，《旅游法》在修订时应明确其被授权主体。

（三）涉及规制同一个对象的授权事项应合并

前文考察，《旅游法》有授权立法条款涉及同一个规制对象，如涉及旅行社的设立资格问题；旅行社经营范围问题如经营边境旅游、出境旅游业务的；有网络上经营旅行社的条件问题；有旅行社设立分社的问题；有外资设立旅行社的问题等，这只要国务院制定《旅行社条例》就可以将涉及旅行社的相关制度都规定下来。这样的立法，既增加了立法的精炼，保障了立法的简洁化，也是防止授权事项过多，法律条文数量过于庞大。特别是作为旅游法律体系基本框架的《旅游法》，这种立法技术应当采取。

（四）授权规范应明晰化

《立法法》第10条规定："授权决定应当明确授权的目的、事项、范围、期限以及被授权机关实施授权决定应当遵循的原则等。"这是讲授权决定（即决议授权）的授权规范问题，实际上这也适用"法条授权"问题。在法条授权即设置授权立法条款时，应当明确授权的目的、事项、范围等授权规范，以此增加授权立法的可操作性。我们前文考察的《旅游法》部分授权立法条款存在授权范围、授权目的不明确的情况应当加以修正，明确授权范围；如果授权目的不明确或模糊，可以不予以授权；如果有明确的授权目的，则应在授权立法条款中明确授权目的。

关于授权立法的期限问题，在我国现行设置授权立法条款的法律法规中多没有明确。由此导致一些立法机关不作为。《立法法》明确了授权决定的期限为五年，我们认为，对于法条授权可以缩短一些时间如两年，在法律法规颁布两年时间内，有关立法主体应根据法律法规的授权尽快制定法律规范性文件，以保障法律法规的有效实施与实现。

（五）完善授权条款的语言表达技术

立法语言不同于日常语言，要求"肯定""明确""具体"，立法语言也应追求规范化。对于《旅游法》中授权立法条款中出现的"鼓励""支持""倡导"等词语应加以修正，这些词语"与其说是法律术语，不如说是政策术语，是政策性宣言，而不是法律的规范性规定。"[①] 运用规范的法律语言，不仅增加法律法规的操作性，同时也通过语言维护法律法规的严肃性与神圣性。

---

① 汪全胜，陈光，张洪振.《体育法》总则的反思与重构 [J]. 天津体育学院学报，2010（2）.

第十六章

《旅游法》配套立法探讨

2013 年 4 月 25 日第十二届全国人大常委会第二次会议审议通过了《中华人民共和国旅游法》并于同年 10 月 1 日正式实施，作为我国旅游事业发展的基本法，它奠定了我国旅游法律体系的基本框架，促进我国旅游事业的发展。现该法实施以来，我们需要追问该法的实施效果，同时从其实施效果回头看《旅游法》，在哪些方面规定得比较完善，哪些方面存在不足，实施效果的好坏除了《旅游法》本身的规范之外，与《旅游法》相配套的法规、规章制定状况有一定关系，我们认为有关立法主体应适时启动《旅游法》立法后评估，一是保障我国旅游事业健康发展；二是促进旅游法律制度的完善。这里仅反思我国《旅游法》的配套立法问题。

一、我国现行旅游法律体系的基本框架

法律体系一般是指一个主权国家范围内现行有效的法律构成的整体①，它的结构要素是因调整对象而形成的不同法律部门。部门法体系则是指以同一类调整对象为主的不同类型、不同层级的法律、法规、规章等构成的整体。"旅游法的调整对象是在旅游活动中形成、带有旅游特点或体现旅

---

① 黄文艺. 法律体系形象之解构与重构 [J]. 法学，2008（2）.

游活动特点的各种社会关系。"① 那么旅游法体系就是调整旅游活动或体现旅游活动特点社会关系的法律、法规、规章。从我国现行法律体系来看，旅游法律体系就是以《宪法》指导下以《旅游法》为基本架构的涉及旅游的不同类型、不同层次的法律、法规、规章构成。

（一）《宪法》

《宪法》是其他一切法律法规制定的基本依据，通常全国人大及其常委会制定法律时，都会在法律文本中确定它的宪法依据，即"根据宪法，制定本法"，如《中华人民共和国刑法》第 1 条、《中华人民共和国民法通则》第 1 条等。根据学者的分析，"根据宪法，制定本法"包含有两种意义，一种是权源意义上，即全国人大及其常委会以何种宪法身份制定法律；二是指法源意义上，即全国人大及其常委会制定法律时，法律的内容渊源何处②。在法源意义上，一般包括两个方面：一是宪法的直接规定；二是宪法的原则、精神等。《旅游法》第 1 条没有规定"根据宪法，制定本法"，那么《旅游法》有宪法的直接根据吗？我国《宪法》第 43 条规定了劳动者的休息权利③，有学者认为，该条是我国《旅游法》制定的宪法依据，"目前在我国，旅游是劳动者休息和休养的重要形式之一，已逐渐成为普通百姓的大众消费行为"④。旅游是劳动者休息权利的行使方式。

（二）《旅游法》以及全国人大及其常委会制定的其他涉及旅游内容的法律

《旅游法》是我国旅游事业的基本法，共有 10 章 112 条，是全国人大常委会制定的"法律"，它规定了旅游者、旅游规划的编制、旅游经营、旅游服务合同、旅游安全、旅游监督管理、旅游纠纷处理、旅游法律责任

---

① 李宏伟. 论《旅游法》颁布对我国旅游法规体系建设的作用 [J]. 中央社会主义学院学报，2014（3）.
② 叶海波."根据宪法，制定本法"的规范内涵 [J]. 法学家，2013（5）.
③ 该条规定："中华人民共和国劳动者有休息的权利。国家发展劳动者休息和休养的设施，规定职工的工作时间和休假制度。"
④ 王莉霞. 我国旅游法体系构成初探 [J]. 宁夏社会科学，1998（2）.

等内容。除了《旅游法》全国人大及其常委会所制定的法律中哪些涉及旅游内容的规定呢？如表 17-1 所示。

表 17-1 全国人大及其常委会制定的涉及旅游内容的现行有效的法律统计

法律名称	制定主体	制定时间	生效时间	与旅游相关内容的解释与示例	《旅游法》相关条文
民法通则	全国人民代表大会	1986-04-12	1987 - 01 - 01（2021 年 1 月 1 日废止）	旅游民事责任	第 54 条关于景区连带责任的规定
刑法	全国人民代表大会	1997-03-14	1997-10-01	旅游刑事责任	第 110 条旅游刑事责任的规定
合同法	全国人民代表大会	1999-03-15	1999 - 10 - 01（2021 年 1 月 1 日废止）	旅游合同	第 5 章关于旅游服务合同的规定
消费者权益保护法	全国人大常委会	1993 - 10 - 31（后经 2 次修正）	1994-01-01	旅游消费	第 2 章关于旅游者权利的规定
保险法	全国人大常委会	1995 - 06 - 30（后经 4 次修正）	1995-10-01	旅游责任保险	第 56 条高风险旅游项目的责任保险
价格法	全国人民代表大会常务委员会	1997-12-29	1998-05-01	景区门票及收费	第 43、44 条关于景区收费的规定
安全生产法	全国人大常委会	2014-08-31	2014-12-01	景区生产安全	第 107 条违反生产安全的法律责任

续表

法律名称	制定主体	制定时间	生效时间	与旅游相关内容的解释与示例	《旅游法》相关条文
消防法	全国人大常委会	1998－04－29（后经1次修正）	2009-05-01	景区消防安全	第107条违反消防安全的法律责任
残疾人保障法	全国人大常委会	2008-04-24	2008-07-01	残疾人旅游享受的优惠与便利	第11条关于残疾人、老年人、未成年人旅游的优惠与便利
老年人权益保障法	全国人大常委会	1996－08－29（后经2009年8月7日修正，2012年12月28日修订，2015年4月24日第二次修正，2018年12月29日第二次修正）	2013-07-01	老年人旅游享受的优惠与便利	第11条关于残疾人、老年人、未成年人旅游的优惠与便利
未成年人保护法	全国人大常委会	1991－09－04（2016年12月29日第一次修订，2012年10月26日修正，2020年10月17日第二次修订）	2007-06-01	未成年人旅游享受的优惠与便利	第11条关于残疾人、老年人、未成年人旅游的优惠与便利
侵权责任法	全国人大常委会	2009-12-26	2010-07-01	旅游者受到侵权时的救济	第12条旅游者人身、财产侵害的救济权利

法律名称	制定主体	制定时间	生效时间	与旅游相关内容的解释与示例	《旅游法》相关条文
突发事件应对法	全国人大常委会	2007-08-30	2007-11-01	旅游者在突发事件发生时的配合与应对	第15条关于旅游者在突发事件中的配合与应对
文物保护法	全国人大常委会	1982-11-19（经过了1991年6月29日第一次修正，2002年10月28日修订，后于2007年12月29日、2013年6月29日、2015年4月24日，以及2017年11月4日4次修正）	1982-11-19	景区中文物保护	第18条规定的旅游资源保护
土地管理法	全国人大常委会	1986-08-25（后经1988年12月29日第一次修正，1998年8月29日修订，2004年8月28日、2019年8月26日又进行了2次修正）	1999-01-01	旅游规划与土地规划的协调	第19条旅游规划编制与土地规划的协调
城乡规划法	全国人大常委会	2007-10-28（后经2015年4月24日以及2019年4月23日两次修正）	2008-08-01	旅游规划与城乡规划的协调	第19条旅游规划编制与城乡规划的协调

法律名称	制定主体	制定时间	生效时间	与旅游相关内容的解释与示例	《旅游法》相关条文
环境保护法	全国人大常委会	1989－12－26（后经1次修订）	2015-01-01	旅游规划与环境保护规划的协调	第19条旅游规划与环境保护规划的协调
道路交通安全法	全国人大常委会	2011-04-22	2011-05-01	从事旅游客运的经营者要遵循交通安全的规定	第53条关于旅游客运的规定
调解法	全国人大常委会	2010-08-28	2011-01-01	旅游纠纷的调解	第92条关于旅游纠纷的解决方式的规定
仲裁法	全国人大常委会	1994－08－31（后经2009年8月27日，2017年9月1日2次修正）	1995-09-01	旅游纠纷的仲裁	第92条关于旅游纠纷的解决方式的规定
民事诉讼法	全国人民代表大会	1991－04－09（后经2007年10月28日、2012年8月31日、2017年6月27日3次修正）	1991-04-09	旅游纠纷的民事诉讼	第92条关于旅游纠纷的解决方式的规定
行政处罚法	全国人民代表大会	1996－03－17（后经2009年8月27日、2017年9月1日2次修正）	1996-10-01	旅游行政处罚	第9章法律责任中关于行政处罚的规定
行政许可法	全国人大常委会	2003-08-27	2004-07-01	高风险旅游项目的行政许可制度	第47条关于高风险旅游项目的行政许可制度的规定

从上表可以看出，与旅游相关的法律既有全国人大制定的，也有全国人大常委会制定的，基本上都制定于《旅游法》之前，作为后法的《旅游法》，全国人大常委会在立法时需要考察该法与现有法律制度的协调，否则法律之间会冲突，影响我国的法制统一。

（三）国务院制定的旅游行政法规

根据我国立法体制，国务院有制定行政法规的权力。那么国务院制定了哪些旅游行政法规呢，如表17-2所示。

表 17-2　国务院制定的旅游行政法规统计

序号	法规名称	制定时间	生效时间
1	森林和野生动物类型自然保护区管理办法	1985-07-06	1985-07-06
2	导游人员管理条例	1999-05-14	1999-10-01
3	中国公民出国旅游管理办法	2001-12-12	2002-07-01
4	风景名胜区条例	2006-09-19	2006-12-01
5	长城保护条例	2006-10-11	2006-12-01
6	旅行社条例	2009-02-20（2016-02-08 修正）	2009-05-01
7	中华人民共和国自然保护区条例	1994-10-09	1994-12-01
8	中华人民共和国外国人入境出境管理条例	2013-07-12	2013-09-01
9	博物馆条例	2015-02-09	2015-03-20
10	中国公民往来台湾地区管理办法	1991-12-17	1992-05-01
11	中华人民共和国道路交通安全法实施条例	2004-04-30	2004-05-01

（四）旅游地方性法规

旅游地方性法规的制定主体有：省、自治区、直辖市人大及其常委会；设区的市（含自治州）人大及其常委会；自治县人民代表大会。

笔者在"中国法律法规信息库"上查询，目前省一级的旅游条例有30

件，其中20件省级旅游条例制定或修改于《旅游法》颁布实施之后，它们是：西藏、四川、广东、广西、海南、重庆、山东、贵州、湖北、江西、陕西、福建、河北、浙江、江苏、上海、黑龙江、吉林、辽宁、内蒙古；有10件省级旅游条例制定于《旅游法》之前，目前仍未修正的有10省旅游条例，它们是：云南、河南、甘肃、青海、安徽、宁夏、新疆、山西、天津、北京。

除了省一级的旅游条例以外，设区的市也有制定旅游条例，如《武汉市旅游条例》《太原市旅游条例》；另外还有自治县人大制定的旅游条例，如《鄂伦春自治旗旅游条例》《本溪满族自治县旅游资源保护条例》。

除制定综合性旅游地方性法规外，还有一些专项的旅游地方性法规，如《岳麓山风景名胜区保护条例》《泰山风景名胜区保护管理条例》等。

（五）旅游规章

旅游规章的制定主体有：国家旅游主管机关如原国家旅游局；国务院其他机关制定的旅游规章；省、自治区、直辖市人民政府制定的规章；设区的市人民政府制定的规章。当然原国家旅游局是旅游规章的重要制定主体。我们这里考察一下原国家旅游局所制定的旅游规章。如表17-3所示。

表17-3　原国家旅游局制定的旅游规章统计

序号	规章名称	制定时间	生效时间
1	旅游安全管理暂行办法实施细则	1994-01-22	1994-03-01
2	旅游统计管理办法	1998-05-15	1998-05-15
3	旅游发展规划管理办法	2000-10-26	2000-10-26
4	旅行社条例实施细则	2009-04-02（修订2次）	2009-05-03
5	导游人员等级考核评定管理办法（试行）	2005-06-03	2005-07-03
6	旅游规划设计单位资质等级认定管理办法	2005-07-06	2005-08-05
7	旅游投诉处理办法	2010-05-05	2010-07-01

序号	规章名称	制定时间	生效时间
8	中外合资经营旅行社试点经营出境旅游业务监管暂行办法	2010-08-29	2010-08-29
9	旅行社责任保险管理办法	2010-11-25	2011-02-01
10	原国家旅游局规章和规范性文件制定程序规定	2011-04-06	2011-04-06
11	大陆居民赴台湾地区旅游管理办法	2006-04-16	2006-04-16
12	旅游行政处罚办法	2013-05-12	2013-10-01
13	旅游安全管理办法	2016-09-27	2016-12-1

二、《旅游法》配套立法的范围

上文考察了我国旅游法律体系的框架，它分为五个层次，表达了不同法律规范性文件的效力位阶。那么在这个法律体系框架中，哪些法律规范性文件属于《旅游法》配套立法的范围呢？

什么是配套立法？现有立法学教材还没有确立这个范畴，只是这几年才成为立法学研究的内容。它在正式文件中的出现，最早是在吴邦国于2006年3月9日在第十届全国人大第一次会议上所做的《全国人民代表大会常务委员会工作报告》① 中。2015年3月15日第十二届全国人大第三

---

① 该报告在总结年度工作时，充分肯定了国务院高度重视《公务员法》的贯彻实施，"研究制定配套办法"的做法。参见《全国人大常委会公报》2006（4）。更早使用"配套"一词的是吴邦国在2005年12月29日十届全国人大常委会十九次会议上的讲话。他在总结全国人大常委会为坚持和完善人民代表大会制度做了大量工作时谈到，常委会"相继制定了12个配套工作文件，经过一段时间的实践，取得了初步成效，有力地促进了常委会工作的制度化和规范化。"参见《全国人大常委会公报》2006（1）。从2007年开始，在历年全国人大常委会工作报告中都提到了要重视和解决配套法规制定问题。

次会议修改后的《立法法》第 62 条规定了法律的配套规定①。目前学界关于"配套立法"的理解有三种：一是"是指有关国家机关为保证该法律法规的有效实施而对其中不具有操作性的原则性规范或概括性规定予以细化而制定的法规、规章和其他规范性文件"②。二是"配套立法主要指基于全国人民代表大会以及全国人民代表大会常务委员会（以下简称全国人大及常委会）制定的法律中的授权条款授权，国务院、省级人大及人大常委会和省级人政府等受权主体对已有的法律制定实施细则、办法，进行补充完善的立法现象。"三是"国务院等有关国家机关根据法律条文的明确规定，为保证该法律的有效实施而对其中不具有操作性的原则性规范或概括性规定予以细化而制定（的）法规、规章和其他的规范性文件"③。第一种观点将"配套立法"范围扩大化，配套立法首先是立法行为，它所制定的必须是法律规范性文件，非属于法律规范性文件的其他规范性文件的制定行为不属于配套立法；第二种观点错误有两点：一是将配套立法等同于授权立法了，授权立法行为肯定是属于配套立法行为，但不仅仅是授权立法的行为还包括其他依据自主权限制定的实施细则或实施办法的行为也能构成配套立法行为；二是将配套立法主体界定为"国务院、省级人大及人大常委会和省级人政府"，这个范围有点小，根据我国立法体制，全国人大及其常委会以下的立法主体都可以成为配套立法主体。第三种观点在配套立法主体的范围没有明确，在制定的法律规范性文件范围上有所扩大。借鉴以上的观点，我们认为，配套立法是下位法立法主体为保障上位法的有效实施而对上位法中的原则规定、概括性规定等进行细化或具体化的立

① 该条规定："法律规定明确要求有关国家机关对专门事项作出配套的具体规定的，有关国家机关应当自法律施行之日起一年内作出规定，法律对配套的具体规定制定期限另有规定的，从其规定。有关国家机关未能在期限内作出配套的具体规定的，应当向全国人民代表大会常务委员会说明情况。"
② 海南省人大常委会法工委. 加强地方配套立法的探索与实践［J］. 海南人大，2012（7）.
③ 徐向华，周欣. 我国法律体系形成中法律的配套立法［J］. 中国法学，2010（4）.

216

法行为。我们这里借用了"上位法""下位法"的概念①，这两个概念都是相对的，比如国务院行政法规对于法律而言，是"下位法"，但对地方性法规而言是"上位法"。鉴于我国立法体制，下位法立法主体都有贯彻执行上位法，保障上位法有效实施的职责。

那么根据以上配套立法概念的理解，我们对《旅游法》配套立法范围来考察一下。《旅游法》是全国人大常委会制定的法律，那么《旅游法》配套立法的主体范围包括：国务院；国务院各部门（以原国家旅游局为主导）；省、自治区、直辖市人大及其常委会；省、自治区、直辖市人民政府；设区的市人大及其常委会；设区的市人民政府。由此主体范围而确定的《旅游法》配套立法的法律规范性文件包括：旅游行政法规、旅游地方性法规、旅游规章。根据前文考察的旅游法律体系的框架，第三个层次到第五个层次旅游法律规范性文件都应是《旅游法》配套的法律规范性文件。

《旅游法》通过两种方式启动其配套立法的工作，一是通过其设定的授权立法条款，将某一特定事项授予给其他立法主体来制定法律规范性文件的行为。二是通过执行性立法权限而制定《旅游法》的实施细则与实施办法。根据我国现行立法体制，下位法立法主体都有一个立法权限为执行上位法的规定而制定就某些事项制定下位法，如《立法法》第 65 条规定的为执行法律的规定需要制定行政法规的事项；第 73 条规定地方性法规的权限之一是"为执行法律、行政法规的规定，需要根据本行政区域的实际情况作具体规定的事项"；第 80 条规定的规章立法权限为"部门规章规定的事项应当属于执行法律或者国务院的行政法规、决定、命令的事项"。上文考察的旅游法律体系框架中《旅行社条例》立法就是此类。《旅游法》

---

① 《立法法》第 87、88、89 条规定了我国法律位阶的问题，宪法具有最高法律效力，法律的效力高于行政法规、地方性法规、规章；行政法规的效力高于地方性法规、规章；地方性法规的效力高于本级和下级地方政府规章。文中考察的我国旅游法律体系的框架的五个层次，实际上说明是旅游法律法规规章的位阶。

在其"第四章旅游经营"中用了13个条款规定了"旅行社"的相关制度，但还是比较原则，国务院就制定了专门的《旅行社条例》，原国家旅游局又制定了《旅行社条例实施细则》。

也就是说，《旅游法》不仅通过其授权条款，做出其他立法主体授权立法的行为，制定出《旅游法》的配套法律规范性文件；而且通过法定的立法权限即执行性立法权限，确立了全国人大常委会以下的立法主体制定《旅游法》中某些比较原则、概括性的规定的实施细则、实施办法等，保障《旅游法》的有效实施与实现。

那么如何理解旅游法律体系框架的第二层次，即《旅游法》与其他涉及旅游规定的法律之间的关系。我们从前面的考察得知，有些法律如《中华人民共和国民事诉讼法》《中华人民共和国合同法》《中华人民共和国行政处罚法》等是全国人民代表大会制定的，有些法律如《中华人民共和国行政许可法》《中华人民共和国未成年人权益保护法》《中华人民共和国保险法》等是全国人大常委会制定的。我国《宪法》《立法法》都明确规定我国的法制统一原则，对于同一个立法主体而言，其所制定的法应该是协调一致的。我们也知道，这些法律基本上都是制定于《旅游法》之前，它们构成了《旅游法》制定的现有制度环境。当然，同一个主体制定的法律，后法因为形势的变化，可以做出与前法不一样的规定，《立法法》第92条规定，当新法与旧法不一致时，应适用新法的规定，即根据"后法优于前法"的原则进行司法适用。但这些法律不能构成《旅游法》的配套立法，我们讲配套立法，是有法律位阶的高低的，而《旅游法》与全国人大常委会制定的法律效力等级是一致的，与全国人大制定的法律（立法学上称为"基本法律"）则有上下位阶的说法，即《旅游法》是全国人大制定法律的下位法。虽然这些法律的一些规定与《旅游法》有密切关系，可以构成旅游法律体系框架的内容，但不能称得上是《旅游法》配套的法律规范性文件。

三、《旅游法》配套立法的价值

《旅游法》通过授权立法条款以及有关立法主体根据其立法权限制定《旅游法》配套法律规范性文件。从立法目的来讲，《旅游法》及其配套立法的制定，意图构建良好的旅游法制环境，为我国旅游业的发展提供法律保障。现代旅游业已成为第三大产业，对一个国家的国民经济和社会发展都具有关联带动作用。在我国，随着人民生活水平的提高，精神层面的追求也越来越高，旅游也成了人们的生活方式，同时随着旅游业的发展，需要有健全的法制来保障与促进。我国自 20 世纪 80 年代开始着手制定旅游法律，1985 年国务院制定的《旅行社管理暂行条例》是我国第一部分旅游法规。1988 年《旅游法》列入了全国人大常委会的立法规划，时隔 20 余年后，我国才制定通过了旅游基本法——《旅游法》。从我国法律体系建构来看，旅游部门法是重要的部门法，是我国法律体系重要的组成部分。十八届四中全会通过的《中共中央关于全面推进依法治国若干重大问题的决定》提出"科学立法、严格执法、公正司法、全民守法"，提出法治国家、法治政府、法治社会三位一体的法治中国建设，诚然，完备的法律体系是法治中国建设的基础与前提。同样，完备的旅游法律体系也建设是旅游法治的基础与前提。近些年，我国旅游业迅猛发展，但也带来了一些所谓旅游乱象如景区垃圾、景区拥堵、黑导游、低价团、零负团费等，需要用法律进行根本的治理，这些不良旅游现象的治理，离不开旅游法律的完善，离不开相关旅游管理部门的严格执法。考察《旅游法》配套立法的价值，我们需要反思的有这样几个问题：第一，依据全国人大常委会的立法实践及其能力，能否就制定一部单行法律《旅游法》就可解决旅游现象的所有问题，而不需要其他主体或路径对其补充或细化；第二，尽管有框架的旅游法，各地方是否可以进行原则下的差异化立法，以满足不同地方的需要；第三，依现有立法体制，是否存在不同立法主体的合理分工，从而使得配套立法成为不同立法主体职责，或者说，因为有配套立法的存在，才使得立法权限的合理分工得以满足。

第一,《旅游法》配套立法完善了旅游法律体系。

正如国家的法律体系不能仅由一个部门法构成一样,旅游法律体系也不能只依靠单一的《旅游法》就可建立。全国人大常委会作为全国人大的常设机构,立法能力、立法精力、立法经验等都是有限的。从立法能力来说,根据《宪法》,全国人大常委会一年也就召开 6 次会议左右,每次会议的时间也就几天,而制定一部法律从进入立法议程,到审议、表决通过、公布等程序的完成也需要花费一定的时间的。以《旅游法》审议为例,2012 年 8 月全国人大常委会对《旅游法草案》进行初审;2012 年 12 月又对其进行了二审;2013 年 4 月对其进行了三审,这是《立法法》要求的最基本的三审程序,直到 2013 年 4 月 25 日审议通过《旅游法》。这还不包括《旅游法》的起草过程、国务院法制办的审查过程以及该法被全国人大常委会列入年度立法计划以及列入议程的过程。相比于立法能力,法律是追求理性的,有限的立法能力与无限的理性要求之间本身就是个矛盾,从这个角度来看,全国人大常委会要制定一部非常完善的《旅游法》而无须其他途径对其进行补充与细化就变得不可能。

由于立法能力的制约,全国人大常委会不可能通过一部《旅游法》对相关旅游现象、旅游活动进行全面规制。而将某些旅游现象、旅游活动的法律规制交由其他主体来完成,一可以解决自己立法能力的问题;二可以使得《旅游法》一些规定具有可操作性,能够得以实施与实现。如《旅游法》第 16 条关于授权建立出境旅游的管理规定,国务院就制定了《中国公民出国旅游管理办法》《中国公民往来台湾地区管理办法》两件行政法规;原国家旅游局制定了《中外合资经营旅行社试点经营出境旅游业务监管暂行办法》以及《大陆居民赴台湾地区旅游管理办法》等三件部门规章。正如前文考察的旅游法律体系,我们知道,因为有了配套立法,使得《旅游法》某些规定具有可实施性、可操作性,也是因为有了配套立法,有了其他不同立法主体的努力,使得我国旅游法律体系不断健全与完善。

第二，《旅游法》配套立法解决了不同地方旅游管理的差异化需要。

我国地域辽阔，各地方拥有的旅游资源不同，尽管有《旅游法》的原则规定，但满足不了地方旅游管理的差异化需要。以景区保护为例，我国《旅游法》仅用 6 条规定了景区的相关制度，第 42 条规定了景区的开放条件；第 43 条规定了运用公共资源建设景区的收费问题；第 44 条规定了景区的门票和其他收费服务问题；第 45 条规定了景区的最大承载量问题；第 105 条和第 106 条规定了景区的法律责任问题。我们知道，关于景区需要法律规制的问题很多，如不同风景名胜区的设立许可、风景名胜区的规划、风景名胜区的保护、风景名胜区的利用与管理等。国务院制定有《风景名胜区条例》，但有这个条例还不够，它不能对全国各地不同地方的风景名胜做出全面的规定，它相对于地方立法来说，也是过于原则与概括，地方在不违背上位法的情况下根据不同的风景名胜情况做出本地方的特色规定，这样的地方立法很多，如山西大同市人大常委会制定了《恒山风景名胜区保护条例》、山西省人大常委会制定了《山西省五台山风景名胜区环境保护条例》、南京市人大常委会制定了《南京市中山陵园风景区保护和管理条例》、山东省人大常委会制定了《泰山风景名胜区保护管理条例》等。

另外，在上位法确定的原则范围内，地方根据本地方经济发展情况，可以做出不同的规定，如同样的行政处罚，各地在不违背上位法所确立的幅度范围内，可根据本地方实际情况下做出具体规定，以景区不符合开放条件的行政处罚来说，《旅游法》第 105 条规定的行政处罚罚款幅度是二万元以上二十万元以下，在这样的原则框架下，各地方可自主灵活设定。实际上《旅游法》规定这么大的空间，也是留给地方立法主体一定的自由裁量权。

第三，《旅游法》配套立法解决了立法权限的合理划分的需要。

《立法法》是我国专门规制立法权限、立法程序的法律，2000 年 3 月 15 日九届全国人大三次会议通过，自当年 7 月 1 日实施，2015 年 3 月 15

日十二届全国人大三次会议修订了《立法法》，修订内容之一就是赋予所有的设区的市以立法权，使得我国立法权限的划分体制更加合理，更加规范，更加科学。但是立法权限的合理划分是需要通过具体的立法来实现的。就《旅游法》来说，前文考察过，依据《立法法》第 65 条的规定，国务院可以就执行《旅游法》的需要制定相关的旅游行政法规；依据《立法法》第 73 条的规定，省、自治区、直辖市以及设区的市人大及其常委会可以根据本区域的具体情况，为执行《旅游法》而做出具体规定；依据《立法法》第 82 条规定，省、自治区、直辖市以及设区的市为执行《旅游法》、旅游行政法规、旅游地方性法规的需要做出更加具体的规定。这种立法权限的设置，一是解决不同层次立法主体立法职权的合理安排问题；二是从上到下从权限上保障我国法制统一的问题。

《旅游法》是关于旅游的综合性立法，按照现行立法权限的设置，国务院应就《旅游法》的实施出台《〈旅游法〉实施办法》，原国家旅游局应在国务院立法的基础上出台《〈旅游法〉实施细则》，而地方性法规的立法主体可以根据本地方实际情况制定相关的综合性旅游条例。从前文关于旅游法律体系的框架来看，国务院与国家旅游主管机关都没有出台相关的综合性旅游条例，但原国家旅游局在《旅游法》颁布实施以后出台了《国家旅游局关于执行〈旅游法〉有关规定的通知》（旅发〔2013〕280），该通知规定了五个方面的问题：即关于旅游相关法规、规章的适用；关于第 28 条旅行社的设立；关于第 31 条旅游服务质量保证金的使用；关于第 37 条导游证的取得以及第 39 条领队证的取得。其他问题没有细化，而且该通知更多是从旅游管理的角度对《旅游法》几个问题做出规定，而没有出台相关的实施细则，甚至该通知都不能认定为部门规章？因为从形式上看该通知不具备法规范性文件的形式特征。对于地方而言，我们前文考察了全国有 30 个省、市、自治区制定了《旅游条例》，如《山东省旅游条例》《云南省旅游条例》等，甚至设区的市也制定了一些旅游条例，如《太原市旅游条例》，这些旅游条例是地方上关于旅游的综合性立法，是《旅游法》在地方实施的具体替代性法规。一些享有立法权的地方政府也制定了旅游地方政府规章，如《邯郸市旅游管理办法》《呼和浩特市旅游管理办法》《拉萨市旅游管理办法》等。

四、《旅游法》配套立法的实施效果

《旅游法》配套立法的实施效果有两层意义：一是《旅游法》及其配套立法对旅游事业的发展所发挥的作用；二是《旅游法》制定实施后，其配套立法制定怎么样。

关于《旅游法》及配套立法对旅游事业发展的作用。2014 年 10 月在《旅游法》实施一周年之后，全国人大财经委员会组成执法检查组对《旅游法》实施状况进行了执法检查，检查组走访了湖北、新疆、陕西、浙江、海南、宁夏、四川等地，在 2014 年 12 月 22 日第十二届全国人大常委会第十二次会议上，全国人大常委会副委员长张平代表检查组做了《〈中华人民共和国旅游法〉实施情况的报告》，该报告对旅游法及其配套立法的实施效果做了分析，认为它有这样一些明显效果：旅游市场秩序有所好转；旅游服务水平有所提升；旅游市场规模有所扩大以及旅游产业有所发展①。2015 年 1 月 15 日—18 日全国旅游工作会议上，原国家旅游局局长李金早也提出，《旅游法》实施以后，旅游发展环境不断改善；旅游品牌开发持续推进；旅游管理与服务不断加强；旅游开放合作继续进行②。应该说《旅游法》及其配套立法构建了我国良好的旅游法治环境。

一般来讲，我们说《旅游法》配套立法的实施效果是从第二层意义上来说的，从这层意义上来理解，包括两个问题：一是国务院；国家旅游主管机关；省、自治区、直辖市以及设区的市人大及其常委会；省、自治区、直辖市以及设区的市人民政府等立法主体是否根据授权或职权进行了相关的旅游配套立法工作，制定相应的旅游法律规范性文件。二是以上所

---

① 梁国栋. 旅游法待解配套制度之困［J］. 中国人大，2015（2）.
② 李金早. 2015 年全国旅游工作会议工作报告［EB/OL］. 中国网，2015-01-16.

制定的旅游法律规范性文件，是否对《旅游法》的原则性、概括性规定进行了有效补充、细化与完善。虽然是两个问题，实际是形式与内容的问题。形式上是要看这些有权机关是否履行了职责，制定了相关的旅游法律规范性文件；内容上看它是否是对《旅游法》的细化、补充与完善。形式与内容的统一就是以上有权机关制定或修订的旅游法律规范性文件是在《旅游法》颁布实施以后制定或修订的，如果在《旅游法》颁布之前制定的，在《旅游法》颁布实施后仍然没有修订的，很难保证其内容与《旅游法》协调一致，可能会与《旅游法》相冲突，这就不能称之为《旅游法》的配套立法了。

根据以上关于《旅游法》配套立法第二层含义的分析，我们考察前文旅游法律体系框架，从形式上讲，国务院制定旅游行政法规有 12 件，原国家旅游局制定的旅游规章有 19 件，对于旅游地方性法规来说，关于综合旅游立法来说即各省制定的《旅游条例》有 30 件，以"旅游"作为法规名称，以"地方人大及其常委会"作为制定主体，2017 年底在"中国法律法规信息库"查询有 127 件，相关的旅游地方政府规章也有一些。从以上数字来说，《旅游法》配套立法取得了显著成效。但是如果从更深层次去考察，我们发现这些相关的旅游法律规范性文件，在《旅游法》出台之后制定或修订的有：国务院制定的旅游行政法规仅有 4 件，占比为 33%；原国家旅游局制定的旅游规章仅有 3 件，占比 16%；各省、自治区、直辖市出台的 30 件地方旅游条例中，有 20 件是在《旅游法》出台之后修订或制定的，占比 67%；在 127 件旅游地方性法规中，仅有 39 件是在《旅游法》出台之后修订或制定的，占比 31%；地方政府旅游规章 37 件中，仅有 8 件是在《旅游法》出台之后修订或制定的，占比是 22%，如表 17-4 所示，可能会更会清晰一点。

表 17-4　《旅游法》出台后的配套立法的制定情况统计

法律规范性文件形式	制定主体	总的数量	《旅游法》出台后的立法数量	比例
旅游行政法规	国务院	12	3	22%
旅游部门规章	原国家旅游局	19	3	16%
旅游地方性法规（旅游条例）	省、自治区、直辖市人大及其常委会	30	20	67%
其他旅游地方性法规	省、自治区、直辖市及设区的市人大及其常委会	127	39	31%
旅游地方政府规章	省、自治区、直辖市及设区的市人民政府	37	8	22%

注：该表是在 2013 年制定的《旅游法》基础上制作的。

　　从以上表格我们可以看出来，只有各省《旅游条例》与《旅游法》配套比例较高，其余多为 30% 以下，由此数据我们得出我国《旅游法》配套立法实施效果不好。2014 年全国人大关于《旅游法》的执法检查提出，《旅游法》实施虽然有一定成效，但"旅游法在实施中存在配套法规制度建设还没及时跟上、旅游综合协调体制机制运行不到位等问题"①。执法检查组在三亚市执法检查时，三亚市就向执法检查组建议，"尽快完善旅游法实施细则"②，也有学者呼吁"完善旅游法配套法规促进旅游业健康发展"③，这样的状况仍然没有改变。

　　那么《旅游法》配套立法实施效果差如何造成的？一是相关的立法主体在《旅游法》出台之后没有及时对自己所制定的相关旅游法律规范性文

---

① 梁国栋. 旅游法待解配套制度之困［J］. 中国人大，2015（2）.
② 席锋宇. 三亚市向旅游法执法检查组建议尽快完善旅游法相关实施细则［N］. 法制日报，2014-09-30.
③ 朱磊. 完善旅游法配套法规促进旅游业健康发展［N］. 法制日报，2014-12-22.

件进行清理；二是执行性立法主体缺乏责任意识，未能及时制定或修改相关的旅游法律规范性文件；三是《旅游法》授权立法条款关于授权规范不明晰，被授权主体、授权期限不明，一些授权立法难以及时出台。

如何改变？我们认为，一是各相关立法主体应及时启动其所制定的旅游法律规范性文件的立法后评估。立法后评估就是立法回头看，根据其实施效果对法律进行修改与完善。在原国家旅游局发布的《国家旅游局关于执行〈旅游法〉有关规定的通知》（旅发〔2013〕280）中指出："现行旅游法规、规章或者规范性文件等法律规范，与《旅游法》对同一事项规定不一致的应当适用《旅游法》的规定，各级旅游主管部门应当在权限范围内或者建议有关部门按照《旅游法》的规定作相应调整；现行旅游法规、规章或者规范性文件等法律规范，与《旅游法》对旅游行政处罚的行为、种类和幅度规定不一致的，应当适用《旅游法》的规定。"这里就解决了与《旅游法》规定不一致法规、规章的适用问题，但没有解决这些与《旅游法》相冲突或不一致的法规、规章如何解决的问题。根本的出路就是相关立法主体根据《旅游法》对照比较自己所制定的相关旅游法律规范性文件，进行系统的立法后评估，该修改的修改、该废止的废止。二是执行性立法主体，如国务院、原国家旅游局、有立法权地方人大及其常委会、有立法权的地方人民政府应当履行自己的立法职责，在《立法法》赋予的立法权限内制定、修改本部门、本地方的旅游法律规范性文件。三是明确授权立法条款的授权规范，明确被授权主体、明确授权立法的期限等。《旅游法》有些条款没有完整的授权立法规范，造成授权立法的不可操作性，如《旅游法》第5条规定："国家……对促进旅游业发展做出突出贡献的单位和个人给予奖励。"该条没有明确被授权的主体，在这里"国家"是个抽象的符号，"国家"权力是由谁来行使，不明确；还有范围明确，但具体所指国家机关不明确，如《旅游法》第46条规定："城镇和乡村居民利用自有住宅或者其他条件依法从事旅游经营，其管理办法由省、自治区、直辖市制定。"这里明确"省、自治区、直辖市"，但具体立法机关是人大还是人大常委会还是人民政府，不好操作，可能互相推诿。对于这种授权立法条款中授权规范不具体、不规范的，根据《立法法》的规定，全国人大常委会可以在适当时机启动对《旅游法》的立法解释工作。四是应当明确相关主体进行配套立法期限与责任。《立法法》第62条明确规定："法律规定明确要求有关国家机关对专门事项做出配套的具体规定的，有关国家机关应当自法律施行之日起一年内做出规定。"《旅游法》施行以来，很多相关的旅游配套法律规范性文件仍然没有制定出来，我们认为除了规定配套立法的期限以外，还要规定相关立法主体的法律责任，同时应加强上位法立法主体对下位法立法主体的监督，以促进《旅游法》配套立法尽快制定与完善。

五、结语

《旅游法》作为旅游基本法，奠定了我国旅游法律体系的基本框架，但《旅游法》不能"徒法以自行"，还需要其他相关立法主体制定《旅游法》配套立法，一方面是完善我国旅游法律体系，二是增强《旅游法》的可操作性、可实施性。在《旅游法》实施以来，我们认为，除了开展《旅游法》的执法检查，还应当启动《旅游法》的立法后评估，加强全国人大常委会对国务院、省级人大及其常委会的立法监督工作，真正将《旅游法》配套立法工作的修订与完善当作是我国现行旅游事业发展的头等大事。当然，肯定《旅游法》配套立法对实施《旅游法》的必要性和有效性，并不是说目前《旅游法》配套立法就能解决现行《旅游法》所有的问题，然而我国现行的立法体制以及《旅游法》中授权立法条款提供了解决《旅游法》问题的路径与方法。在法治中国建设的今天，旅游法治是法治中国建设的重要组成部分，旅游法治之基础与前提是完善的旅游法律体系的构建，各相关立法主体应建立立法科学化、精细化的理念，在尽可能短的时间内启动其所制定的相关旅游法律规范性文件的清理与评估工作，为我国旅游事业的发展构建良好的法制环境。

第十七章

我国旅游景区法律责任设置的完善

2016 年 7 月 23 日北京八达岭动物园发生老虎咬人事件；2017 年农历大年初二（1 月 29 日）浙江宁波动物园也发生了老虎咬人事件。这两起事件都发生在旅游景区内，虽然发生的事实情节有所不同，但都被追问动物园（即旅游景区）要承担什么样的法律责任问题。这里不是具体探讨这两起事件法律责任的问题，我们需要反思 2013 年 10 月 1 日正式实施的《中华人民共和国旅游法》关于旅游景区的法律责任设置问题。法律责任是任何法律法规都不可或缺的内容与条款，它是法律权利、义务、责任等有效实现的根本保障。《旅游法》当然缺少不了对旅游相关主体如旅游经营者、旅行社、旅行者、旅游景区法律责任的设置。我们考察《旅游法》关于旅游经营者、旅游景区的制度规定，在该法律文本中，出现"景区"字样的有 27 处，出现"旅游经营者"字样的共 26 处，涉及这个词的法律条文共有 27 条，占《旅游法》112 条条文数量的 24%。为什么考察"景区"制度还要考察"旅游经营者"制度，因为根据《旅游法》"附则"关于"旅游经营者"的解释，它包含了"景区"。在《旅游法》第九章"法律责任"设置的 16 条法律条文中，直接或间接涉及"景区"法律责任的规定有 6 条，占整个"法律责任"条文数量的 37.5%。那么关于"景区"法律责任的设置是否全面，存在什么样的问题，如何完善值得探讨。

一、《旅游法》中旅游景区法律责任的形式

法律责任通常是指有关主体违反法律规定或合同约定应当承担的不利后果。我国法律责任的设置通常包括民事、刑事与行政法律责任三种形式，这不同的法律责任形式表示不同的法律关系。民事法律责任通常体现平等主体之间的权利与义务关系，是民事主体违反民事法律义务所承担的法律后果，根据我国《民法通则》等法律法规的规定，民事责任的类型有违约责任、侵权责任、缔约过失责任等；承担民事责任的形式有：停止侵害、排除妨碍、消除危险、返还财产、赔偿损失、赔礼道歉等；行政法律责任是行政相对人违反行政法规范而承担的法律后果，承担行政法律责任的类型有行政处罚、行政处分。行政处分的承担主体是国家工作人员或公务员。行政处罚是行政相对人违反行政处罚法律应承担的法律后果，通常有警告、罚款、责令停产停业、暂扣或者吊销许可证、暂扣或者吊销营业证、行政拘留等。刑事法律责任是最为严重的法律责任，是涉及刑事犯罪所应承担的法律后果。法律法规在设定法律责任时，多根据违法情形来设定这三种责任形式，我国《旅游法》关于景区的法律责任设定也是如此，《旅游法》第九章"法律责任"设置中涉及旅游景区法律责任的条款有 6 条，分别是第 104 条、第 105 条、第 106 条、第 107 条、第 108 条和第 110 条，它们分别规定了旅游景区的民事、刑事与行政法律责任。

我们来分析《旅游法》以上法律责任条款的法律责任形式。

（一）行政法律责任

该法第 104 条规定了两类行政处罚：一是工商行政管理部门对旅游经营者（含景区）的行政处罚；二是旅游主管部门吊销经营许可证。行政处罚的事由是：景区在办理许可证、营业执照过程中对国家工作人员给予或收受贿赂的，情节较轻的依第一种方面处罚，情节严重的依第二种方式处罚。

该法第 105 条规定了两种类型行政法律责任，一是景区不符合《旅游

法》规定的开放条件而接待旅游者的，由景区主管部门（旅游管理部门）做出停业整顿的处罚，同时可处二万元以上二十万元以下罚款。这是双罚制，即同时做出两种形式的行政处罚。二是责令改正与责令停业整顿的行政处罚，处罚事由就是景区有以下违法情形之一的：第一，在旅游者数量可能达到最大承载量时，未依照本法规定公告或者未向当地人民政府报告；第二，在旅游者数量可能达到最大承载量时，未及时采取疏导、分流等措施；第三，超过最大承载量仍然接待旅游者的。以上情节轻微的由旅游管理部门责令改正；情节严重的责令停业整顿。

该法第106条规定了景区的价格违法行为的行政处罚问题。这规定了三种情形：一是违反《旅游法》规定擅自提高门票价格的；二是违反《旅游法》规定另行设立收费项目的；三是有其他价格违法行为的。对于价格违法行为的处罚应是由我国价格管理部门（物价局或发改委）或者由价格主管部门委托其他机构进行价格处罚。

该法第107条规定了景区违反安全生产管理以及消防管理应受行政处罚的行为。行政处罚的主体是各级安全生产管理部门（在我国有安全生产管理监督局）以及消防管理部门；处罚事由一是违反我国安全生产管理法律以及消防法律的规定；二是违反有关国家标准、行业标准的规定。

该法第108条规定了违反《旅游法》规定的景区与人员由旅游主管部门或其他部门记入信用档案，这也是一种处罚，是新创设的行政处罚形式。

（二）刑事法律责任

《旅游法》第110条是刑事法律责任的"概括条款"，它规定"违反本法规定，构成犯罪的，依法追究刑事责任"。关于"违反本法规定"是个概括词汇，至于违反哪些条文的规定，方可构成犯罪，这应该结合《旅游法》及《中华人民共和国刑法》来考察，如刑法第 134 条①的规定可适用于景区，当然不仅仅是这一条。

从《旅游法》所规定的景区法律责任的 6 个条款来看，我们发现它规定了景区的行政法律责任与刑事责任，没有规定民事责任，难道景区不用承担民事责任吗？这当然不准确，关于景区民事责任需要审视整个《旅游法》，而不能仅仅看"法律责任"设置这一章，如《旅游法》第 54 条②规定了景区的连带责任，就是一种民事责任。可以看出，《旅游法》关于景区的法律责任设置还是有缺陷的。

二、《旅游法》景区法律责任的设置依据

通常意义上说，法律责任的设置依据有两种意义：一是不同立法主体设置法律责任的种类、形式与内容有差异。根据我国《立法法》的规定，不同的立法主体有不同的立法权限。以我国行政处罚的设置为例，根据《中华人民共和国行政处罚法》第 9 条、第 10 条、第 11 条的规定，法律即全国人大及其常委会可以设定各种行政处罚；行政法规即国务院可以设定除限制人身自由以外的行政处罚；地方性法规即享有立法权的地方人大及其常委会可以设定除限制人身自由、吊销企业营业执照以外的行政处罚。相关的立法主体只有在自己的立法权限范围内设定行政处罚才是有效的，否则就无效。《旅游法》是全国人大常委会制定的法律，它可以设定任何种类和形式的行政处罚。二是针对某一具体的法律法规，在设定法律责任时依据什么标准③，如《旅游法》关于景区法律责任的设置所依据的

---

① 该条规定："生产、作业中违反有关安全管理的规定，因而发生重大伤亡事故或者造成其他严重后果的，处三年以下有期徒刑或者拘役；情节特别恶劣的，处三年以上七年以下有期徒刑。"
② 该条规定："景区、住宿经营者将其部分经营项目或者场地交由他人从事住宿、餐饮、购物、游览、娱乐、旅游交通等经营的，应当对实际经营者的经营行为给旅游者造成的损害承担连带责任。"
③ 汪全胜，张鹏.《归侨侨眷权益保护法》法律责任设置论析［J］.华侨华人历史研究，2012（2）.

标准。从法律文本的构造上来说，有权利必有救济，有义务必有责任，也就是，如果设置了权利条款，就必须同时设置权利救济条款，设立义务条款就必须同时设立责任条款。"建立法律责任与义务性条款的对应关系，法律罚则中的法律责任条款应当与法律条文中的义务性条款完全对应起来，不能出现义务性条款与法律责任的脱节现象。"① 也有学者认为，义务条款与法律责任条款的对应关系以及法律责任条款设置的力度，"关系着能否有效地保障法律、法规的顺畅实施，关系着立法目的实现程度和社会效果②"。从这个意义上来讲，《旅游法》景区法律责任的设置依据是《旅游法》中关于景区义务性条款的设置。这就有必要系统考察《旅游法》中关于景区义务性条款的设置问题。

（1）景区不得强制交易，根据约定提供产品与服务，告知旅游者产品与服务的真实情况。该条款从旅游者的权利角度来设定，根据立法学上"一方的权利就是另一方的义务"原理，这就是旅游景区的义务。旅游景区不得强买强卖，根据旅游者购买的门票提供其产品与服务，门票就是旅游者消费旅游产品与服务的凭证或约定。同时，景区作为旅游经营者应当有明确的通知或告示，告诉旅游者其所提供的产品与服务的真实情况，否则构成了违约，应该承担民事法律责任。

（2）景区应依据法律法规的规定给残疾人、老年人、未成年人提供便利与优惠。我国有《残疾人保障法》《老年人权益保障法》《未成年人保护法》，这些法律明确了残疾人、老年人、未成年人应享受的优惠与权利，任何国家机关、组织或个人不得剥夺，同样景区应遵守以上法律的义务。

（3）景区有达到对开放条件的义务。《旅游法》规定了景区应当具备的基本条件：有必要的旅游配套服务和辅助设施；必要的安全设施及制

---

① 汤唯，毕可志. 地方立法的民主化与科学化构想［M］. 北京：北京大学出版社，2002：356.

② 李亮. 法律文本中责任条款设置的理念与原则［J］. 云南大学学报法学版，2013（3）.

度，经过安全风险评估，满足安全条件；有必要的环境保护设施和生态保护措施以及法律、行政法规规定的其他条件。没有达到开放条件，不得对公众开放，否则将会受到旅游主管部门的行政处罚。

（4）利用公共资源建设的景区门票以及景区内的游览场所、交通工具等另行收费项目有执行政府定价或者政府指导价的义务，拟收费或者提高价格的，有举行听证会的义务；利用公共资源建设的景区，不得通过增加另行收费项目等方式变相涨价；另行收费项目已收回投资成本的，应当相应降低价格或者取消收费。这是对景区门票定价的规定，景区必须遵守以上义务，否则会受到旅游主管部门的行政处罚。

（5）景区门票价格的公示义务，同时履行门票价格设置的合理义务，将不同景区的门票和同一景区不同场所的门票合并出售的，合并后的价格不得高于各单项门票的价格之和，并且尊重旅游者有选择的权利如购买其中的单项票。景区内的核心游览项目因故暂停向旅游者开放或者停止提供服务的应相应减少收费。

（6）遵守旅游主管部门核定的景区最大游客承载量的义务，以及提前公告和向当地人民政府及时报告的义务。

（7）景区应保障其所提供的商品和服务符合人身、财产安全的要求。景区所提供的商品和服务应满足人身、财产安全的要求这是景区最基本的要求。同时因为旅游者之间因消费行为也存在合同关系，双方受合同约定的权利义务约束。根据双方的合同关系，旅游经营者应当按照合同要求提供健康、安全的商品和服务，即适当和全面履行合同。我国《中华人民共和国产品质量法》第13条①以及《中华人民共和国消费者权益保护法》第18条等都对此做出了规定。除此之外，旅游景区不得虚假标明它所提供的商品与服务的质量等级，如果取得某种质量等级，其所提供的商品与服

---

① 该条规定："可能危及人体健康和人身、财产安全的工业产品，必须符合保障人体健康和人身、财产安全的国家标准、行业标准；未制定国家标准、行业标准的，必须符合保障人体健康和人身、财产安全的要求。"

务不得低于该标准。

（8）景区在突发事件或安全事故发生后有安全救助的义务、有向地方人民政府和旅游主管部门报告的义务。所谓突发事件，根据我国《突发事件应对法》第 3 条的规定①，是突然发生的人为与自然事件。旅游安全事故主要指涉及景区或者旅游者的安全事故。发生突发事件或旅游安全事故后，景区均应履行安全救助和处置义务。

根据以上《旅游法》设置的义务性条款，从数量上看，远远超过《旅游法》所设定的景区的法律责任条款。虽然并不要求条款要做到一一对应，但是义务性条款相应的法律责任条款应当具备。在法律文本的构造上，有这样的做法：一是一条义务性条款对应一条法律责任条款；二是将多个义务性条款对应一条法律责任条款，即是将多个义务性条款的法律责任合并到一条法律责任条款中。相应于上文考察 6 条法律责任条款，我们对比可以发现：义务性条款的第 42 条、47 条、51 条对应法律责任条款的第 104 条；第 42 条、45 条对应着法律责任条款的第 105 条；第 43 条、44 条对应着法律责任条款的第 106 条；第 79 条对应着法律责任条款的第 107 条；第 51、79 条对应法律责任条款的 110 条。我们发现有些义务性条款没有相对应的法律责任条款，如第 9 条、11 条、52 条、80 条等没有相对应的法律责任，同样有法律责任条款无对应的义务性条款，如第 108 条。

三、我国《旅游法》关于景区法律责任设置的缺陷

前文我们考察了《旅游法》关于景区法律责任的设置以及《旅游法》景区法律责任设置依据的义务性条款，从对以上内容的梳理可以看出，我国《旅游法》关于景区法律责任的设置技术存在一些缺陷与问题。

（一）法律责任条款不全面。

民事责任条款的缺失。通常法律责任包括了民事法律责任、刑事法律

---

① 该条规定："本法所称突发事件，是指突然发生，造成或者可能造成严重社会危害，需要采取应急处置措施予以应对的自然灾害、事故灾难、公共卫生事件和社会安全事件。"

责任以及行政法律责任，这就意味着法律责任条款也包括了以上的条款。但是我们看在《旅游法》第九章"法律责任"一章中，总共条文 16 条，涉及景区法律责任条款仅有 6 条，而且更重要的是，在这 6 条条款中，没有 1 条涉及景区民事责任。通过在中国裁判文书网查询我们得知，相对于刑事责任与行政责任，涉及民事责任的旅游纠纷案件数量是最多的。而且作为旅游经营者的景区，相对于旅游者来说，主要是一个民事责任主体。在以上诸多义务性条款中，多数也都涉及景区作为民事主体承担民事责任的问题。2010 年 11 月 1 日最高人民法院专门制定通过了《最高人民法院关于审理旅游纠纷案件适用法律若干问题的规定》，专门规定了旅游纠纷的民事责任问题。毫无疑问单就民事责任条款缺失来讲，《旅游法》在关于景区法律责任形式或种类上的设置是不全面的。

行政责任中行政处罚有的明确了处罚种类与行式，有的没有明确。如第 104 条规定了吊销经营许可证的形式；第 105 条规定了责令改正、停业整顿与罚款的行政处罚形式。但第 106 条与第 107 条都规定了行政处罚，但只是明确了行政处罚的主体，而没有对行政处罚的种类与形式做出规定。也就是说，立法者对同样的行政处罚设置上采用不同的态度。

刑事责任的条款是概括条款也是模糊条款，在司法实践中需要法院根据《刑法》及其相关法律法规的规定来处理。我国刑法遵循"法无明文不为罪""法无明文规定不处罚"。除了前文考察的景区违反安全管理法规，发生了重大伤亡事故或造成其他严重后果的，要承担刑事责任；还有贿赂犯罪承担刑事责任；还有景区泄露旅游者个人信息，侵犯个人隐私超过必要限度也会承担一定的刑事责任等。

（二）义务性条款设置的缺陷

1. 义务性条款设置的缺失

"法律义务条款是设定法律责任条款的基本依据，没有完善的法律义务条款，可能也设定不了完善的法律责任条款。"① 虽然《旅游法》关于景区的义务性条款达到 15 条之多，作为旅游基本性的法律，这个义务性条款的框架应该较为全面了。这个义务性条款是否全面，要根据我国关于旅游景区的下位法立法来看，这方面的立法有行政法规如 1995 年 1 月 1 日起实施的《风景区管理条例》，还有大量的地方关于风景名胜区保护的立法，如《河南省云台山景区保护条例》《泰山风景名胜区保护管理条例》等。这里以《泰山风景名胜区保护管理条例》为例，除了《旅游法》设定的景区义务外，还有如：不得在泰山风景名胜区内从事禁止范围以外的建设活动；擅自出让或者变相出让风景名胜资源的；泰山风景名胜区开展的各项建设活动应当经旅游主管部门批准；等等。我们知道《旅游法》是中央立法，是旅游框架性立法，下位法必须在《旅游法》规定的框架里做出具体规定。但考察我国现实中存在的关于旅游景点立法的下位法，一些设定的义务性条款在上位法《旅游法》中是找不到根据的。

2. 有些条款设置重复

如《旅游法》第 11 条已经规定："残疾人、老年人、未成年人等旅游者在旅游活动中依照法律、法规和有关规定享受便利和优惠。"这种便利与优惠除了价格上的优惠之外，还有安全保障措施的便利，但该法第 79 条第 3 款仍然规定："旅游经营者组织、接待老年人、未成年人、残疾人等旅游者，应当采取相应的安全保障措施。"这个内容已经包含在第 11 条所设定的义务性条款中，没有必要重复。另外，该法第 42 条关于景区的开放条件中就应该包括该法第 79 条中规定的"具备相应的安全生产条件，制定旅游者安全保护制度和应急预案"。如果不具备相应的安全生产条件，没有制定旅游者安全保护方案和应急预案，则景区是不符合开放条件的。同样，第 81 条与第 82 条都规定了旅游经营者的救助义务，也是一种重复。

（三）法律责任条款与义务性条款的协调性方面的不足

前文我们考察过，单从法律条文的数量来看，法律责任条款与义务性

---

① 汪全胜，陈光，等.体育法律责任的设定及其完善 ［J］.体育学刊，2010（2）.

条款明显不对称，当然从数量上不一定说明问题，也可将不同的义务性条款而具有同样法律责任内容的可规定在一个法律责任条款中，但"在某一个法律文本中，义务条款与责任条款应当处于大体远处的地位"①。这里说的，一些义务性条款是没有相对应的法律责任条款，即法律责任条款与义务性条款没有直接的对应性的。义务性条款缺少责任条款的对应，那么这种义务性条款就很难得到有效实施。如《旅游法》第9条规定的，景区不得强制交易，景区要根据约定（以门票为依据）提供商品与服务，景区以明示方式告知旅游者景区所提供服务与商品的实际情况。但是这一条没有相应的责任条款相对应，这里什么是强制交易？在门票既定的情况下，旅游景区缩减了或关闭了旅游景点，而且在没有明确告知的情况下，景区应当承担什么样的责任？还有常见的旅游景区的强制购物是否构成了强制交易行为，该如何处罚？《旅游法》第6条确定该法应遵守的原则之一"旅游经营者应当诚信经营，公平竞争，承担社会责任，为旅游者提供安全、健康、卫生、方便的旅游服务"。它就是通过第9条对旅游景区的诚信经营做出具体规定，但旅游景区违背诚信经营，旅游景区应承担什么责任，由谁对其进行法律责任的实施等，这都没有明确。那么《旅游法》第9条规定的义务在很大程度上是无法落实的。同样，上述没有相对应法律责任条款的义务性条款如该法第11条、52条、80条等没有责任条款的对应而虚置。

（四）法律责任条款或义务性条款有缺少相关的配套性规定

当然，我们说有义务性条款无责任条款配套，义务性条款缺少可操作性。这里针对一些法律责任条款或义务性条款中的规定，在《旅游法》实施三年后尚没有配套规定，一些条款缺少可操作性。如《旅游法》第47条规定的，经营高风险旅游项目要根据法律规定办理行政许可。我们查阅了相关资料，目前尚没有明确的法律法规规定"高风险旅游项目"包括哪

---

① 汪全胜. 法的结构规范化研究［M］. 北京：中国政法大学出版社，2015：284.

些项目，高风险旅游项目要办理行政许可需要什么样的资格条件以及办理行政许可的基本程序是怎样的？我国目前有《全民健身条例》第 32 规定了经营"高危险性体育项目"要办理行政许可的条件，国家体育总局也出台了《经营高危险性体育项目行政许可管理办法》，以保障《全民健身条例》规定的落实，增加其可操作性。我国《旅游法》第 47 条的规定，也需要有相应的配套性规定，否则该条无法实施。还有如《旅游法》第 42 条中关于旅游景区开放条件的设定中有一条"兜底条款"，即"法律、行政法规规定的其他条件"。我们查询没有具体的法律、行政法规规定旅游景区开放的条件问题，这也需要有"法律、行政法规"做出配套规定。还有《旅游法》第 43 条第 3 款规定："公益性的城市公园、博物馆、纪念馆等，除重点文物保护单位和珍贵文物收藏单位外，应当逐步免费开放。"这一条款也需要有相关配套性规定，才能实现如何"逐步免费开放"问题。

（五）法律责任条款与义务性条款语言表达技术的缺陷或不足

法律文本的语言不同于日常语言，法律语言要求精练、准确、简洁、具体等，否则也会造成法律规范的可操作性差。在《旅游法》法律责任条款与义务性条款的设定中，有存在立法语言方面的缺陷与不足：

（1）《旅游法》第 42 条规定景区开放应具备的条件，它还规定"听取旅游主管部门的意见"。在我国旅游景区的开放，需要报请旅游主管部门的审批和备案的，对于"听取意见"的规定是不严肃的，也不是规范的法律语言。

（2）《旅游法》第 81 条规定，当景区发生突发事件或重大安全事故时，要"依法履行报告义务"，应明确向谁报告的问题，否则语言表达不清晰。

（3）《旅游法》第 82 条规定，旅游者在人身、财产遇到危险时，有权请求旅游经营者、当地政府或"相关机构"进行及时救助，关于"相关机构"不明确、不具体，不具有可操作性，另外没有达到法律规范明确、具体的要求。

（4）《旅游法》第104条的规定，概念使用不统一、不一致，前句使用的是"旅游经营者"，后一句使用的是"旅行社"，根据《旅游法》附则的规定，旅行社只是旅游经营者之一，旅游经营者还包括景区以及为旅游者提供交通、住宿、餐饮、购物、娱乐等服务的经营者。

（5）《旅游法》第106条规定的景区价格违法行为的处罚主体不应是"有关主管部门"，应当是"价格主管部门"，规定更为明确、具体，有可操作性。

（6）《旅游法》第107条也存在概念使用不统一，前面是景区违反安全生产管理以及消防安全管理法律法规的，"有关主管部门"也是可以明确与统一的。

四、我国《旅游法》关于景区法律责任设置完善的建议

我国《旅游法》已实施七年多时间，全国人大常委会可以启动《旅游法》的立法后评估活动。所谓立法后评估，也称为立法回头看，就是根据法律实施的效果来评价、评估立法本身，从而修正与完善法律①。前文考察了《旅游法》关于景区法律责任条款的设置状况，法律责任条款设置的依据即义务性条款的设置状况，系统分析《旅游法》法律责任条款与义务性条款设置技术存在的缺陷与不足，我们认为应在以下方面进一步完善《旅游法》关于景区法律责任的设置问题。

（一）健全《旅游法》关于景区法律责任条款的设置

不仅完善规定景区的行政责任，还要完善规定景区的民事责任。特别是"民事责任"设定模式要健全、不可缺失。这涉及《旅游法》的立法模式时，还是"管理型法"的立法模式，强调国家机关的监督管理；而不是强调"平权型法"，即强调从旅游者与旅游经营者平权的角度来设定法律

---

① 汪全胜. 立法后评估研究［M］. 北京：人民出版社，2012：5.

责任。故《旅游法》对景区民事责任的缺失可见一斑。即使是"管理型法"的立法模式，为了法律责任规定的全面性，也可以将民事责任规定进去，从形式上看，《旅游法》法律责任种类、形式规定更为健全些。

(二) 健全《旅游法》关于景区义务性条款的设置

义务性条款是设定法律责任条款的依据，没有健全的义务性条款设置，就不可能设定完善的法律责任。因此，义务性条款的健全设置是法律责任完善设置的前提。我们认为，关于景区义务性条款的设置，应广泛吸纳现行国务院相关的行政法规、国家体育主管部门制定的相关规章以及地方的立法，特别是地方相关的景区立法。《旅游法》是旅游最基本的法律，是旅游的框架性立法，而国务院旅游行政法规、国家旅游主管部门制定的规章以及地方相关的景区立法都必须在《旅游法》的框架中寻找立法依据。地方立法相对于中央立法，立法更加精细化，也更具有可操作性，但如果上位法缺失对景区义务性条款的设置，则下位法就缺失"合法性"。

(三) 实现《旅游法》关于景区义务性条款与责任条款的大体均衡

虽然不要求《旅游法》关于景区法律责任条款与义务性条款完全一致，但是大体均衡是有必要的，即至少有义务性条款的设置，就必须有对应的法律责任条款设置，即使有多条义务性条款对应一条法律责任条款也是可以的。就目前的《旅游法》规定来看，法律责任条款过少，法律义务性条款过多，缺少对应性。特别是《旅游法》的一些义务性条款如第9条、11条、52条、80条应重视其责任条款的构建，同样设定了法律责任条款也应当设立义务性条款，如第108条规定"对违反本法规定的旅游经营者及其从业人员，旅游主管部门和有关部门应当记入信用档案，向社会公布。"那么"违反本法规定"，是哪些规定，即明确在什么样的情况下，出现什么样的行为，旅游经营者及其从业人员应当记入信用档案问题，即应在《旅游法》第九章之前对旅游经营者及其从业人员的行为进行规范，否则记入信用档案。

(四) 完善《旅游法》关于景区义务性条款与法律责任条款的配套

规定

如《旅游法》第 47 条中关于"高风险旅游项目"的经营要办理许可证的规定，我们认为可参照国家体育总局出台的《经营高危险性体育项目许可管理办法》，希望由国家旅游主管部门出台相应的规章《经营高风险旅游项目行政许可管理办法》。当然现在有一些项目可能是国家体育总局确定的"高危险性体育项目"，那么在景区范围内开展的"高危险性体育项目"应当属于"高风险旅游项目"，鉴于此，应参照《全民健身条例》第 32 条①规定的国务院体育主管部门会同其他有关部门共同来制定，这里必须有旅游主管部门参加。2013 年 5 月 1 日国家体育总局会同其他四部门联合发布第一批高危险体育项目，包括"1. 游泳；2. 高山滑雪、自由式滑雪、单板滑雪；3. 潜水；4. 攀岩"项目。我们认为这些项目如果在景区开展，也属于"高风险旅游项目"。因此完善《旅游法》第 47 条的规定，一是原国家旅游局联合国家体育总局等有关国家部门联合制定"高风险旅游项目"报国务院批准；二是原国家旅游局依据《旅游法》《行政许可法》，制定《经营高风险旅游项目行政许可管理办法》。同样，《旅游法》第 42 条、第 43 条第 3 款全国人大常委会或国务院以及原国家旅游局制定相关配套规定，以保障以上条款的可实施性、可操作性。

（五）完善《旅游法》关于景区义务性条款与法律责任条款的语言表达技术

立法语言文字应准确、简洁、清楚、通俗、严谨、规范和庄重②。针对前文考察的立法语言表达的缺陷，我们建议：《旅游法》第 42 条规定的"听取旅游主管部门的意见"改为"报请旅游主管部门审批或备案"；《旅游法》第 81 条规定的要"依法履行报告义务"，明确为"依法向当地人民

---

① 该条规定："国务院体育主管部门应当会同有关部门制定、调整高危险性体育项目目录，经国务院批准后予以公布。"
② 佘绪新，周旺生，李小娟. 地方立法质量研究［M］. 长沙：湖南大学出版社，2002：167.

政府或旅游主管部门履行报告义务"；《旅游法》第 82 条规定的"相关机构"是除了旅游经营者、当地人民政府以外，包括了"公安机关"，它是法律法规规定的履行救助义务的机关；《旅游法》第 104 条应统一称谓，都改为"旅游经营者"，即将该条后文中的"旅行社"改为"旅游经营者"，一保证概念的统一，二是符合立法原意，将旅游景区纳入其中了；《旅游法》第 106 条直接明确"有关部门"为"价格主管部门"，在我国依《行政处罚法》的规定，实施价格行政处罚的主体就是"县级以上价格主管部门"；《旅游法》第 107 条为保持前后表达的一致，应将"由有关主管部门依照有关法律、法规的规定处罚"修改为"由国家安全生产管理或消防安全管理部门依照有关法律、法规的规定处罚。"

后 记

立法学近些年来似乎成了显学，关于立法学的研究成果呈现几何级数的增长，中国法学会立法学研究会的会员人数也越来越多，成了中国法学会下设的规模较大的一个研究会了，不仅有立法实务界的人员参加，理论界的人也越来越多。以前从事立法学研究的研究群体多集中在法学理论、宪法行政法学领域，现在其他各部门法学也都关注起部门立法学研究了。这是一种好现象。党的十八届四中全会提出新的16字方针，"科学立法、严格执法、公正司法、全民守法"，科学立法是基础、前提，法治中国的三位即法治国家、法治政府以及法治社会的一体化建设，首先是应具有或建立起良善的立法或法律体系。从一个方面证明，法治观念深入人心，立法科学化是我国新时代立法的基本原则与要求。

实际上，立法学作为法学理论或宪法行政法学下的次级学科，一直是围绕两个方面不断深入的：一是立法学基础研究的演化与拓展；二是立法学与其他学科的交叉。这不仅有立法法理学、立法社会学、立法经济学，还有立法学与其他部门法学的交叉，如民事立法学、刑事立法学等，我国正在进行轰轰烈烈的民法典的制定，正是民事立法学的生动体现。

1999年我考博考上北京大学法学院，跟随国内著名立法学专家周旺生教授从事立法学学习与研究，博士毕业后在高校一直从事立法学的教学与研究，未尝放弃，屈指算来，我进入立法学圈子也有20余年的时间了。

2004 年我指导硕士研究生，2008 年我开始指导博士研究生，皆学法学理论专业立法学方向，算起来我也培养了一些立法学的教学科研的后备人才。这 20 余年，我做过大大小小的项目，纵向的有国家社科项目、教育部人文社科项目、司法部项目、国家教育科学规划项目、国家体育总局项目、安徽省社科项目、山东省社科项目等十余项，也有横向项目如广州市人大常委会、威海市人大常委会等委托的立法学项目，但都围绕立法特别是地方立法开展的科学研究。总结我经年的立法学研究，有立法学基础理论的研究，如立法听证研究、立法后评估研究、地方立法的精细化研究、法的结构规范化研究等；也有部门立法学的研究，如体育法立法研究、高等教育法立法研究、旅游法立法研究、食品安全法立法研究等。现已出版 7 部学术专著，北京大学出版社出版的《立法听证研究》、中国法制出版社出版的《立法效益研究》、山东人民出版社出版的《制度设计与立法公正》、北京大学出版社出版的《法律绩效评估机制论》、人民出版社出版的《立法后评估研究》、中国政法大学出版社出版的《法的结构规范化研究》以及知识产权出版社出版的《地方立法成本效益评估研究》等。当然除了学术专著，近 20 年也发表了 200 余篇学术论文。

时下有将相关论文结集出版的风气，一来是作者总结自己的研究；二来将某一类成果结集出版也有一定的价值，可以了解自己对某一领域或某一专题的独特看法。我在回顾这些年的立法学研究，梳理一下有涉及部门立法学的研究，这些研究成果虽然发表于几年前，但今天看还不过时，一是某些法律仍然没有修改；二是即使有部分法律修改或修订了，但这样的研究成果仍然有一定的借鉴价值与意义。

本书收集的是我对《高等教育法》《食品安全法》以及《旅游法》等所开展的立法学研究成果，我指导的硕士研究生毕天晓协助我做了一些书稿的整理工作，还有我曾指导的陈光博士、李亮博士、张鹏博士、李志强博士、张芃博士、黄兰松博士、张玉洁博士等对我写作以上论文提供了资料以及一些独特观点的贡献，当然书稿的结构体例安排、文中的基本观点是我一个人的贡献，责任我来承担。在此恳请各位专家学者不吝指正。

汪全胜

2020 年 1 月 20 日